Louise Bruit Zaidman/Pauline Schmitt Pantel
Die Religion der Griechen

Louise Bruit Zaidman
Pauline Schmitt Pantel

Die
Religion der Griechen

Kult und Mythos

Aus dem Französischen übertragen
von Andreas Wittenburg

Verlag C. H. Beck München

Nach der französischen Fassung, die unter dem Titel «La religion grecque» 1991 in zweiter, verbesserter Auflage im Verlag Armand Colin, Paris, erschien, aus dem Französischen übertragen von Andreas Wittenburg
Mit 23 Abbildungen im Text

Die Deutsche Bibliothek – CIP-Einheitsaufnahme
Bruit Zaidman, Louise:
Die Religion der Griechen : Kult und Mythos / Louise Bruit
Zaidman ; Pauline Schmitt Pantel. Aus dem Franz. übertr. von
Andreas Wittenburg. – München : Beck, 1994
Einheitssacht.: La religion greque ⟨dt.⟩
ISBN 3 406 38146 4
NE: Schmitt Pantel, Pauline:

ISBN 3 406 38146 4

Für die deutsche Ausgabe:
© C. H. Beck'sche Verlagsbuchhandlung (Oscar Beck), 1994
Satz: Fotosatz Otto Gutfreund GmbH, Darmstadt
Druck und Bindung: Ebner Ulm
Gedruckt auf alterungsbeständigem, aus chlorfrei gebleichtem
Zellstoff hergestelltem Papier
Printed in Germany

Inhalt

Einführung 9
Wie sollte man das Studium der Religion der griechischen
Stadtstaaten beginnen? 9
Eine notwendige Veränderung des Standorts 9   Einige Grundbegriffe 13
Die Quellen 19

Erster Teil
Die Kultbräuche

1. Die Riten, die Handelnden und die Orte 29

Die Rituale 29
Definition 29   Natur und Ablauf 29   Die Opfer 30   Das große
öffentliche Opfer 33   Andere Arten von Opfern 38   Die Opferbräuche der Sekten 39   Die Trankopfer 41   Das Gebet 43

Die Träger religiöser Funktionen 47
Die religiösen Aufgaben, die von der Polis übertragen werden 48   Priester
und Priesterinnen 50   Die Einkünfte der Priester 53

Die Kultplätze 55
Das Heiligtum 55   Der Tempel oder naos 59   Die Götterbilder 64

2. Die Religion und das Leben in der Polis 66

Die Übergangsriten 66
Die Geburt 67   Der Eintritt in die Welt der Erwachsenen und das
bürgerliche Leben 68   Die Behandlung der jungen Frauen 69   Die
Hochzeit 70   Der Tod 73

Die Schauplätze des religiösen Lebens 80
Die Hausgemeinschaft: der oikos 80   Die Demen in Attika 81   Die
Phyle 84   Die Kultvereine 87

Religion und politisches Leben 91
Die Stadtgottheit und die politischen Institutionen 91   Die Akropolis
von Athen 95

6 *Inhalt*

Das System der Feste am Beispiel Athens 102
Die Kultkalender 102   Die Prozession 105   Das Opfer 109   Die
Wettspiele 109

3. Die panhellenischen Kulte 112

Allgemeines 112
Die Wettkämpfe oder Agone 114
Olympia und die Wettkämpfe 116
Weissagung und Orakel. Delphi 119
Epidauros, Asklepios und die Heilungen 127
Die Mysterien von Eleusis 131

Zweiter Teil
Die Systeme der Darstellung des Göttlichen

1. Mythen und Mythologie 143

Verschiedene Zugänge zur Mythologie 145
Kosmogonien und Theogonien 152
Die Theogonie des Hesiod 152
Der Weltaltermythos 160

Opfermythen 165
Der Opfermythos des Prometheus 165   Von der Tötung der Tiere 172
Dionysos 176

2. Eine polytheistische Religion 179

Die göttlichen Mächte: Götter, Daimones, Heroen 179
Die Götter 179   Die daimones 181   Die Heroen 181

Betrachtungen zum Pantheon 185
Verschiedene Formen des Pantheon 185   Die bei der Hochzeit waltenden
Gottheiten 189   Die Götter der handwerklich-technischen Fertigkeiten 192   Apollon, die Lyra und der Bogen 194   Dionysos, der Gott
der Begeisterung und der Besessenheit 201   Das Pantheon im besonderen: das Beispiel der Stadt Mantineia 208

Inhalt 7

3. Die Formen der bildlichen Vorstellung 215

Die verschiedenen Darstellungen des Göttlichen 215
Die anthropomorphen Götterfiguren 219 Die Darstellung der
Rituale 222

Zum Schluß 227

Anhang

Bibliographie 235
Kleines Lexikon der Götter, Heroen und Mythologischen
Gestalten 243
Glossar 250

Einführung

Wie sollte man das Studium der Religion der griechischen Stadtstaaten beginnen?

Eine notwendige Veränderung des Standorts

Für das Studium der griechischen Religion bedarf es einer besonderen Voraussetzung: Man muß bereit sein, sich in ein fremdes Gebiet vorzuwagen und uns heute vertraute intellektuelle Kategorien in Frage zu stellen. Die Gesellschaft der griechischen Antike ist von der unseren grundlegend verschieden, und die Vorstellungen, die wir entwickeln, um die religiösen Phänomene unserer Tage zu beschreiben, sind nicht notwendigerweise für die Untersuchung der Frage geeignet, was das Göttliche für die Griechen bedeutete. Darüber hinaus kann die Rolle, die die Religion in einer Gesellschaft spielt, die wie die unsere weitgehend verweltlicht ist, nicht dieselbe sein wie in einer früheren, in der sie alle Bereiche des öffentlichen und gesellschaftlichen Lebens ganz und gar durchdringt. Wenn man sich zudem schließlich von der Vorstellung befreit, daß es ein grundlegendes Wesen der Religion als solcher geben könne, so wird es möglich sein, das religiöse Phänomen als ein Wissensgebiet zu untersuchen, das wie alle anderen eine Geschichte hat.

Um verständlich zu machen, in welchem Ausmaß uns die griechische Religion fremd ist, sollen hier die Schlußfolgerungen eines kurzen Vergleichs wiederholt werden, den J.-P. Vernant zwischen den Glaubensvorstellungen der Griechen und einer noch christlich orientierten westlichen Gesellschaft angestellt hat. Für «uns» steht die Gottheit außerhalb der Welt (ist eine transzendentale Erscheinung), hat die Welt und die Menschen erschaffen, ist im Innersten der Menschen gegenwärtig, und der religiöse Bereich ist auf einen ganz bestimmten Teil des täglichen Lebens beschränkt. Für die Griechen stehen die Götter nicht außerhalb der Welt, sie haben weder das Universum noch die Menschen geschaffen, sondern sind selbst erschaffen worden; sie haben nicht immer existiert, sondern sie haben sich der Herrschaft bemächtigt; sie sind nicht ewig, sondern nur unsterblich; sie verfügen weder über alle Macht noch über alles Wissen, oder doch zumindest nur einige von ihnen; sie unterliegen dem Schicksal, und sie greifen ständig in die Angelegenheiten der Menschen ein. Dieser rasche Vergleich legt nahe, daß es besser ist, sich jeder vorgefaßten Meinung darüber zu enthalten, was die Religion der Griechen sein könnte, bevor man nicht die Gesamtheit ihrer Kulte und Glaubensvorstellungen betrachtet hat.

Zusätzlich zu diesem Vorbehalt muß man auch vermeiden, sich Fragen zu stellen, die für ein Verständnis der griechischen Welt der Antike nicht hilfreich sind.

Weder Fortleben noch Vorbereitung. Wie andere Religionen, so hat man auch die griechische zweier Arten von Untersuchungen unterzogen, die auf eine Gesamterklärung des religiösen Erscheinungsbildes abzielten. Einerseits hat man versucht, im Pantheon, d. h. dem Götterhimmel, in den Ritualen und den Mythen Spuren magischer Bräuche und einer primitiven Geisteswelt zu entdecken. Man könnte diesen Ansatz eine Theorie des Fortlebens nennen, die von Erklärungen begleitet wird, welche sich auf Kategorien wie z. B. den Totemismus berufen.

Andererseits hat man in den Glaubensvorstellungen und Bräuchen der Griechen das zu finden gesucht, was ein günstiger Nährboden für die Entwicklung einer monotheistischen Religion wie der des Christentums sein könnte. Das Augenmerk richtet sich dementsprechend auf die Sekten und die Durchführung der Mysterien. Dieser Wille zum Synkretismus, zur gedanklichen Vermischung beruht auf der Überzeugung, daß nicht alle Religionen den gleichen Wert besitzen, und bedeutet eine Betrachtung der griechischen Religion von der besonderen Warte des Christentums aus.

Diese beiden Theorien, die von größtem historiographischem Interesse sind, haben einer Vielzahl von Büchern ihren Stempel aufgedrückt. Ihre Voraussetzungen sind typisch für die Zeit ihrer Abfassung, so wie es ein Vorhaben unserer Zeit ist, die griechische Religion als ein zusammenhängendes System von Symbolen zu untersuchen.

Um die Glaubensvorstellungen und die Kulte der klassischen Zeit zu erklären, gibt es mehrere Wege; der eine richtet sein Augenmerk auf die Ursprünge, der andere betont die Art, wie sie in einem für verhältnismäßig stabil angesehenen kulturellen Rahmen – dem des Stadtstaates, der Polis – funktionieren. Diese beiden Ansätze sind nicht unvereinbar miteinander, aber sie bringen unterschiedliche Gesichtspunkte und Färbungen in die Untersuchung der griechischen Religion ein.

Einführung 11

Die Bedeutung der Ursprünge. Das klassische Evolutionsschema der griechischen Religion, wie es von M. P. Nilsson vorgetragen wurde, sieht in der Religion der Griechen die überdauernde Verbindung zwischen der vorgriechischen Religion der Urbevölkerung und den von den griechischen Volksstämmen bei ihrer Ankunft in Griechenland (die sich über das 2. Jahrtausend v. Chr. erstreckte) mitgebrachten Kulturen und Glaubensvorstellungen. Von dieser Warte wird es notwendig, in allen Ritualen des 5. Jahrhunderts (Dieses Buch behandelt die griechische Religion der klassischen Zeit, und wir lassen daher, um den Text nicht unnötig aufzublähen, die Angabe «v. Chr.» fort. Lediglich die Angaben nach Beginn der christlichen Ära sind mit einem entsprechenden Hinweis versehen.) die jeweiligen Elemente zu suchen, die auf den vorhellenischen Ritus beziehungsweise auf den «griechischen» Anteil zurückgehen. Der eine wie der andere «Ursprung» dient zur Erklärung des jeweiligen Rituals.

So kann man das blutige Opfer der Griechen erklären, indem man auf die Jagdbräuche des Neolithikums zurückverweist. Das Bild einer Gottheit kann aber auch aus vorgriechischen und griechischen Zügen zusammengesetzt sein. Artemis z. B. erinnert als «Herrin der Tiere» an eine vorgriechische Muttergottheit; als «Jägerin» erscheint sie indes als ein reines Produkt aus der Zeit seit der Ankunft der Griechen. Hier spielen wiederum die Ursprünge eine neue Rolle bei der Erklärung. Ein derartiges Vorgehen macht die Aufstellung einer exakten Chronologie für die Geschichte des Kultes und der Mythen notwendig, was für die frühen Epochen weitgehend illusorisch ist; zudem werden auf diese Weise Erklärungsmodelle vorgebracht, die nicht unumstritten sind, wie etwa die Behauptung des Primats weiblicher Gottheiten in der vorgriechischen und männlicher Götter in der griechischen Welt.

Die Funktion in der Polis. Der andere Weg geht davon aus, daß der Ursprung eines Kultes oder eines Rituals die Funktion, Bedeutung und Rolle ebendieses Kultes oder Rituals zu einem gegebenen historischen Zeitpunkt nicht erklären kann. Der Stellenwert des blutigen Opfers bei den Griechen im 5. Jahrhundert wird vor allem aus der Untersuchung der Funktionen ersichtlich, die es erfüllt, und aus den Werten, die es in der Polis zum gegebenen Zeitpunkt repräsentiert. Artemis, um dieses Beispiel von neuem aufzunehmen, zeigt als Herrin der Tiere und Göttin der Jagd zwei sich ergänzende Aspekte der vornehmlichen Aufgabe, die sie versieht: Sie ist Beschützerin der ungezähmten Natur.

Dieser Ansatz unterstreicht auch das Faktum, daß die Glaubensvorstellungen und Riten der griechischen Religion sich im wesentlichen zu jenem Zeitpunkt herausbilden, zu dem eine der für die griechische Welt typischen Formen politischer Organisation entsteht, nämlich die Polis. Das gilt für die Götterwelt und die Mythologie, wie sie Homer und Hesiod präsentieren, für den Heroenkult, für die Orte des Kultes wie etwa die Tempel, für die Organisation der Rituale im Hinblick auf die Kalender oder die Wettspiele usw. Auch wenn dieselben Kultplätze seit mykenischer Zeit benutzt wurden, so bedeutet das nicht, daß die mykenischen Glaubensvorstellungen (einmal vorausgesetzt, man kenne sie in hinreichendem Maße) für das Verständnis des Glaubens von Menschen hilfreich sind, die fast ein Jahrtausend später in einer ganz anderen sozialen und politischen Organisation leben, als sie in den mykenischen Palästen herrschte. Einzelne Kultstränge und Eigenschaften der Götter können aus einer Zeit vor der Gründung der Poleis stammen, aber man muß dennoch vor allem ihre Funktion erklären und die Art und Weise, wie sie innerhalb der Welt der Polis umgedeutet wurden.

Der Rahmen: die griechische Polis der archaischen und klassischen Zeit. Dieses Buch will weder den Stand der Religion vor der Geburt der Polis erkunden (die vorgriechische, die minoische, die mykenische Religion) noch die Veränderungen der hellenistischen Epoche. Es ist unmöglich, in einem einzigen Kapitel zusammenfassend die Probleme zu behandeln, die die Erforschung der Religion vor dem Aufkommen und der Verbreitung der Schrift stellt, oder andererseits den außerordentlichen Reichtum und die Vielseitigkeit des kultischen Bereichs und der Glaubensvorstellungen, wie sie sich seit der Zeit Alexanders entwickeln.

Der festgelegte Rahmen ist also der der Polis in der archaischen und klassischen Zeit zwischen ungefähr 750 und 330. Eine Polis ist ein autonomes und unabhängiges politisches Gebilde, das sowohl ein (bebautes und unbebautes) ländliches Territorium umfaßt wie auch einige Dörfer und einen oder mehrere dichter besiedelte Flecken (manchmal eine Stadt), unter denen einer das Zentrum des politischen Lebens bildet. Die Polis Athen – der Grieche nennt sie «die Athener» – umfaßt z. B. das gesamte Territorium Attikas, während die Stadt Athen der Platz der Versammlungen und Sitz der Beamten war, kurz der Ort des politischen Lebens. Die Kulte, die Heiligtümer, die heiligen Handlungen verteilen sich über das gesamte Gebiet der Polis und betreffen die Leute, die auf dem Lande leben (der größere Teil der Bevölkerung), genauso wie die Bewohner der Stadt. Auf dem Land gibt es zahlreiche Heiligtümer, meist von bescheidenen Ausmaßen; die Dörfer haben ihre Altäre und ihre Kultplätze; die Verrichtung des Kultes ist ein alltägliches Anliegen. Die derzeitige Erhaltung einiger beeindruckender Tempelanlagen an bisweilen entlegenen Orten gibt kein vollständiges Bild der tatsächlichen religiösen Landschaft der griechischen Poleis.

Einige Grundbegriffe

Eine der Schwierigkeiten, denen man bei dem Studium der griechischen Religion begegnet, beruht auf der Tatsache, daß Begriffe wie das Heilige, das Reine und das Unreine, die Frömmigkeit und der Frevel für die Griechen eine spezielle Bedeutung haben, die mit den uns vertrauten Bedeutungen nicht übereinstimmt.

Das Heilige. Einer der Begriffe, mit denen sich eine Untersuchung zur Religion notwendigerweise auseinandersetzen muß, ist der des *Heiligen.* Sosehr der Gegensatz zwischen Profanem und Heiligem sich von selbst zu verstehen scheint in einem System, innerhalb dessen der religiöse Bereich klar abgegrenzt ist, so zweifelhaft oder sogar unzutreffend ist dieser Gegensatz im Hinblick auf das Griechenland der Polis.

Auf der anderen Seite unterscheidet die griechische Sprache mit dem Gebrauch von Worten wie *hieron, hosion, hagion* zwischen Vorstellungen, die wir unter der Bezeichnung des Heiligen zusammenfassen. *Ta hiera* bezeichnet sowohl die Kulthandlungen wie die Heiligtümer der Götter und außerdem die Opfertiere, d. h. Dinge, denen die rituelle Handlung Eigenschaften verleiht, die sie dem Göttlichen nahebringen und sie in einen Bereich eintreten lassen, den wir das Heilige nennen. Diese Handlungen, diese Orte, diese Gegenstände sind mit einer Macht behaftet, die sie in Hinblick auf die Wirksamkeit der Riten nützlich oder förderlich werden läßt. Nichts in ihrer Natur unterscheidet sie indes von den Dingen des täglichen Lebens, seien es Gegenstände, die man für das Zubereiten des Opfermahls verwendet (Messer, Spieße, Kessel), oder seien es Nahrungsmittel (Brot, Kuchen oder Früchte), die durch die Niederlegung an einem heiligen Ort zu Opfergaben geworden sind. Ebenso ist der *hiereus,* der Priester, der zur Aufgabe hat, die *hiera,* d. h. die Kulthandlungen zu vollbringen, unbeschadet aller möglichen lokalen oder zeitlich begrenzten Vorschriften und Verbote, keineswegs gehalten, sich von dem «profanen» Leben zurückzuziehen, und er kann weiterhin in der Polis und innerhalb seines *oikos* leben, sofern er nur zu den festgelegten Zeitpunkten die Handlungen vollbringt, die sein Amt ihm auferlegt.

Was das Wort *hosios* betrifft, so wird es in engerem Sinne für solche Verhaltensweisen oder Handlungen verwendet, die die Beziehungsaufnahme zwischen den Göttern und den Menschen oder zwischen den Menschen untereinander kennzeichnen, wenn diese gewissen Normen entsprechen, d. h. all dem, was das göttliche Recht vorschreibt oder erlaubt. Das Wort steht oft zusammen mit *dikaios* (gerecht). Man wäre in diesen Fällen versucht, *hosios* mit «heilig» zu übersetzen. Aber der Begriff kann seine Bedeutung eben gerade auch aus seinem Gegensatz zu *hieros* ziehen. Er bezeichnet dann einen vom Heiligen befreiten Zustand, einen entsakralisierten und daher freien, erlaubten, profanen Zustand. So meint z. B. *he hosie kreaon* den Teil eines Opfertieres, der normalerweise zum Verzehr durch die Menschen bestimmt ist, den erlaubten Teil.

Hagion wird eher für Tempel oder Heiligtümer verwendet, außerdem noch für Bräuche oder Riten und schließlich für Weihgaben oder Kultgegenstände (während *hagnos* von menschlichen Wesen gesagt wird); das Wort bezeichnet einen Grad ritueller Reinheit, der das Ausscheiden aus der alltäglichen Ordnung impliziert. Es enthält die Vorstellung eines entschiedenen negativen Gebots, «sich jeder Beeinträchtigung zu enthalten», und dient dazu, die Vorstellung des Verbotenen zum Ausdruck zu bringen.

Man muß daher darauf achten, sich nicht durch trügerische Übereinstimmungen täuschen zu lassen. Dort, wo die Worte sich zu entsprechen scheinen und offenbar auf uns bekannte Inhalte zurückverweisen, können sie unter dem Deckmantel dieser scheinbaren Übereinstimmung ganz unterschiedliche Vorstellungen abdecken. Auch bei Begriffen, die dem Reinen und Unreinen nahestehen, finden wir eine Bedeutungspalette der religiösen Kategorien, die sich ebensowenig mit unseren eigenen Kriterien deckt.

Rein und Unrein. Auf einer unteren Ebene scheint man Reinheit und körperliche Sauberkeit miteinander gleichzusetzen. Das, was *katharos*, d. h. «rein» ist, ist dasjenige, was sich jeder Spur von Schmutz entledigt hat, wobei die Befleckung eine starke materielle Komponente zu haben scheint. Doch man wird schnell gewahr, daß in der klassischen Zeit, anders als bei Homer, die reinigenden Handlungen in ihrer Verschiedenheit einer großen Vielfalt von Arten der Befleckung folgen, die man allein im Zusammenhang mit einer religiösen Weltanschauung verstehen kann. Von daher gesehen kann die Vorstellung der Befleckung *(miasma)* nicht als etwas Einfaches gesehen werden.

Wir wollen ein Beispiel heranziehen: Das Blut, das der Ursprung des

Lebens ist, wenn es im Körper des Menschen umläuft, oder ein Zeichen der Weihung, wenn es beim Opfer auf den Altar fließt, erhält die Bedeutung des Unreinen und der Befleckung, wenn es auf den Boden gegossen oder bei dem Leichnam eines Mordopfers vergossen wird, denn mit dem Staub vermischt bedeutet es Mord und Tod. Es ist also keineswegs an sich «unrein», sondern wird es erst in bestimmten Zusammenhängen. Die Befleckung besteht also darin, daß eine Verbindung zwischen Sachverhalten hergestellt wird, die klar voneinander getrennt zu halten sind.

Die Vorstellung der Befleckung wird häufig mit der des Heiligen in Zusammenhang gebracht, indem man zwei Begriffsreihen miteinander verbindet, nämlich die, die sich an das Wort *agos* («Befleckung», «Frevel») anschließt, und die, die wir im Umkreis des Begriffes *hagion* als des Heiligen im Sinne des Verbotenen und für den Menschen Gefährlichen gefunden hatten. Die Befleckung wird dabei mit einem der Kennzeichen des Heiligen, mit seinem abschreckenden Aspekt verbunden. Auf dem Weg über dieses Spiel zwischen «heilig» und «befleckt» können die beiden Gegensätze des Reinen und des Unreinen zusammenfließen und sich miteinander vermischen. Die Mächte des Todes, die für den Menschen die Befleckung an und für sich bedeuten, werden von Aischylos (*Die Perser* 628) die *chtonioidaimones hagnoi* genannt, «die heiligen chthonischen Mächte». Das bedeutet, daß die Befleckung im Rahmen des Systems von Riten und Vorschriften, die ihre Einordnung in die Welt der Menschen regelt, eine positive religiöse Kraft beinhalten kann. Die Gebeine des Ödipus z. B., jenes Frevlers par excellence, konnten Quelle der Segnungen für den Boden werden, der sie aufnahm. Ein anderes Beispiel ist die Opferung des Schweines, des am meisten mit Schmutz behafteten Tieres, die den mächtigsten *katharmos* (Reinigungsakt) darstellt und zugleich jenen, auf den die *mysteis* (die in die Kultgeheimnisse Eingeweihten) von Eleusis zurückgreifen. Und schließlich ist es derselbe Gott Apollon, der über die Sühneopfer wacht und die Befleckungen sendet: Er ist zugleich Heiler und Verursacher der Krankheit.

Man muß also die angetroffenen Begriffe stets innerhalb des Systems des griechischen religiösen Denkens definieren und sie dahingehend untersuchen, wie sie sich jeweils im Zusammenspiel mit den anderen Begriffen verändern, um einen seinen eigenen logischen Formen gehorchenden symbolischen Ausdruck zu finden.

Frömmigkeit und Unglauben. Die griechische Polis kennt weder eine «Kirche» noch ein Dogma, und folglich haben die religiösen Verhal-

16   Einführung

tensweisen von Frömmigkeit und Unglauben auch nicht den eng
umrissenen Charakter, den sie in anderen Religionen haben können.
Häresie und Verfolgung aus religiösen Gründen sind prinzipiell im
griechischen System nicht möglich. Dennoch hat die Polis Menschen
wegen Unglaubens verurteilt und umgekehrt angegeben, worin die
Achtung vor den Göttern bestehe.

Der Unglaube, griechisch *asebeia,* ist die fehlende Achtung vor den
Glaubensvorstellungen und Ritualen, die den Bewohnern einer Polis
gemeinsam sind. Die bürgerliche Gemeinschaft kann die *asebeia* als ein
Vergehen ansehen und die, die diese Haltung an den Tag legen, vor
Gericht stellen und verurteilen. Die wegen Unglaubens angestrengten
Prozesse haben sehr unterschiedliche Gründe. Hier sollen einige Bei-
spiele solcher Verhaltensweisen genannt werden, die eine Anklage
wegen Unglaubens nach sich ziehen konnten:

– Handlungen, die den Besitz der Götter oder die Rituale oder die bildlichen Darstellungen beeinträchtigten: Wenn man z. B. in Athen einen
heiligen Olivenbaum fällte, brachte einen dies vor das Gericht des Areopag; und wenn man die Mysterien von Eleusis durch eine Parodie entweihte und die Hermen auf der Agora beschädigte (wie das im Jahre 415 in
Athen geschehen war), resultierte daraus eine Verurteilung zum Tode.

– Die Einführung neuer Götter und neuer Kulte ist ebenfalls ein Akt
des Unglaubens und des Frevels (sofern die Stadt sie nicht offiziell
annahm, wie das z. B. am Ende des 5. Jahrhunderts in Athen hinsichtlich Asklepios, Bendis, Ammon, Adonis u. a. der Fall war). Flavius
Josephus berichtet z. B., die Athener hätten «die Priesterin Ninos
getötet, die von irgend jemand beschuldigt worden war, daß sie insge-
heim fremde Götter lehre. Das war bei ihnen gesetzlich verboten, und
wer es dennoch tat, hatte den Tod verwirkt» (Flavius Josephus, *Gegen
Apion* 2, 37; Übers. H. Clementz).

– Die Einstellung mancher Menschen gegenüber den Göttern kann
ebenfalls als frevelhaft angesehen werden. Anaxagoras, der behauptet
hatte, daß die Sonne ein glühender Stein sei und der Mond eine ganz
normale Erde, wurde von der athenischen Justiz ebenso verfolgt wie
Protagoras, der sich außerstande sah, von den Göttern zu sagen, ob es
sie gäbe oder nicht. Das berühmteste Beispiel ist das des Sokrates, der
angeklagt wurde, weil er die Jugend verderbe, den Glauben an die
Götter der Stadt zerstöre und neue Götter einführe; er wurde 399 von
der Stadt Athen zum Tode verurteilt.

Die Prozesse wegen Unglaubens haben also sehr unterschiedliche
Gründe und scheinen die gewaltsame Reaktion einer bürgerlichen

Einführung 17

Gemeinschaft zu sein, die sich in ihrer Einheit bedroht fühlt, weil doch die Religion ein unverzichtbarer Teil ihrer Identität ist. Aber abgesehen von solchen Fällen, die um so aufsehenerregender sind, je seltener sie vorkommen, läßt die Polis Unglauben durchaus zu – vielleicht mit der Einschränkung, daß er nicht zu frevlerischen Handlungen Anlaß gibt. Das Milieu der Sophisten oder das der Ärzte oder der Mathematiker nimmt von den Kulten und Glaubensvorstellungen der bürgerlichen Gemeinschaft keine Notiz. Plutarch erzählt eine in dieser Hinsicht beispielhafte Anekdote; die Geschichte ereignet sich in Athen zur Zeit des Perikles: «Eines Tages, so wird erzählt, brachte man Perikles von seinem Landgut den Kopf eines Widders, der nur ein Horn besaß. Als der Seher Lampon das kräftige, mitten aus der Stirn hervorgewachsene Horn erblickte, gab er die Erklärung, alle Gewalt, die sich bis jetzt auf die beiden Parteien der Stadt, die des Thukydides und die des Perikles, verteilt habe, werde auf den Mann übergehen, bei dem das Wunderzeichen gefunden worden sei. Anaxagoras hingegen zerlegte den Schädel und zeigte, daß das Gehirn nicht die ganze Höhlung ausfüllte, sondern spitz wie ein Ei von allen Seiten der Hirnschale sich nach jener Stelle hindrängte, wo die Wurzel des Horns ihren Anfang nahm» (Plutarch, *Perikles* 6; Übers. K. Ziegler).

Die Anklagen wegen Unglaubens und Frevels zeigen die Grenzen auf, über die man sich nicht hinwegsetzen konnte, wenn man innerhalb der Stadt bleiben wollte. Schwieriger ist zu erfassen, was die Griechen unter dem Begriff der Frömmigkeit verstanden, was für sie ein *eusebes* (ein frommer Mann) war und was eine bürgerliche Gemeinschaft, die die Götter achtete. Im großen und ganzen scheint die Frömmigkeit für sie das Empfinden gewesen zu sein, das die Gemeinschaft oder ein einzelner gegenüber bestimmten Verpflichtungen hatte.

Die Verpflichtungen der Gemeinschaft betreffen in erster Linie die Achtung vor der Tradition der Vorfahren: Sehr alte Rituale werden vollzogen, ohne daß die Bürger ihre Bedeutung genau verstehen, und jüngere Rituale werden gelegentlich als weniger ehrwürdig gewertet, weil darin z. B. den Festlichkeiten, die den Opferhandlungen folgen, zuviel Bedeutung eingeräumt werde. Die Polis ist der Überzeugung, daß man den Göttern geben solle, was man ihnen schuldig sei – einerseits in materieller Hinsicht, was die sorgfältigste Verwaltung der Güter und vor allem des Landbesitzes der Götter bedeutete, sowie andererseits in Hinblick auf die kultischen Ehren, derentwegen man sich häufig an die Exegeten wandte, d. h. an jene Männer, die die Erinnerung der Stadt auf dem Gebiet der Rituale bewahrten. Und

18   *Einführung*

schließlich sieht die Stadt sich selbst zwar nicht als Gottheit an, aber
doch, mit den Worten Louis Gernets, «als eine konkrete und lebendige
Wesenheit, die die Götter mit Sicherheit beschützen und die sie nicht
im Stich lassen, sofern sie von ihr nicht im Stich gelassen werden» (*Le
génie grec dans la religion*, S. 295). Der Geschlossenheit, mit der die
Götter eine Stadt in kritischen Augenblicken umringen, muß die
Geschlossenheit der Menschen entsprechen – eine Geschlossenheit,
deren Stärke und sinnbildliche Wirksamkeit sich bei Gelegenheiten wie
den Panathenäen zeigt oder bei den gemeinsamen Begräbnisfeierlichkeiten in Athen für die im Kriege Gefallenen.

Die Verpflichtungen des einzelnen sind mannigfaltig. Die Teilnahme
an den Kulten der Stadt, die große Zahl der Weihgaben in den
Heiligtümern, die Verehrung, mit der man die Toten seiner Verwandtschaft und die Schutzgötter seiner Familie umgibt, die Großzügigkeit,
die man an den Tag legt, um die bestmöglichen Voraussetzungen für
den Ablauf der Rituale zu schaffen (die Veranstaltung der Wettkämpfe,
die zahlreichen Liturgien, die Aufwendungen für die Opfer und die
öffentlichen Festmähler) – all das sind Beispiele für Handlungen, die die
Griechen als Manifestationen der Frömmigkeit anerkennen. Es ist
schwierig, von diesen Handlungen auf die persönlichen Empfindungen
zurückzuschließen, durch die sie angeregt werden. Die Äußerungen,
die uns in dieser Hinsicht überliefert sind, sind äußerst spärlich. Man
kann Hippolytos dafür heranziehen, den Sohn des Theseus und einer
Amazone, den Euripides als jemanden schildert, der als tugendhaftes
Wesen und bar aller Schlechtigkeit in der Gesellschaft der Götter lebt,
oder auch Ion, den Sohn der Kreusa und Apollons, der auf den Stufen
des Tempels in Delphi erklärt: «Wie schön ist, Phoibos, der Dienst, den
ich übe vor deinem Hause, fromm ehrend den Sehersitz; wie rühmlich
die Mühe, den Göttern die dienende Hand zu leihn, die nicht sterblich,
die ewig sind! In so heiligen Diensten will ich nimmer ermüden»
(Euripides, *Ion* 127–35; Übers. J. J. Donner-R. Kannicht). Doch dieses
Gefühl der Nähe zwischen Menschen und Göttern kommt seltener zum
Ausdruck als das der Distanz und der Ehrfurcht. Es gibt indes beson-
dere Kulte, in denen ein Akzent auf der persönlichen Bindung zwischen
Gott und Mensch liegt, und zwar sind dies die Kulte der heilenden
Heroen und der Orakelgötter sowie die Mysterienkulte, über deren
Ausübung und Lehre wir so schlecht unterrichtet sind.

Wenn der Unglauben eine der Grenzen der Frömmigkeit offenbart,
so stellt die Einstellung des Menschen, der in ewiger Furcht vor den
Göttern lebt, eine andere dar. Der ausgeprägte Ritualismus, der krank-

Einführung 19

hafte Trieb zur Deutung von Zeichen, die panische Furcht vor der
Gottheit erscheinen geradezu lächerlich und wenig zu der griechischen
Frömmigkeit passend. Dasselbe gilt für den Abergläubischen (den
Deisidaimonias), von dem Theophrast das folgende Bild entwirft: «Am
Totentag wäscht er sich die Hände mit Sühnwasser und besprengt sich
ganz damit, nimmt ein Lorbeerblatt in den Mund und geht so den
ganzen Tag herum. Und wenn ihm ein Wiesel über den Weg läuft, so
geht er nicht eher weiter, als bis ein anderer dort gegangen ist oder bis
er drei Steine über den Weg geworfen hat. . . . Hat eine Maus einen
Mehlsack durchnagt, so geht er zum Zeichendeuter und fragt an, was in
diesem Falle zu tun sei, und wenn er ihm antwortet, er möge den Sack
dem Sattler zum Flicken geben, dann hört er nicht darauf, sondern
macht kehrt und vollzieht ein Reinigungsopfer» (Theophrast, *Charaktere* 16; Übers. nach W. Plankl).

Die normale Frömmigkeit ist weder Ausdruck eines Gefühls der
intimen Beziehung zu einer Gottheit noch das Verlangen nach einer
inneren Veränderung oder gar der Angleichung an den Gott (Ausnahmen gibt es in einigen Sekten wie den Orphikern), aber sie ist auch
nicht einfach nur die im einzelnen genaue Durchführung der vorgeschriebenen Riten. Wir sind kaum in der Lage, sie zu charakterisieren,
denn ihr symbolischer Bereich ist von dem unseren ganz und gar
verschieden, und sie an der Elle jener Formen zu messen, die einmal die
des Christentums sein sollen, führt sehr häufig auf einen falschen Weg.
Eusebes (fromm) sein heißt, an die Wirksamkeit des symbolischen
Systems zu glauben, das die Polis geschaffen hat, um die Beziehungen
zwischen den Menschen und den Göttern zu regeln, und heißt außerdem, so aktiv wie möglich daran teilzunehmen.

Die Quellen

Die Quellen, die das Studium der griechischen Religion erlauben, sind
literarische oder inschriftlich überlieferte Texte sowie archäologische
Funde.

Die literarischen Texte. Das antike Griechentum besitzt keine große
und grundlegende heilige Schrift wie die Bibel und auch keine eigentlich religiöse Literatur. Es gilt daher, innerhalb der gesamten griechischen Literatur Informationen aller Art über die Religion zu sammeln.
Es ist völlig ausgeschlossen, hier einen Katalog dieser Literatur zu
bieten. Es soll nur an einige Werke erinnert werden, die in erster Linie
zur Erforschung der Religion herangezogen werden.

Die *Ilias* und *Odyssee* des Homer sind gewaltige epische Werke, die im 8. und 7. Jahrhundert schriftlich aufgezeichnet wurden und von denen das eine die Geschichte des Trojanischen Krieges, das andere die der Rückkehr des Odysseus nach Ithaka erzählt. Sie sind voll von Angaben über die Götterwelt, die Rituale und die Mythen; dabei handelt es sich um den ältesten Versuch einer Zusammenstellung im religiösen Bereich, die uns in griechischer Sprache schriftlich überliefert ist. Man lernte die Verse Homers auswendig; sein Werk bildete bei den Griechen die Grundlage der Erziehung, und die Vision der Götterwelt, die es bietet, ist das gemeinsame Wissensgut aller Griechen zu allen Epochen geworden.

Von Hesiod, dem um die Mitte des 7. Jahrhunderts in Böotien lebenden Dichter, sind zwei lange Gedichte überliefert: Die *Theogonie* und die *Werke und Tage* sind Quellen von essentieller Bedeutung. Die *Theogonie* berichtet von den Ursprüngen der Welt und der Götter und schließt so wichtige Mythen ein wie den von der Einführung des Opfers oder der Erschaffung der ersten Frau. Die *Werke und Tage* enthalten, neben Anleitungen im Bereich der Landwirtschaft, die Beschreibung von Ritualen und Formen der Frömmigkeit und erzählen Mythen wie jenen von den Weltaltern, auf den wir noch zurückkommen werden.

Eine Sammlung von Hymnen, die unter dem Namen *Homerische Hymnen* bekannt sind («homerisch» werden sie genannt, weil diese Werke von der Form her zum epischen Genre gehören, und nicht etwa weil Homer ihr Verfasser wäre), vereinigt Gedichte, die zu verschiedenen Zeiten (vom Ende des 7. Jahrhunderts v. Chr. an bis hin zum 4. Jahrhundert n. Chr.) verfaßt worden sind und die jedes eine bestimmte Gottheit zum Gegenstand haben; so gibt es einen Hymnos an Demeter, an Apollon, an Hermes usw., und zu Ehren mancher Götter gibt es auch mehrere Hymnen. Diese Texte sind von ganz unterschiedlicher Bedeutung: Gelegentlich enthalten sie das Wesentliche dessen, was man über die Geschichte und die Mythen in Hinblick auf eine bestimmte Gottheit weiß, ein anderes Mal beschränken sie sich auf einen einzigen Satz. Der Hymnos an Zeus z. B. lautet: «Zeus, der Götter besten will ich besingen, den größten! Weithin blickt er, er hat die Gewalt, bringt alles zu Ende. Themis sitzt ihm zur Seite, er raunt ihr Entschlüsse, Kronide, höchstberühmter, weithinblickender, größter, sei gnädig!» (Übers. A. Weiher)

Bei allen Autoren lyrischer Gedichte der archaischen Zeit ist es möglich, Beschreibungen von Ritualen und mythische Erzählungen zu

Einführung

sammeln. Pindar, der am Ende des 6. und zu Beginn des 5. Jahrhunderts in Böotien lebte, hat unter anderem *Epinikien*, Gedichte zu Ehren der Sieger in den panhellenischen Wettkämpfen, geschrieben. Die *Olympischen, Isthmischen, Pythischen* und *Nemeischen Oden* stellen einen unermeßlichen Schatz an Mythen dar.

Ohne all die Texte der klassischen Zeit aufzuzählen, soll an die große Bedeutung erinnert werden, die die Zeugnisse des 5. Jahrhunderts, die *Historien* des Herodot, die Tragödien des Aischylos, des Sophokles und des Euripides, die Komödien des Aristophanes und die Texte der Attischen Redner des 4. Jahrhunderts bzw. die Werke des Platon und des Aristoteles für das Studium der religiösen Bräuche haben. Zwei Beispiele: Die *Bakchen* des Euripides sind eine Hauptquelle für die Erforschung des Dionysoskultes, und in den Gerichtsreden des attischen Redners Isaios findet man genaue Einzelheiten, die den Totenkult betreffen.

In der hellenistischen Zeit entwickelt sich eine exegetische Literatur in Form von Zusammenstellungen, Beschreibungen und Kommentierungen der Kulte und Riten. Man weiß, daß damals sehr zahlreiche Werke dieser Art verfaßt wurden. Im wesentlichen sind sie heute verloren, mit Ausnahme der bei Athenaios und den Lexikographen überlieferten Passagen. Die Betrachtung des Mythos (die Mythographie) z. B. stand in Alexandria in Blüte, und einige Bruchstücke sind in den ersten Büchern der *Geschichte* des Diodor erhalten, dann in der *Bibliotheke* eines anonymen Verfassers, den man als Pseudo-Apollodor bezeichnet, und in den *Scholien*, die die Werke der klassischen Autoren kommentieren.

Schließlich findet man reiches Material für das Studium der griechischen Religion bei allen Autoren wie Strabon, Plutarch, Pausanias, Athenaios, bis hin zu Clemens von Alexandria und den christlichen Schriftstellern. Pausanias z. B. schrieb im 2. Jahrhundert n. Chr. eine *Periegesis*, eine zehn Bücher umfassende Beschreibung aller Kulte und Heiligtümer, die zu seiner Zeit in Griechenland noch existierten. Er erinnert auch an ihre Geschichte und an die Mythen, die mit ihnen in Zusammenhang stehen. Ein gut Teil unserer Rekonstruktionen des kultischen Lebens der griechischen Stätten beruht auf dem Zeugnis dieses Reisenden mit seiner unermüdlichen Neugier.

Die inschriftlichen Texte. Seit die Griechen die Schrift beherrschten, haben sie auf Stein oder anderen Schriftträgern Texte aller Art aufgezeichnet, und zwar in erster Linie solche, die die Gemeinschaft betrafen. Das sind die *Inschriften*, die uns zu Tausenden erhalten geblieben sind und die die heutigen Ausgrabungen weiterhin Jahr für Jahr zutage fördern. Diese Inschriften tradieren religiöse Kalender, Beschreibungen von Ritualen und Festen, Abrechnungen betreffend die Verwaltung der Heiligtümer, Satzungen der religiösen Vereine, Weihungen und Danksagungen an die Gottheiten, Orakelberichte, Anrufungen, mystische Texte usw. Eine große Zahl dieser Texte sind Beschlüsse der öffentlichen Organe der Polis, d. h. im allgemeinen der Volksversammlung. Es handelt sich dabei um Gesetze, deren hauptsächliches Ziel die Organisation eines Kultes ist, doch hat, wie wir sehen werden, ein jedes Gesetz bei den Griechen sakralen Charakter. Andere Inschriften stammen von einzelnen Gruppen innerhalb der Stadt – so die sehr zahlreichen Regelungen der religiösen Vereine. Wieder andere schließlich sind von einfachen Privatleuten, wie die Weihungen. Diese Texte sind also vielfältigen Ursprungs, und ihr Inhalt betrifft alle Bereiche der Organisation der Religion. Zwei Beispiele: Ohne die Inschriften wüßten wir fast nichts über das kultische Leben in den Dörfern Attikas in klassischer Zeit oder über die Ausgestaltung des Festes zu Ehren der Artemis Leukophryene in Magnesia am Mäander in hellenistischer Zeit.

Die Archäologie. Der Beitrag der Archäologie zur Erforschung der griechischen Religion springt zweifelsohne am stärksten ins Auge; eher wird der Reisende in Griechenland die Ruinen der Tempel sehen, bevor er Homer oder eine Inschrift liest. Die Ausgrabungen der Heiligtümer, der Nekropolen und, in geringerem Ausmaß, der Wohnstätten erlauben die Beschreibung der Kultstätten, ermöglichen die Kenntnis der Kultbräuche (z. B. durch die Untersuchung der Weihgaben), eröffnen den Zugang zu der bildlichen Darstellung des Göttlichen durch die Skulpturen, durch die auf den Vasen dargestellten Szenen oder die Münzen, die sehr häufig das Bild oder Symbol einer Gottheit zeigen.

Die Archäologie schafft für uns eine religiöse Landschaft, die aber auch nicht frei von Mißverständnissen bleibt. Die antiken Tempel waren z. B. bunt angemalt, während wir sie in ihrer zeitlosen Weiße betrachten, und die Heiligtümer waren übervoll mit Weihgaben, die für uns im Museum stehen. Es gilt auch weiterhin, daß man, um das griechische Totenritual zu verstehen, die Anordnung einer Nekropole studieren muß und die Grabbeigaben oder die Behandlung des Körpers des Toten, und ebenso all die anderen Hinweise, die eine Archäologie bietet, die heute in der Bewahrung der Fundumstände sorgfältiger ist als früher und den Riten ebensoviel Aufmerksamkeit schenkt wie den Gegenständen und Monumenten.

Einführung 23

Zwei Versuche, sich der griechischen Religion anzunähern

Die Annäherung Jean Rudhardts

Das Verständnis des Andersartigen.
Die hauptsächliche Schwierigkeit bei der Untersuchung der Religionen scheint mir das Verständnis des Andersartigen zu sein. Gott, die Götter sind uns in unerreichbare Ferne entrückt: Wir sind keine Theologen. Wir untersuchen die Worte und Verhaltensweisen, die die Gedanken, die Wünsche, die Gefühle, kurz das lebendige Leben zum Ausdruck bringen. Dieses Leben ist das eines Menschen, der sich mit einer Realität auseinandersetzt, die von ihm für heilig oder göttlich angesehen wird. Außerhalb der Subjektivität ist die Erfahrung einer solchen Beziehung für uns nicht nachvollziehbar. Eine solche Art der Beziehung bildet nun den Gegenstand unserer Untersuchung. Wenn wir diesen Gesichtspunkt außer acht lassen, können wir die Institutionen betrachten oder die Formen, in denen man sich ausdrückt, verhält oder urteilt, aber wir vernachlässigen dann gerade das, was sie als religiös definiert, und verfehlen das Ziel, das wir uns gesetzt haben. Auch wenn ich der Untersuchung der Strukturen, die die Gesinnung eines Volkes prägen, einige Bedeutung beimesse, so meine ich deshalb gleichwohl, daß man darüber hinauskommen muß. Es geht darum, zu der subjektiven Erfahrung vorzudringen, die zumindest teilweise durch die Strukturen bedingt wird und die innerhalb ihres Rahmens stattfindet. Die Untersuchung der Systeme sollte also nicht von der Subjektivität ablenken; sie sollte lediglich dem Risiko vorbeugen, daß man einem anderen die eigene Subjektivität unterschiebt, und sollte helfen, diesen anderen so zu verstehen, wie er sich selbst versteht, d.h. so, wie er ist, und nicht so, wie die eigene Lehrmeinung des Betrachters ihn sehen will.

Jean Rudhardt, *Du mythe, de la religion grecque et de la compréhension d'autrui (Avant-Propos)*, Revue européenne des sciences sociales 19, 1981.

Wie kann man das erreichen?
Im Bereich der Religion muß (der Forscher) zum religiösen Subjekt werden und die Religion gedanklich so erfassen wie jemand, der sie Tag für Tag praktiziert, seit er als Kind all ihre Verpflichtungen gelernt hat. Um das zu erreichen, gibt es kein

anderes Mittel, als bei denen zur Schule zu gehen, die wir verstehen wollen. Wir müssen sehen, wie sie leben, und sie in unserer Vorstellung nachahmen – einen anderen Weg gibt es nicht; man muß ihre Gedankengänge nachvollziehen, ihre gefühlsmäßigen Reaktionen, ihr Verhalten. Ihre Vorstellungen sind durch ein Netz von Beziehungen bestimmt: Dieses Netz müssen wir in unserem Geiste von neuem knüpfen. Ihre Bilder verdanken ihre Bedeutung all dem, was sie in ihnen hervorrufen: Wir müssen in uns ein entsprechendes Feld von Assoziationen schaffen. Ihre Riten ordnen sich in einen Gesamtzusammenhang sozialer Verhaltensweisen ein: In Gedanken müssen wir diesen ganzen Kontext nachbilden. Fazit: Wenn es sich um die griechische Religion, eine Mentalität der Griechen handelt, müssen wir unsere eigenen Denkgewohnheiten so gründlich als möglich vergessen, um uns neu zu konstituieren. Das ist vielleicht illusorisch und sicher immer nur eine Annäherung, aber es gibt keine anderen Mittel. Aufgrund meiner Erfahrung scheint mir das religiöse Verhalten des Atheners des 4. Jahrhunderts nachvollziehbar zu werden. In den antiken Glaubensvorstellungen kommt ein Geist auf, für den wir offen sind; es erscheinen Wertvorstellungen, denen wir uns anschließen können, trotz ihrer uns fremden Ausdrucksformen und aller Einzelheiten, die sie von unseren Vorstellungen und unseren Denkgewohnheiten trennen und von dem Bild, das wir uns von der Realität machen. Doch man kann diesen Geist und diese Wertvorstellungen nicht abstrakt definieren, ohne sie zu verfälschen. Sie sind eng an die Erfahrung gebunden, innerhalb derer sie bewußt werden, und diese Erfahrung selbst kann nicht anders beschrieben werden als in jener rituellen, mythischen und geistigen Sprache, die zugleich Ausdruck und Mittel für sie ist.

Jean Rudhardt, *Sur la possibilité de comprendre une religion antique,* a. O.

Die Annäherung Jean-Pierre Vernants

Interview im Nouvel Observateur (5. Mai 1980). Die Fragen stellten J. P. Enthoven und J. Julliard.

N. O.: Und heute – was ist für Sie heute eine Religion?

J.-P. Vernant: Nehmen wir irgendein System von Zeichen an, die eine Zivilisation ausmachen; Sprache, Geräte, Institutionen, Künste usw. Jedes dieser Systeme hat zum Ziel, als Mittler

Einführung

zwischen dem Menschen und der Natur oder dem Menschen und den anderen Menschen zu dienen. All diese Systeme sind dadurch gekennzeichnet, daß sie auf dem beruhen, was die Psychologen die symbolische Funktion nennen. Ich will damit sagen, daß ein Wort stets auf etwas anderes als es selbst «zurückverweist»: Das Wort «Hund» ist nicht ein Laut oder ein Phonem, sondern eine Bedeutung, eine Vorstellung, ein gedankliches Mittel, das in eine Bedeutungswelt Einblick gibt und zugleich ermöglicht, mit jemand anders zu kommunizieren. Ein Hammer ist nicht allein jener materielle Gegenstand, den man in der Hand hält, sondern durch ihn hat man einen vielseitigen Zugriff auf die Realität, auf die fast unbegrenzte Auswahl an Möglichkeiten, wie man ihn gebrauchen kann oder wie andere nach mir ihn gebrauchen werden.

Mit anderen Worten, die Menschen haben eine ganze Reihe von Systemen aufgebaut, die ihnen erlauben, über die Gegebenheiten der Realität hinauszugelangen, sie durchzuspielen, um mit ihrer Hilfe ein Universum von Bedeutungen, von Werten und von Regeln ins Auge zu fassen, die einer Gemeinschaft als Bindemittel dienen. Darin unterscheidet sich der Mensch vom Tier, das keine Geräte herstellt und im eigentlichen Sinne keine Sprache, keine Gesellschaft und keine Geschichte kennt. Folglich ist die Religion für mich eines dieser symbolischen Systeme. Wenn die Griechen sagen, der Blitz, «das ist Zeus», so tun sie damit nichts wesentlich anderes als der Handwerker, der in seinem Hammer die Möglichkeit erkennt, dieses oder jenes oder noch etwas anderes zu machen.

Je mehr man sich mit den Religionen beschäftigt, desto besser versteht man, daß sie, genauso wie die Geräte und die Sprache, in den Bereich der Mittel des symbolischen Denkens hineingehören. So verschieden sie auch sind, sie antworten doch stets auf jene doppelte und sich ergänzende Forderung: über das eigentliche Sein hinaus einen Sinn zu erlangen, der ihnen eine Vollkommenheit verleiht, deren sie für sich genommen nicht teilhaftig zu sein scheinen – jedes menschliche Wesen aus seiner Isolation zu reißen und in einer Gemeinschaft zu verwurzeln, die ihm Zuversicht gibt und über ihn hinausreicht.

N. O.: Warum soll man sich mit der griechischen Religion beschäftigen?

J.-P. Vernant: Wenn ich mich dazu entschlossen habe, mich mit der griechischen Religion zu beschäftigen, so habe ich das in erster

Linie deshalb getan, weil mir schien, daß die Komplexität des antiken Griechentums dort besser als in irgendeinem anderen Bereich zum Ausdruck kommt. Denn was bei dem Studium einer Gesellschaft meine Neugierde immer am meisten geweckt und mich angezogen hat, sind ihre heterogenen, vielseitigen Aspekte, sind die leuchtenden Strahlen, die sich notwendigerweise mit Bereichen des Schattens abwechseln. Für die griechische Religion, ja die griechische Zivilisation ist es undenkbar, daß man die Zusammenhänge, die sie ausmachen, auf einen einzigen ihrer Aspekte reduziert. Die griechische Religion ist ein Bereich, in dem der Forscher gezwungen ist, das Religiöse und das Politische, die Anthropologie und die Geschichte, die Moral und das alltägliche Leben «im Zusammenhang zu denken».

Erster Teil
Die Kultbräuche

1. Die Riten, die Handelnden und die Orte

Die Rituale

Definition

Ein Ritual ist eine Abfolge von Handlungen, die im Namen eines einzelnen oder einer Gemeinschaft ausgeführt werden und die dazu dienen, Raum und Zeit zu ordnen, die Beziehungen zwischen Menschen und Göttern zu regeln sowie den menschlichen Kategorien und den sie verbindenden Beziehungen ihren Platz zuzuweisen.

Man hat häufig gesagt, daß die griechische Religion eine «ritualisierte» Religion gewesen sei, wobei man diesem Wort eine einschränkende und abwertende Bedeutung zumißt. Das zeugt von der unausgesprochenen oder zugegebenen Hierarchisierung, von der vorher die Rede war. Wenn man von der eben gegebenen Bedeutung des Wortes Ritual ausgeht, wird man von der griechischen Religion sagen dürfen, daß sie insofern ritualisiert ist, als sie nicht auf einem einheitlichen Corpus von Lehrmeinungen aufbaut, und daß es nicht die Einhaltung eines Dogmas oder eines Glaubens, sondern die Beachtung der Riten ist, die vor allem die Fortdauer der Tradition und den Zusammenhalt der Gemeinde gewährleisten. Das schließt zwar einerseits weder religiöses «Denken» noch Vorstellungen des «Glaubens» aus (s. Teil 2), doch andererseits führt der Formalismus der Einhaltung der Riten zu einem ganzen System der Organisation, das die menschliche Gesellschaft und ihre Beziehungen mit dem sie umgebenden Universum strukturiert.

Natur und Ablauf

Das tägliche Leben im Privatbereich und das öffentliche Leben sind gleichermaßen in ihrem Rhythmus von Riten aller Art bestimmt, so daß das Religiöse sich aufs engste mit allen Momenten und allen Stufen des Lebens eines griechischen Bürgers verbindet. Die Einführung der Riten wird allgemein dem direkten oder mittelbaren Eingreifen der Gottheit zugeschrieben. Jede Verfehlung bei der Einhaltung ihrer

30 Die Kultbräuche

Durchführung ruft göttlichen Zorn hervor. Jede Veränderung muß durch eine Äußerung der Gottheit gerechtfertigt sein. Daraus erwächst eine der Rollen der Orakel als Überbringer der göttlichen Botschaft, darunter insbesondere die des Delphischen Orakels, das die gesamte Geschichte der griechischen Polis hindurch in diesem Bereich eine führende Rolle spielte (vgl. u. S. 119 ff.).

Die Einhaltung der Riten wird sehr bald durch die *Aufzeichnung von Gesetzen* schriftlich festgelegt. Das zahlenmäßige Anwachsen und die Bekanntmachung dieser «heiligen Gesetze», die auf Stein aufgezeichnet und am Eingang zu den Tempeln oder auf öffentlichen Plätzen ausgestellt werden, gehören zu den Erscheinungen, die den Aufstieg der Polis zu Beginn des 8. Jahrhunderts begleiten. Sie stellen eines der Kennzeichen der Originalität des Religiösen bei den Griechen dar, in dem allgemein zugänglich gemacht und veröffentlicht wird, was in den orientalischen Religionen z. B. der Priesterkaste vorbehalten ist.

Zumeist im Zusammenhang mit einem Kult eingerichtet, nehmen diese Rituale die verschiedensten Formen an und unterscheiden sich von einer Gottheit zur anderen und von einer Stadt zur anderen. Sie reichen von der Darbringung der Erstlings-Opfer *(aparchai)* oder dem Trankopfer bis zu den umfassendsten Formen der Gesamtheit der Riten, die die großen öffentlichen Feste begleiten, welche sich zumeist über mehrere Tage erstrecken.

Die Opfer

Das Opfer steht im Mittelpunkt der meisten Rituale. Es kann ebenfalls die verschiedensten Formen annehmen, und das geht so weit, daß es richtiger erscheint, wenn man von den Opfern (im Plural) bei den Griechen spricht. Eine bestimmte Art des Opfers setzt sich indes im klassischen Griechenland in dem kollektiven Handeln der Polis unter all den anderen Formen durch und hat zum Ziel, einerseits die Bindungen zum Ausdruck zu bringen, die die Bürger untereinander zusammenschweißen, und zum anderen die Beziehungen mit der Welt der Götter, deren Zustimmung das Leben der Gemeinschaft auf der goldenen Mitte zwischen Tieren und Göttern rechtfertigt und garantiert.

Dieses Opfer, das man als ein blutiges Opfer von der Art der Speisesakramente bezeichnen kann, besteht aus der rituellen Schlachtung eines oder mehrerer Opfertiere, von denen ein Teil den Göttern durch Verbrennen auf dem Altar dargebracht und der andere von den Teilnehmern des Opfers nach genauen Regeln verzehrt wird. Nach

1. Die Riten, die Handelnden und die Orte

einer Weihung zu Beginn steht am Ende das Kochen. Ohne die Regeln dieses Opfers kann der Mensch das Fleisch der Tiere nicht verzehren, sofern er nicht Gefahr laufen will, selbst in tierisches Verhalten zu verfallen.

Ein solches Opfer kann von einem Privatmann dargebracht werden und in einem häuslichen Fest enden, z. B. bei Gelegenheit einer Hochzeit; es kann auf Wunsch eines einzelnen oder eines Vereins oder auch einer Stadt in einem Heiligtum stattfinden. Der Vollzieher der Opferhandlung kann im ersteren Falle das Familienoberhaupt selbst sein oder ein *mageiros*, d. h. ein für den Anlaß herbeigerufener Spezialist, der zugleich Opferdiener und Koch ist. In den Heiligtümern sind es in der Regel die mit dem Kult betrauten Priester, die die Opfer im Namen der Opfernden durchführen.

Beachtlichkeit und Zahl der Opfertiere sind natürlich je nach dem Reichtum des Opfernden und der Wichtigkeit der Feier unterschiedlich. Aber sie sind auch von der Natur des Kultes abhängig, der gelegentlich eine besondere Art von Tier fordert. Doch sind allein Haustiere für das Opfer geeignet. Der Kreis der Opfertiere reicht somit von einer Ziege, einem Schwein oder einem Widder, oder als bescheidenster Opfergabe nur einem Hahn, bis zu dem vornehmsten Opfertier, dem Rind, oder mehreren Rindern anläßlich großer öffentlicher Feste, bei deren Gelegenheit eine ganze Reihe von Spezialisten dem Priester zur Seite stehen.

Auf diese Weise werden unter verschiedenen Umständen jeden Tag und in jeder Polis Hunderte von Opfern vollzogen. Aber was auch immer ihr Anlaß ist, sie richten sich nach dem festen Ritual einer Abfolge von Handlungen, deren Rekonstruktion uns ikonographische und epigraphische Belege und Texte erlauben.

In der Beschreibung des Opfers bei Homer findet man alle Schritte dessen, was später das große blutige Opfer der Polis sein wird (s. u.); insbesondere hören wir von der Verteilung des gebratenen Fleisches am Altar, auf dem man dem Gott gerade seinen Anteil geopfert hat, und danach von dem Festmahl der Krieger mit ihren gleichen Anteilen des «äußeren Fleisches»; in Hinblick auf letzteres wird man festhalten, daß es auch in diesem Falle an Spießen gebraten und nicht gekocht wird.

32   Die Kultbräuche

Das Opfer in der Odyssee

Die Szene spielt in Lakonien im Hause des Nestor, der Telemach
aufnimmt:

Und es begann unter ihnen die Reden der Gerenier, der Rosselen-
ker Nestor: «Geschwind, liebe Kinder! vollendet mir mein Verlangen! daß ich zuerst von den Göttern Athene gnädig stimme, die mir
sichtbar zu des Gottes blühendem Mahl gekommen. Doch auf! gehe
einer auf das Feld nach einem Rinde, daß es aufs schnellste komme
und es ein Mann und Rinderhirt, gesetzt über die Rinder, treibe.
Und einer gehe zu dem schwarzen Schiff des hochgemuten Telemachos und bringe alle die Gefährten herbei und lasse zurück nur
zwei. Einer hinwieder heiße den Goldgießer Laerkes hierher kommen, daß er Gold um die Hörner des Rindes gieße. Ihr andern bleibt
hier alle miteinander und sagt drinnen den Mägden in den hochbe-
rühmten Häusern, daß sie das Mahl bereiten und ringsher Sitze
und Holz und klares Wasser bringen sollen.»

So sprach er, und alle eilten sich. Da kam das Rind vom Felde,
und es kamen von dem schnellen Schiff, dem ebenmäßigen, die
Gefährten des großherzigen Telemachos, und es kam der Schmied
und hielt das eherne Gerät in Händen, die Werkzeuge der Kunst:
Amboß und Hammer und die gut gemachte Feuerzange, mit denen
er das Gold bearbeitete, und es kam Athene, um die heiligen Opfer
in Empfang zu nehmen. Da gab der Alte, der Rossetreiber Nestor,
das Gold, und der goß es alsdann um die Hörner des Rindes,
kunstgerecht, auf daß die Göttin sich freue, wenn sie die Zierde
sähe. Und das Rind führten an den Hörnern Stratios und der
göttliche Echephron. Und Aretos kam und brachte ihnen aus der
Kammer Handwasser in einem blumenverzierten Becken und hielt
in der andern Hand Gerste in einem Korbe. Und eine scharfe Axt in
der Hand, trat der im Kriege standhafte Thrasymedes neben das
Rind, um zuzuschlagen, und Perseus hielt die Schale. Der Greis
jedoch, der Rossetreiber Nestor, hob an mit Handwaschung und mit
dem Streuen der Gerste und betete viel zu Athene und warf als erste
Weihgabe Haare vom Haupt des Rindes in das Feuer.

Doch als sie gebetet und die Opfergerste geworfen hatten, trat
sogleich des Nestors Sohn, der hochgemute Thrasymedes, nahe
heran und schlug, und die Axt zerhieb die Sehnen des Nackens und
löste die Kraft des Rindes. Und es schrien den Opferruf die Töchter

1. Die Riten, die Handelnden und die Orte 33

und die Schwiegertöchter und die ehrbare Gatting Nestors: Eury-
dike, die älteste von den Töchtern des Klymenos. Darauf nahmen
sie es von der weiträumigen Erde auf und hielten es, und Peisistra-
tos stieß zu, der Anführer der Männer. Als aber das schwarze Blut
aus ihm herausgeflossen war und das Leben seine Gebeine verlas-
sen hatte, zerlegten sie es schnell und schnitten sogleich die Schen-
kel heraus, alles nach der Ordnung, und umwickelten sie mit Fett,
nachdem sie es doppelt gefaltet hatten, und legten rohes Fleisch
darauf. Und der Alte verbrannte es auf Scheitern und träufte
funkelnden Wein darauf, und neben ihm hielten die Jungen die
fünfzinkigen Gabeln in den Händen. Als aber die Schenkel ver-
brannt waren und sie von den inneren Teilen gekostet hatten,
zerstückelten sie das andere Fleisch und spießten es auf Bratspieße
und brieten es, die vorn gespitzten Bratspieße in den Händen
haltend.

Indessen badete den Telemachos die schöne Polykaste, die jüngste
Tochter Nestors, des Neleus-Sohnes. Doch als sie ihn gebadet und
ihn glattgesalbt hatte mit dem Öle, warf sie ihm einen schönen
Mantel und Leibrock um, und er stieg aus der Wanne, an Gestalt
Unsterblichen ähnlich, und ging hin und setzte sich neben Nestor,
den Völkerhirten.

Doch als sie nun das äußere Fleisch gebraten und von den
Spießen gezogen hatten, setzten sie sich zum Mahle nieder. Und es
erhoben sich edle Männer und schenkten den Wein in die goldenen
Becher.

Homer, *Odyssee* 3, 418–472 (Übers. W. Schadewaldt).

Das große öffentliche Opfer

Die feierlichste Form der *thysia* (allgemein: Opfer, s. u.) ist die der
öffentlichen Opfer, die anläßlich der religiösen Feste von der Polis
dargebracht werden und die ein öffentliches Bankett beschließt. Die
Panathenäen in Athen, die Festlichkeiten zu Ehren des Lokalheros
Hyakinthos in Sparta, um die prachtvollsten Feste dieser beiden Poleis
als Beispiele zu nennen, geben Anlaß zur Schlachtung einer großen
Zahl von Rindern, mit denen man die am Fest teilnehmende gesamte
Bürgerschaft verköstigt. Abgesehen von der Gelegenheit, Fleisch zu
essen, erneuert diese Teilnahme am Opfer zugleich den Pakt, der die
Polis an ihre Götter bindet und der Ordnung und Wohlstand garantiert.

Die Kultbräuche

Ebenso ist es aber die Gelegenheit für die Polis, sich selbst darzustellen und durch die Aufteilung und Verteilung der beim Opfer anfallenden Fleischstücke das Bündnis zu erneuern, das die Bürger miteinander verbindet.

In einer dem Opfer vorausgehenden Phase wählt man das Opfertier aus – ein Vorgang, der zu mehr oder weniger langen und vielfältigen Vorbereitungen Anlaß gibt. Zumindest hat der Priester sich überzeugt, daß das Tier den unerläßlichen Anforderungen der «Reinheit» entspricht (ein Fleck im Fell kann als unrein gelten) und die Bedürfnisse des jeweiligen Ritus erfüllt.

Die eigentliche *thysia* wird durch eine Prozession eingeleitet, mit der das Opfertier zum Altar geleitet wird und an deren Spitze der Priester und die Opfernden schreiten; im Falle eines öffentlichen Festes sind das die Beamten, Archonten oder Prytanen, die das Opfer im Namen der Polis darbringen. Um den Altar herum nehmen alle diejenigen Aufstellung, die am Akt der Tötung teilnehmen werden. Das sind die Weihwasserträgerin, die Trägerin des Korbes mit der Gerste, die das zum Abstechen des Opfertieres bestimmte Messer verbirgt, dann der Opferpriester und seine Gehilfen, schließlich die Teilnehmer ganz allgemein, d. h. diejenigen, in deren Namen das Opfer dargebracht wird.

Indem der Priester die dabei üblichen Gebete spricht, besprengt er das Haupt des Opfertieres (es geht mit der Reinigung zugleich darum, seine «Zustimmung» zu erhalten, indem man es zum Senken des Hauptes veranlaßt) und bringt das Voropfer dar, bei dem er die Gerstenkörner aus dem Korb und einige von dem Haupt des Tieres genommene Haare in das auf dem Altar brennende Feuer wirft. Es handelt sich dabei um den Vorgang der Weihung, ohne den das Opfer nicht stattfinden kann. Nun kann der *boutypos*, der Rinderschlächter, das Tier töten, indem er ihm mit der Axt die Stirn einschlägt. Die zweite Phase der rituellen Tötung ist das Abstechen. Zu dieser Handlung muß die Kehle des Tieres nach oben gebogen werden, so daß das Blut gegen den Himmel spritzt, bevor es den Altar und den Boden benetzt. In den häufigsten Fällen wird das Blut in einem dafür vorgesehenen Gefäß aufgefangen und dann über dem Altar vergossen. Im Augenblick der Tötung stoßen die anwesenden Frauen den unerläßlichen rituellen Schrei *(ololyge)* aus. *Thyein*: Die rituelle Tötung schließt unbedingt diese beiden Handlungen der Weihung und des Ausblutens ein. Die dritte Phase des Opfers besteht in dem Zerlegen und Zerteilen des Opfertieres. Damit beginnt die Arbeit des Schlachtens. Nachdem der *mageiros* den Brustkorb des Tieres geöffnet hat,

1. Die Riten, die Handelnden und die Orte 35

entnimmt er ihm die *splanchna*, d. h. die Eingeweide: Lunge und Herz, außerdem die Leber, die Milz und die Nieren, und am Schluß entfernt er die Gedärme, die *entera*, die in Form von Wurst und Blutwurst verzehrt werden.

Dann schreitet man zum Enthäuten: Bei den privaten Opfern steht die Tierhaut dem Priester zu, bei den öffentlichen Opfern wird sie zum Vorteil des Tempelschatzes verkauft. Daraufhin geht man an das Zerteilen, das in zwei Abschnitten und nach zwei verschiedenen Techniken erfolgt. Zunächst ein Abteilen nach Gliedmaßen: Man trennt die Schenkelknochen *(meria)* aus dem Fleisch der Schenkel und legt sie auf den Altar, wo man sie mit Fett überdeckt, sie mit einer Trankspende und wohlriechenden Essenzen übergießt und verbrennt: Sie sind der Anteil der Götter. Der Rauch, der gen Himmel steigt, ist ihre Nahrung und zugleich Träger der Verbindung, die das Opfer zwischen der Welt der Menschen und der der Götter herstellt.

Die Eingeweide werden als nächstes auf Spieße gezogen und von den Gehilfen des Priesters über dem Altar geröstet, um dann unter den Opfernden verteilt und gleichfalls vor Ort verzehrt zu werden. Sie stellen den Anteil am Opfertier dar, der am lebendigsten und kostbarsten ist, und ihr Verzehr bedeutet von daher die wichtigste Teilhabe am Opfer. Der Rest des Fleisches wird in gleiche Teile zerlegt: Der Hauptteil wird durch parallele Schnitte mit dem Messer zerteilt, ohne daß man auf die verschiedenen Teile des Tieres Rücksicht nimmt oder auf die jeweiligen Gliedmaße achtet. Ein Teil bleibt den Göttern vorbehalten (in Athen wird er von den *Prytanen* verzehrt), die anderen Stücke werden nach Gewicht verteilt. Manchmal werden sie verlost, manchmal nach Verdienst oder Ehre zugeteilt, wobei die Gleichheit im Gewicht angesichts der Art der Zerteilung nicht ausschließt, daß die Qualität der Stücke unterschiedlich ist. Man trifft hier auf eine bezeichnende Übereinstimmung zwischen der Art der Zerteilung und der ideologischen Vorstellung der *isonomia*: die Gleichheit der Rechte, die im Leben der Polis vorherrscht.

Diese Fleischstücke werden vor dem Verzehr am Platze in großen Kesseln gekocht. So wird ein zweiter Kreis von Teilnehmern an der Mahlzeit begründet, der gegenüber dem ersten (denen, die die *splanchna* essen) erweitert ist. «Die Gesamtheit», so eine Formulierung von Marcel Detienne, «stellt jene Opfergemeinschaft dar, die die Polis kennzeichnet.» In anderen Fällen erlaubt das Ritual, daß diese Stücke mitgenommen und außerhalb des Opferplatzes verzehrt werden.

Technische Aspekte des Rituals

Einige Einzelheiten zum Vokabular

Thyein, thysia. *Das Verbum thyein ist im Griechischen das allgemeinste Wort, um die Weihung einer Opfergabe zu bezeichnen. Es deckt von Vollzug und Zweck her unterschiedliche Riten ab. Es kann sich sowohl auf blutige wie auf unblutige Opfer beziehen, auf Opfergaben, die verbrannt werden, wie auf niedergelegte Weihegaben, auf solche, die den Göttern bestimmt sind, wie auf die, die den Toten oder den Heroen dargebracht werden. Allein durch den Zusammenhang und durch den Gegensatz zu anderen, spezielleren Begriffen kann die genaue Bedeutung des Wortes im jeweiligen Fall bestimmt werden.*

Die früheste Bedeutung von thyein, die bei Homer belegt ist, ist «für die Götter verbrennen». Noch in klassischer Zeit ist der Gedanke an die durch das Feuer vermittelte Opfergabe in den häufigsten Fällen der Verwendung des Wortes gegenwärtig.

Die Bedeutung des Substantivs thysia hat dieselbe Entwicklung genommen. Thysia bezeichnet zunächst den Vorgang des «für die Götter ins Feuer werfen» und dann allgemein den Vorgang des «Weihens an die Götter». In klassischer Zeit hingegen wird das Wort gewöhnlich dazu verwendet, sowohl den Opferritus wie das daran anschließende Festmahl mit Fleischverzehr zu bezeichnen.

Die Geräte der *thysia*

Eine ganze Gruppe von Gegenständen, Geräten und Gefäßen gehört zu den verschiedenen Phasen des Opfers. Es handelt sich häufig um alltägliche Gegenstände, denen die Tatsache, daß sie sich im Opferbereich befinden, eine rituelle Bedeutung verleiht. Auf einer Reihe von attischen Vasen der klassischen Zeit erkennt man in der Nähe des erhöht stehenden Altars (bomos), *auf dem das Feuer brennt, folgende Gegenstände:*

die Geräte zur Tötung des Opfertieres: den kanoun *oder Korb mit drei Spitzen, der die Gerstenkörner und das Messer enthält, das erstere verdecken (und das daher auf den Bildern nicht sichtbar ist), das Gefäß mit dem Weihwasser (das* louterion), *das Gefäß zum Auffangen des Blutes* (sphageion);

1. Die Riten, die Handelnden und die Orte

die Utensilien zum Kochen des Opfermahles: Neben dem Altar befindet sich der Tisch (trapeza), der zum Zerteilen und dann zur Verteilung des Fleisches unter die Teilnehmer dient; die obeloi, d. h. die Spieße, auf die die Eingeweide und die Fleischstücke aufgezogen werden, der Kessel (lebes), in dem die anderen Stücke gekocht werden, bevor sie ihrerseits zur Verteilung kommen.

Schlachterei und Opfer

Es gibt zwar ein griechisches Wort zur Bezeichnung des «Fleischverkäufers» (kreopoles), doch das geläufigste Wort, um den Schlachter zu bezeichnen, ist mageiros, was zugleich Opferdiener, Schlachter und Koch bedeutet. Daher hat man von der «engen Verbindung» sprechen können, «die die ganze Antike hindurch zwischen Opfer und Schlachterei besteht, selbst in Hinblick auf das in den Läden verkaufte Fleisch» (J. und L. Robert, Bulletin Epigraphique 1970, 511).

Der Verkauf von Fleisch erscheint zunächst einfach als eine eigene Art der Verteilung nach dem Opfer: Ein heiliges Gesetz aus Didyma ordnet an, wenn es nicht möglich sei, nach dem Opfer in einem Zelt zu speisen, das diesem Zweck vorbehalten war, daß dann derjenige, der es wolle, Fleischstücke mit sich fortnehmen könne, da sie ja alle nach Gewicht verkauft würden (LSAM 54, 1–3).

In den Ladengeschäften der agora findet man einerseits das Fleisch von Tieren, die vom mageiros rituell geschlachtet worden sind, d. h. die durch die Darbringung der Erstlingsopfer vor dem Abstechen geweiht worden sind und von denen ein Teil den Göttern vorbehalten bleibt (in Athen der an die Prytanen ausgezahlte zehnte Teil); andererseits findet man das Fleisch von Opfertieren, das vornehmlich aus den Teilen stammt, die nach dem Ritual den Priestern zustehen und von diesen verkauft werden. Im übrigen ist es dieselbe Zerteilung in gleiche Teile, die man bei dem in den Geschäften verkauften Fleisch und dem der Opfertiere vornimmt.

Doch bei dem Schlachtfleisch gibt es weder gebratene splanchna *noch die für die Götter verbrannten* meria.

Andere Arten von Opfern

Wie wir gesehen haben, war der soeben beschriebene Typ des Opfers von der Verbindung zweier wesentlicher Komponenten bestimmt: der Tötung eines Tieres und dem Verzehr seines Fleisches. Ein anderer Typ des Opfers ist durch die Tötung und die Weihung eines Tieres ohne den nachfolgenden Verzehr gekennzeichnet. Beim *Holokaust* wird das ganze geopferte Tier dem Gott durch das Feuer geweiht. Das ist eine Art des Opfers, die einigen besonderen Kulten vorbehalten ist, wie dem der Artemis Laphria in Patras, der ungewöhnlich genug ist, um ausführlich von Pausanias beschrieben zu werden (7, 18, 11–13). Aber man verfährt auch bei manchen Opfern zu Ehren der Heroen und der Toten so, die einem unterschiedlichen Ritual gehorchen. Vor allem ist es nicht mehr der *bomos*, der das Blut der Opfertiere auffängt, sondern entweder ein niedriger Altar, den man *eschara* nennt, oder direkt der Boden bzw. ein Grab. Das Verbum *sphagizein*, das die Betonung auf das Abstechen des Opfertieres legt, oder das Wort *enagizein* werden daher häufig im Gegensatz zu *thyein* gebraucht, das nur im Hinblick auf ein Tier verwendet wird, das auf dem Altar nach dem weiter oben beschriebenen Ritus geopfert wird. Manche Gottheiten, die ganz besonders an den Boden und die Erde gebunden sind, empfangen ebenfalls diese Art von Opfern, die man chthonische (*chthon* = Erde) Opfer nennt. Außerdem gibt es noch Opfer ohne Opfertiere, d. h. *unblutige Opfer*. Dabei werden alle Arten von Nahrungsmitteln, Brote von verschiedener Form und Zusammensetzung, Früchte, Kuchen, zubereitete Speisen oder auch Gemüse oder Duftstoffe auf dem Wege über die auf dem Altar entzündete Flamme den Göttern dargebracht. Die täglich in jedem Hause dargebrachten Opfer haben zumeist diese Form. Manche Kulte fordern im übrigen ausdrücklich und ausschließlich unblutige Opfer, wie z. B. der Kult der Demeter Melaina in Phigalea in Arkadien (Pausanias 7, 42).

Zahlreiche Rituale verbinden die beiden Arten der Opfergaben, blutige und unblutige, miteinander. Umfangreiche Festlichkeiten wie jene, die in Athen die Rolle des Apollon im Ablauf des Vegetationszyklus feiern, räumen der unblutigen Opfergabe sogar einen zentralen Platz ein, und dieses Faktum gibt den beiden Festen dieser Art den jeweiligen Namen. Die Thargelien, das Fest des Frühlings, verdanken ihren Namen dem *thargelos*, einem aus den ersten Getreidekörnern des Jahres gefertigten Brot, das für diese Gelegenheit gebacken und in einer Prozession zum Altar gebracht wird. Die Pyanepsien, das Fest des

1. Die Riten, die Handelnden und die Orte   39

Herbstes, bestehen in ihrem zentralen Ablauf darin, daß man Apollon einen Topf darbringt, in dem man eine Art Brei aus verschiedenen Gemüsen gekocht hat, der *pyanopsion* heißt und insbesondere aus Trockengemüse besteht.

Schließlich findet man neben den Opfern im eigentlichen Sinne die einfache Niederlegung von Opfergaben, die auf den zu diesem Zweck geweihten Tischen neben dem Altar gelassen werden (eine der Bezeichnungen für diese Weihgaben ist *trapezomata*, was soviel bedeutet wie: auf dem Tisch niedergelegte Gegenstände); sie können auch an ganz anderen Plätzen zurückgelassen werden, denen eine weihevolle Bedeutung anhaftet (beispielsweise zu Füßen einer Statue).

In Delos gab es neben dem Altar, auf dem die Hekatomben geopfert wurden, einen zweiten, der ebenfalls Apollon unter seinem Beinamen Genetor geweiht und allein für diese Art von Opfergaben bestimmt war. Es war verboten, dort blutige Opfer darzubringen oder auch ein Feuer zu entzünden. Die Pythagoräer erwiesen ihm besondere Verehrung.

Die Opferbräuche der Sekten

In der Tat ist es diese Art von Opfern oder Opfergaben, auf die die Sekten im Namen der Reinheit zurückgreifen, wenn sie als Randgruppe der Polis ihre Gegnerschaft zum blutigen Opfer einsetzen, um ihr fehlendes Einverständnis zum Ausdruck zu bringen. Es handelt sich um die Kreise der Orphiker und Pythagoräer. Die einen, die Orphiker, erklären ihre radikale Ablehnung aller fleischlichen Ernährung und verzehren nur völlig reine Nahrungsmittel wie Honig und Getreide, die sie auch den Göttern durch ihre Opfer zukommen lassen. Auf diese Weise schließen sie sich völlig von jedem «politischen» Leben aus, das, wie wir gesehen haben, die Teilnahme am blutigen Opfer und an der zu seinem Abschluß erfolgenden Verteilung voraussetzt. Ihre Entscheidung liegt in ihrem mystischen Streben begründet, die verlorene Einheit mit den Göttern wiederzuerlangen, wie sie nach ihren *Theogonien* (s. u. S. 152) einst in den frühesten Zeiten bestand.

Unter den Pythagoräern sollte man zwei Richtungen unterscheiden. Einige lehnen, wie die Orphiker, jede fleischliche Nahrung ab, bringen auf den Altären nichts anderes als unblutige Gaben dar und verzichten somit auf das politische Leben. Die anderen weisen zwar das Fleisch des Hammels und des Rindes zurück, finden sich indes mit den gewöhnlicheren Opfertieren wie der Ziege und dem Schwein ab und können so

40   *Die Kultbräuche*

ihre Protesthaltung mit der Teilnahme am Leben der Polis vereinbaren, das es für sie zu reformieren gilt.

Als völligen Gegensatz zum Vegetarismus und der Verweigerung fleischlicher Nahrung findet man die *omophagia*, die von den Anhängern des Dionysos praktiziert wird und darin besteht, die Stücke eines Opfertieres zu verschlingen, das zuvor wie ein Wild verfolgt und in Stücke gerissen worden war (*diasparagmos*, s. u. S. 40, 178). Man erkennt darin die genaue Umkehr aller Kennzeichen und Werte des öffentlichen Opfers der Bürger und die Verwischung der Grenzen zwischen der Zivilisation und der Wildheit, dem Menschen und dem Tier. «Verwildern» ist eine andere Bezeichnung dafür, daß man der politischen und zugleich religiösen Ordnung entgleitet.

In all diesen Fällen bestätigt der Umstand, daß der Unterschied der Auffassungen sich gerade beim Opfer und der Ernährungsweise zeigt, in gewisser Weise die zentrale Rolle des blutigen Opfers mit Speisung für die Definition der Polis.

Zum Begriff des Opfers

Das Ende des 19. und der Beginn des 20. Jahrhunderts waren von wiederholten Versuchen gekennzeichnet, eine allgemeine Opfertheorie aufzustellen; in die gleiche Zeit fällt die Geburt einer «Religionswissenschaft». Auf der Suche nach einer einheitlichen Definition des Opfers findet die evolutionistische Sichtweise, die die Anfänge beherrscht, im Totemismus die elementare und primitive Form des ursprünglichen Opfers (Robertson Smith, Lectures on the Religion of the Semites, Edinburgh 1894). Indem er das Tier und Totem gemeinschaftlich verspeist, stößt der primitive Clan nach dieser Auffassung auf die beiden wesentlichen Komponenten der frühesten Gestalt des Opfers: das gemeinsame Mahl und die Gemeinschaft durch das Blut. In Frankreich trägt die soziologische Schule, repräsentiert durch Hubert und Mauss (Essai sur la nature et la function du sacrifice, 1899, jetzt in: M. Mauss, Œuvres Bd. 1, Les fonctions sociales du sacré, Paris 1968, S. 193–307) und dann durch Émile Durkheim (Formes élémentaires de la pensée religieuse, Paris 1910), dazu bei, der einheitlichen Gestalt des Opfers den Status einer universellen Form des religiösen Lebens zu verleihen.

*Die Grenzen dieser Konstruktion liegen in dem Umstand, daß sie die speziellen Formen jedes religiösen Sonderbereichs vernachlässigen: die Ernährungsgewohnheiten, die Gesten des Tötens, die Stellung des Opfertieres usw. Derselbe Einwand gilt noch heute gegenüber einer anthropologischen Sichtweise wie der von René Girard in seinen beiden Aufsätzen zum Thema (*La violence et le sacré, *Paris 1972;* Des choses cachées depuis la fondation du monde, *Paris 1978). Sein globaler Erklärungsversuch sieht in der Gewalttätigkeit des Opfers das Prinzip, das das Grundelement jeder Kultur darstelle.*

*Eine andere aktuelle Tendenz der Forschung möchte eher darauf ausgehen, «sich innerhalb der Grenzen einer ganz bestimmten Religion und Gesellschaft zu bewegen» und dabei innerhalb einer jeden die besonderen Formen in Betracht zu ziehen, von denen vorher die Rede war; Ziel ist, «zu einer vergleichenden Typologie der verschiedenen Opfersysteme zu gelangen». Wir zitieren hier J.-P. Vernant (*Théorie générale du sacrifice et mise à mort dans la thusia grecque, *in:* Le sacrifice dans l'Antiquité, Entretiens sur l'Antiquité classique, Fondation Hardt, *Bd. 27,* Vandœuvre-Genf 1981; dieser Band vereinigt mehrere Beiträge zum Thema). Man findet dieselbe Forschungsabsicht in dem Sammelwerk, das Marcel Detienne und Jean-Pierre Vernant herausgegeben haben:* La cuisine du sacrifice en pays grec, *Paris 1979. Von den neueren Untersuchungen soll auch noch zitiert werden: Walter Burkert, Homo necans. Interpretation altgriechischer Opferriten und Mythen, Berlin 1972.*

Die Trankopfer

Die Trankopfer oder Libationen stellen einen wichtigen Teil der Opferriten dar. Wir haben gesehen, daß sie mit einem blutigen Opfer verbunden sind. Sie können indes ebensogut als ein unabhängiges Ritual in einem eigenen Zusammenhang vorkommen.

Die Libationen begleiten die Riten des alltäglichen Lebens. Hesiod erinnert an die des Morgens und des Abends. Homer spricht von jenen, die man vor dem Schlaf spendet. Sie eröffnen auch das Mahl als versöhnende Geste, die dieselbe Bedeutung hat wie die Erstlingsopfer der Nahrungsmittel. Die Trankopfer markieren einen Anfang oder ein Ende und stellen vertraute Handlungen unter den Schutz der Götter, die auf diese Weise zu Zeugen oder Verbündeten gerufen werden. Die Szene des «Abschieds des Hopliten», die um die Gestalt des bewaffneten jungen Kriegers einen Greis und eine Frau versammelt, findet sich z. B. auf zahlreichen attischen Vasen der klassischen Zeit. Eine charakteristische Beschreibung ist die folgende: «In der Mitte steht ein Hoplit, der die Hand eines bärtigen Mannes zum Abschied ergriffen hat; ... Rechts steht eine Frau mit einem Krug und einer flachen Schale, den rituellen Gefäßen für das Trankopfer, die zur Darstellung von Abschied oder Rückkehr gehören. Die Frau gießt Wein in die flache Schale, wovon der Teil, der den Göttern geweiht ist, auf den Boden gegossen und der andere Teil von den Anwesenden getrunken wird. Man opfert und man teilt und macht damit einerseits das Band deutlich, das jedes Glied der Gruppe mit den anderen verbindet, und andererseits unterstreicht man die Beziehung der ganzen Gruppe zu den Göttern.» (F. Lissarague, in: *Die Bilderwelt der Griechen*, S. 62)

Das Trankopfer begleitet auch das Zeremoniell des gemeinschaftlich begangenen Banketts (das *symposion*). Schließlich spielt es eine wichtige Rolle bei feierlichen Handlungen, indem es die Polis unmittelbar verpflichtet. So sanktioniert es z. B. die Verträge und Bündnisse. Das Wort *sponde*, das im Griechischen das Trankopfer bezeichnet, findet man auch in der Bezeichnung *spondai* für den «Bündnisvertrag» wieder. Das Trankopfer besteht darin, daß man einen Teil der Flüssigkeit über den Altar oder auf den Boden gießt und dabei ein Gebet spricht. Zumeist opfert man mit Wasser vermischten Wein (d. h. die Mischung, die man üblicherweise trinkt), aber es kann sich je nach Ritual auch um unvermischten Wein, um Milch oder um eine Mischung von Wein, Wasser und Honig handeln. Das am häufigsten auf den Vasen dargestellte Trankopfer zeigt einen Mann oder eine Frau, die aus einer *oinochoe* (einem Weinkrug, der zwischen den großen Vasen, in denen das Wasser und der Wein gemischt werden, und den Trinkschalen als Zwischenträger dient) in eine *phiale* einschenken (eine flache Schale ohne Fuß, die den Libationen vorbehalten ist), und dann von dem Trank der *phiale* etwas über den Altar oder auf den Boden gießen. In einem zweiten Schritt trinkt man den Inhalt der *phiale* aus.

Doch es kann auch vorkommen, daß auf die Libation kein Trunk folgt. Die Libation reinen Weines, die die Eide begleitet, wird z. B. ganz auf den Boden ausgegossen. In der *Ilias* erwähnt Agamemnon im Zusammenhang mit dem Ritual des Eides «das Blut der Lämmer und

1. Die Riten, die Handelnden und die Orte 43

die Spenden ungemischten Weins und die Handschläge» (*Ilias* 4, 159).
Die rituelle Vernichtung stellt eine Verbindung mit der Unterwelt her,
jener Region der gefährlichen Kräfte, die alle bereit sind, gegen den
Eidbrüchigen loszubrechen.

Es gibt noch andere Libationen, die völlig geweiht werden, und zwar
die *choai*, von dem Verbum *chein*, «in Menge ausgießen». Sie sind
insbesondere für die Toten bestimmt. Über die Erde oder einen Grab-
hügel vergossen, haben sie die Aufgabe, eine Verbindung zwischen den
Toten und den Lebenden herzustellen. Sehr oft ist der Wein davon
ausgeschlossen, und man nennt sie daher *choai nephaliai* oder *aoinoi*
(die nüchternen bzw. weinlosen Weihegüsse). Sie bestehen aus reinem
Wasser wie jene, die Elektra zu Beginn der *Choephoren* (der Gußträge-
rinnen) des Aischylos über dem Grab ihres Vaters Agamemnon aus-
gießt, oder aus Milch und Honig. Sie werden gelegentlich zusammen
mit den *enagismata* vorgenommen, Opferungen von Nahrungsmitteln, die über dem Grab geweiht werden. Außerdem werden durch
Libationen bestimmte Gottheiten geehrt, denen sie ganz besonders
geweiht sind: die Musen, die Nymphen, die Erinyen. In Olympia
findet jeden Monat ein Opfer auf allen Altären des Heiligtums statt:
Die Eleer opfern dort, «indem sie ... Weihrauch zusammen mit
honiggetränkten Weizenkörnern auf den Altären räuchern. Sie legen
auch Ölbaumzweige auf die Altäre und nehmen Wein als Trankopfer»
(Pausanias 5, 15, 10; Übers. E. Meyer). Pausanias, der von diesem
Ritus berichtet, stellt zudem fest, daß er alt sei. Der Altar der Nymphen und der Despoinai (der «Herrinnen»), so präzisiert Pausanias,
empfange keinen Wein, und ebensowenig der gemeinsame Altar aller
Götter *(koinos bomos).*

Das Beispiel zeigt die Vielfältigkeit dieser Rituale, bei denen jedes
Element in Hinblick auf den Gesamtzusammenhang der Riten selbst
wie auf die Funktion oder die Natur der betreffenden Gottheiten von
Bedeutung ist.

Das Gebet

Das Gebet eröffnet, wie wir gesehen haben (o. S. 34), den auf die
Prozession folgenden Abschnitt des großen Opfers und geht vor dem
Altar vonstatten. Es wird von dem Priester mit lauter Stimme gesprochen und leitet in gewisser Hinsicht das eigentliche Opfer ein, das
dadurch der Aufmerksamkeit der Götter, denen man es darbringt,
empfohlen wird. Die Existenz von Weiheformeln, die während der

Die Kultbräuche

Verrichtung der Rituale gesprochen werden und die wichtigsten Kulthandlungen begleiten, ist durch zahlreiche Zeugnisse belegt. In der Volksversammlung wurde vor dem schweigenden Volk ein Gebet gesprochen, bevor die Redner mit ihren Ausführungen begannen. Aristophanes erinnert daran in Form der Parodie (*Thesmophoriazusen* 295–305): «Stille Andacht! Stille Andacht! Betet zu den Thesmophoren, zur Demeter und Persephone, zum Plutos, zur Kalligeneia, . . . daß sie unsere Gemeinde und Zusammenkunft aufs beste leiten und lenken . . . solches erflehet und was euch selber frommt! Io, Paian! Io, Paian! Io, Paian! Freude sei mit uns!» (Übers. L. Seeger) Es folgen Verwünschungen gegen Männer oder Frauen, die die Gesetze überschreiten oder das Vaterland verraten würden. Ebenso richtet jeder Heerführer vor der Schlacht ein feierliches Gebet an die Götter, etwa wie jenes, das Aischylos in den Sieben gegen Theben dem Eteokles in den Mund legt (252–260): «Fleht das Beßre, daß Mitstreiter uns die Götter seien. Wenn ihr vernommen mein Gelübde, feierlich beginnet dann der Weihe heiligen Festgesang in der opferweihenden Weise des Hellenenvolks, den Unsern Mut anfachend, selber frei von Angst. Euch, Göttern meines Landes, euch, Stadtschirmenden, Euch, Feldeswaltenden, euch, den Hütern dieses Markts, euch, Dirkes und Ismenos Quellen, gelob ich laut, wenn alles wohl geht und die Stadt gerettet wird, zu tränken euren Götterherd mit Lammesblut, Feststiere dankbar euch zu opfern, wenn des Siegs Trophäen wir einweihen und das zerschlagene Waffenzeug aufhängen rings an euren Tempeln, euch zum Schmuck.» (Übers. J. G. Droysen) Als Thukydides von der Abfahrt der athenischen Flotte nach Sizilien berichtet, gibt er uns eine genaue Schilderung des ganzen Rituals, in dessen Rahmen diese Gebete gesprochen wurden: «Nachdem die Mannschaft eingeschifft und alles, was mitsollte, verladen war, wurde mit der Trompete ‹Stillschweigen› geblasen und das vor der Abfahrt übliche Gebet verrichtet, nicht auf jedem Schiffe besonders, sondern so, daß es dem Herold in eins nachgesprochen wurde. Auf der ganzen Flotte wurden Mischkrüge angesetzt und von der Mannschaft und den Befehlshabern aus goldenen und silbernen Bechern Trankopfer gebracht. Auch die mithinausgezogenen Bürger und teilnehmenden Freunde am Lande beteten alle mit. Als das Opfer beendet und der Paian angestimmt war, wurden die Anker gelichtet. Anfangs fuhr man in Kiellinie; dann aber, schon bis Aegina, ruderte man um die Wette.» (Thukydides 6, 32; Übers. Th. Braun) Für den frommen Mann eröffnet eine erste Trankspende, von einem ersten Gebet begleitet, den Lauf eines jeden Tages (vgl. Hesiod, *Werke und Tage* 724–726). Ebenso

1. Die Riten, die Handelnden und die Orte 45

eröffnen Trankopfer und Gebet jede Mahlzeit und jedes Bankett, wobei man sich mit geheiligten Formeln an die Götter wendet. Jedes Vorhaben wird so durch Anrufung unter den Schutz der beteiligten Götter gestellt, vor allem des Zeus. Wiederum bei Hesiod finden wir folgenden Rat an den Bauern, der sich zum Pflügen anschickt: «Bete zum Zeus in der Tiefe *(Chthonios)* und Demeter drunten, der reinen. Lastend komme zur Reife der Demeter heilige Feldfrucht, machst du den Anfang mit Pflügen und Säen, wenn das Ende der Sterze du ergreifst und den Stecken erhebst zum Rücken der Rinder, die nun anziehn die Stränge am Pflock» (*Werke und Tage* 465–468; Übers. W. Marg). Das Epos bzw. das Theater geben, von einfachen Formeln abgesehen, das Gebet, die Weihung, die Anrufung, die Verfluchung oder das Gelübde in verschiedener Form ausführlich wieder. Selbst wenn die in der Tragödie oder im Epos dargestellten Szenen nicht für eine genaue Wiedergabe der Rituale und der sie begleitenden Gebete gehalten werden können, liefern sie uns wertvolle Hinweise, die uns in Hinblick auf die angedeuteten Gesten bisweilen bestätigen, was auf den Vasen dargestellt ist. Wir wollen einige Beispiele nennen.

Das Gebet, das an Apollon von seinem Priester Chryses gerichtet wird, um ihn zu bitten, das Sühneopfer der Achaier anzunehmen, geht dem tatsächlichen Opfer voraus und soll seine Wirksamkeit sichern:

«Und wuschen sich dann die Hände und nahmen auf die Opfergerste. Und unter ihnen betete Chryses laut, die Hände emporhaltend: ‹Höre mich, Silberbogner! der du schützend um Chryse wandelst und um Killa, die hochheilige, ... So erfülle mir auch jetzt noch dieses Begehren: Jetzt nun wehre ab von den Danaern das schmähliche Verderben!› So sprach er und betete, und ihn hörte Phoibos Apollon. Als sie aber gebetet und die Opfergerste geworfen hatten, zogen sie zuerst die Hälse der Opfertiere zurück und schlachteten sie und häuteten sie ab...» (*Ilias* 1, 449–458; Übers. W. Schadewaldt)

Ein anderes Beispiel: Die Töchter des Danaos richten als Schutzflehende ein langes Gebet an Zeus Xenios (den Gastlichen) zur Fürsprache für die Argiver, die ihnen zuvor Gastfreundschaft gewährt hatten (Aischylos, *Die Schutzflehenden* 630–710). Man findet dort die drei Themen wieder, die in der einen oder anderen Form in unzähligen *Bittgebeten* auftauchen: daß die Götter ihre Kinder, ihre Ernte, ihre Herden gedeihen lassen sollten usw. Zuvor hatten sie sich auf Anraten des Danaos im Heiligtum niedergesetzt, «den weißumwundenen Ölzweig, den ehrfurchtheiligen Schmuck des heren Zeus» in Händen, nachdem sie andere vor den Altären und den Statuen der Götter

46   *Die Kultbräuche*

niedergelegt und sich mit einem flehentlichen Bittgebet an sie gewandt hatten: «O Zeus, erbarm dich, eh die Gefahr uns ganz erdrückt!» (208; Übers. J. G. Droysen)

Schließlich läßt uns eine lange Szene bei Aischylos noch einem Totenritual beiwohnen, bei dem sich Libation und Gebete miteinander verbinden. Elektra (*Choephoren* 22–161) gießt den «Trauerguß» über das Grab ihres Vaters und erinnert an die Worte des «heiligen Brauchs»: «Vergelten mög er denen, die ihm diesen Kranz gesandt.» Aber sie mag sich mit diesem Gebet nicht zufriedengeben und, vom Chor ermutigt, spricht sie lang von ihrem Wunsch nach Rache, bevor der Chor auf ihre Aufforderung hin die rituelle Klage und das Totenlied wiederaufnimmt.

Trankopfer und Gebet

Elektra: «Du höchster Herold hier im Licht, im Hades dort, o Grabeshermes, hör mich und erwecke mir des Schattenreichs Gottheiten, daß sie hören mein Gebet, die Hüter über meines Vaters Blick, und auch die Erde, die gebietet alles Ding, und was sie aufzog, wieder dessen Keim empfängt; ich gieße diese Spenden für die Toten aus und rufe dich, mein Vater, mein erbarme dich und deines Sohnes Orestes. Herrschten wir im Haus! Denn sieh, verstoßen leben wir und wie verkauft von unsrer Mutter; denn Aigisthos hat sie sich zum Mann erlesen, der dich mit erschlagen hat; und einer Magd gleich hält sie mich; Orestes ist verjagt aus seinem Erbe, während sie in Prunk und eitler Wollust deines Schweißes Frucht vertun! Daß heim Orestes gottgeleitet kehren mag, drum fleh ich dich an, Vater, du erhöre mich! Mir aber gib du, daß ich tugendhafter sei denn meine Mutter, reinen Wandels, reiner Hand! Für uns gebetet hab ich dies, den Feinden nun erscheint, ich weiß es, einer, der dich Vater, rächt, auf daß die Mörder wieder morde ihr Gericht; und sei mir laut bezeuget, wie für bösen Fluch ich ihnen widerfluche diesen bösen Fluch! Du aber send uns alles Heil empor, mit dir die Götter und die Erd und Dike Siegerin! Für diese Bitte spend ich diesen heilgen Guß; ihr aber flechtet eurer Klage Totenkranz und weihet meinem Vater frommen Grabesgruß!»

Aischylos, *Choephoren* 123–150 (Übers. J. G. Droysen).

1. Die Riten, die Handelnden und die Orte   47

Wie mehrere der angeführten Beispiele zeigen, treten zu den Gebeten die Hymnen und die rituellen Gesänge, die für die verschiedenen Gelegenheiten vorgesehen sind: der Paian, der vor der Schlacht und nach dem Sieg angestimmt wird, Trauergesänge, aber auch Chöre junger Männer und Mädchen bei Gelegenheit der öffentlichen Feste.

In der festen Gestalt einer liturgischen Formel, die entweder für eine bestimmte Gelegenheit oder eine bestimmte Person geschaffen oder ihnen angepaßt worden ist, wird das Gebet sehr häufig mit dem Trankopfer verbunden und ist ein wesentliches Element des rituellen Gesamtablaufs.

Mit Hilfe der Beschreibung einer gewissen Zahl von Ritualen und der Untersuchung ihrer Funktion haben wir zeigen wollen, wie die Gesten, die sie erfordern, auf verschiedenen Ebenen betrachtet werden können: anthropologisch z. B. in Hinblick auf die Darstellung des Raums, welcher Menschen und Götter zugleich trennt und verbindet; soziologisch in Hinblick auf ein bestimmtes Bild der Polis, das sich insbesondere aus der Art der Verteilung des Opfertieres ergibt; symbolisch in Hinblick auf die Bedeutung, die den verschiedenen Arten der Zubereitung des Fleisches zukommt.

Doch jedes der betrachteten Elemente des Rituals sagt etwas über alle drei der erwähnten Ebenen aus. Die rituelle Handlung erscheint daher als ein komplexes Gebilde, das das gesamte Geschehen und Handeln der Polis und ihre Vorstellungen ins Spiel bringt.

Die Träger religiöser Funktionen

Wir haben im vorangehenden Kapitel gesehen, daß die hauptsächlichen heiligen Handlungen und insbesondere die Darbringung des Opfers nicht notwendigerweise einen Vermittler erfordern; es gibt keinen ausschließlichen Verwalter eines Wissens, das Voraussetzung ist, um mit den Göttern in Verbindung zu treten, und folglich gibt es auch keinen Klerus. Jeder Bürger kann an seinem häuslichen Herd oder in einem Tempel die Handlungen vollziehen, die die Frömmigkeit eines Griechen zum Ausdruck bringen und die denen, die sie vornehmen, erlauben, sich untereinander als *Hellenes* zu erkennen.

Doch sind über den privaten Rahmen hinaus eine gewisse Zahl von Bürgern dazu angehalten, Aufgaben religiöser Natur zu übernehmen, die ihnen die Polis überträgt. Darüber hinaus bedürfen die Heiligtümer für die Erledigung ihrer Obliegenheiten einer ganzen Reihe von Perso-

48 Die Kultbräuche

nen, deren Status variieren kann, je nachdem, wo das Heiligtum liegt und wieviele Besucher es zählt.

Die religiösen Aufgaben, die von der Polis übertragen werden

Im wesentlichen liegt die religiöse Autorität beim *demos*, dem Volk der Bürger. Diese Autorität übt der Demos durch den Einsatz verschiedener Personen aus, deren Bedeutung und Zahl im Laufe des 5. Jahrhunderts zunimmt – eine Entwicklung, die auf Kosten mancher Vorrechte der Priester geht.

Diese Personen sind z. B. beauftragt, die Aufrechterhaltung der Ordnung und die Beachtung der Gesetze innerhalb der heiligen Bezirke sicherzustellen. In Zusammenarbeit mit den Priestern und den Beamten organisieren sie die großen religiösen Feste. *Hieropoioi* (Opfervorsteher) sind in zahlreichen Städten belegt. In Athen bilden sie ein zehnköpfiges Kollegium, das jedes Jahr von der *Boule* (dem Rat der Fünfhundert) gewählt wird; sie sind für die großen vierjährigen Feste zuständig (mit Ausnahme der Großen Panathenäen, die eine besondere Organisation erfordern). So wachen sie über die Beteiligung an den Festen auf Delos, an den Brauronia, an den Herakleia oder an den Eleusinia und tragen auch Sorge für die alljährlichen Kleinen Panathenäen. Im Rahmen dieser Veranstaltungen sind sie für die Opfer verantwortlich, für die Beschaffung der Tiere, wachen schließlich über den reibungslosen Ablauf des Festes und sorgen für die Einhaltung der Ordnung. Sie teilen die ehrenvollen Privilegien der Beamten, insbesondere bei der Verteilung der Anteile an den panathenäischen Hekatomben.

In Athen werden die *Epimeleten* (Aufseher) mit der Organisation besonderer Feste betraut; für diese tragen sie die Verantwortung, die ihrem Wesen nach eine finanzielle ist: Dies nennt man eine *Liturgie*. So kennt man vier «Epimeleten der Mysterien», von denen zwei unter den Athenern im Alter von über dreißig Jahren ausgewählt werden und zwei unter den Mitgliedern der beiden Priesterfamilien der Keryken und der Eumolpiden.

Die *Epistatai* (Vorsteher) sind besonders damit betraut, die finanzielle Kontrolle über die Kulte auszuüben, so z. B. die Epistatai von Eleusis, deren Amt durch ein Dekret der Boule von der zweiten Hälfte des 5. Jahrhunderts an belegt ist.

In Athen werden andere religiöse Aufgaben außerdem von bestimmten Beamten versehen.

1. Die Riten, die Handelnden und die Orte   49

Der *Archon Basileus*, der die religiösen Funktionen des Königs übernommen hat, ist der wichtigste Träger religiöser Würden des Staates. Insbesondere leitet er die Opfer der von den Vorfahren übernommenen Kulte *(ta patria)*, d. h. jener Kulte, deren großes Alter durch die Überlieferung bezeugt wird. Er führt den Vorsitz bei den Mysterien und bei den Lenäen. Er versieht richterliche Aufgaben, indem er die Prozesse wegen Religionsfrevels führt und die Konflikte schlichtet, welche die Priesterämter betreffen. Schließlich ist er, wie es scheint, für den religiösen Kalender verantwortlich.

Der *Archon Eponymos* (der oberste Amtsträger) ist dagegen für die erst später in der Stadt eingeführten Feste verantwortlich *(ta epitheta)*: die Großen Dionysien (die aus der Zeit des Peisistratos stammen), die heilige Festgesandtschaft *(theoria)* nach Delos, die alle vier Jahre aufbricht – ein Brauch, der im Laufe des 5. Jahrhunderts erneuert worden war –, die Prozession zu Ehren des Asklepios und die zu Ehren des Zeus Soter (die zweifellos im Anschluß an die Perserkriege eingeführt worden war) und schließlich die Thargelien zu Ehren des Apollon Pythios.

Der *Polemarch* (der oberste Heerführer) endlich, der mit den Opfern für Artemis Agrotera und für Enyalios betraut ist, wacht unter anderem über die Leichenspiele zu Ehren der im Kriege Gefallenen und das Fest zur Erinnerung an Marathon. Er versieht zudem die Totenopfer zu Ehren des Harmodios und Aristogeiton, der beiden athenischen Tyrannenmörder.

Doch das religiöse Leben ist nicht auf die Polis allein beschränkt. Die Orakel, und besonders jenes in Delphi, können eine wichtige Rolle spielen. Auch hier wählt der Staat unter seinen Bürgern Personen aus, die mit der Befragung der Orakel beauftragt werden: die *Theoren* (die aber auch, je nach Ort, *pythioi, demiourgoi* oder *theopropoi* genannt werden können). Sie sind überall in Griechenland nachgewiesen und nehmen einen hohen Rang ein. In Athen erfüllt der *architheoros*, der an ihrer Spitze steht, eine Liturgie, d. h. er sorgt für den Unterhalt der Gesandtschaft, und das manchmal in großartigster Weise, denn es handelt sich dabei um eine Frage seines Prestiges. Doch der Staat mißtraut diesen Männern und schränkt ihre Vollmachten zunehmend ein. In Sparta «darf sich jeder (der beiden Könige) zwei Pythier aus den Bürgern wählen» (Herodot 6, 57; Übers. J. Feix).

Priester und Priesterinnen

Die Existenz von Priestern und Priesterinnen ist an die der Heiligtümer und Kulte gebunden. Es gibt sie in der Tat nur in Zusammenhang mit der jeweiligen Gottheit und dem Kult, den sie versehen.

Das Priesteramt funktioniert in den meisten Fällen wie eine Magistratur der Polis, und die Priester üben eine Amtsautorität aus, die jener der Beamten entspricht, die im Bereich der Gesetzgebung, Rechtsprechung sowie Finanz- oder Militärverwaltung tätig sind.

Die Wahl der Priester. Diese Nähe zum Status der Beamten zeigt sich bereits in den Modalitäten der Wahl der Priester. Die meisten Priesterämter sind einjährig wie die Ämter der Polis und werden wie diese ausgelost. Ebenso wie diese enden auch sie mit einer Rechenschaftsablegung. In Athen ist das der Fall bei den Priestern des Dionysos Eleutheros, des Asklepios, des Zeus Soter und der Athena Soteria. Wie die Magistraturen, so stehen auch die Priesterämter allen Bürgern offen und bleiben den Metöken und Fremden verschlossen; wer ein körperliches Gebrechen hat, kann nicht Priester werden.

Es gibt auch Priestertümer, die an bestimmte Familien *(gene)* gebunden sind. Die Priester, die diese Ämter versehen, werden nach mehr oder minder komplizierten Regeln unter den Mitgliedern der betreffenden Familien ausgewählt, manchmal auf Lebenszeit. Aber im übrigen sind sie einfache Bürger und, wie alle Priester, den Beschlüssen des Rates und der Volksversammlung unterworfen. Die bekanntesten unter diesen Familien sind in Athen die *Eteoboutaden,* die die Priester der Athena Polias und des Poseidon Erechtheus stellen; hinzu kommen die *Eumolpiden* und die *Keryken* in Eleusis. Auch die Priester in Delphi werden auf Lebenszeit ernannt, auch wenn sie nicht an irgendeine aristokratische Abstammung gebunden zu sein scheinen.

Die Aufgaben der Priester. Wir haben bereits in der Beschreibung des Ablaufs der Opfer die *liturgische Rolle* der Priester beobachtet. Den öffentlichen oder privaten Opfern beizuwohnen, ist in der Tat ihre sichtbarste Aufgabe. Wir haben gesehen, welche Rolle sie bei der Weihung der Opfertiere spielen, beim Aussprechen der Anrufungsformeln und der Gebete. Der Priester kann das Opfertier eigenhändig abstechen, aber er kann diese Aufgabe auch an einen oder mehrere Opferdiener delegieren; für die Priesterinnen ist das sogar unerläßlich, und wir haben im übrigen gesehen, daß es nicht notwendig ist, Priester zu sein, um ein Opfer vorzunehmen. Man hat sogar beobachten können, daß bei Homer die Priester niemals Opferer sind, sondern

1. Die Riten, die Handelnden und die Orte 51

vielmehr die *priesterliche Funktion* bei einer Gottheit versehen. Das
bleibt in klassischer Zeit weiterhin ihre vornehmliche Aufgabe, und als
solche sind sie es, die die kultischen Feiern leiten, während man in den
großen Heiligtümern stets Opferdiener an ihrer Seite findet.

Der Dienst des Priesters innerhalb des Tempels oder des Heiligtums,
dem er zugeordnet ist, stellt also seine hauptsächliche Aufgabe dar, und
in den bedeutenden Heiligtümern helfen ihm einer oder mehrere
neokoroi dabei. Seine Aufgaben reichen von dem Dienst und der Pflege
der Kultstatue, die den Gott in seiner Wohnung verkörpert, bis zur
Instandhaltung der Baulichkeiten. Das Priesteramt umfaßt auch eine
Verwaltungstätigkeit, nämlich die Erfüllung der Aufgaben des Heiligtums und dessen Ordnung sicherzustellen; hinzu kommt eine finanzielle Tätigkeit, und zwar, die Kontrolle über die Einkünfte und Ausgaben auszuüben. In diesen beiden Funktionsbereichen steht der Priester
indes in zunehmender Konkurrenz mit den vom Staat bestimmten
Beamten (s. o. S. 48), die im übrigen über die zu bestreitenden Ausgaben entscheiden.

Schließlich sind die Priester noch für die Zeit ihres Mandats Wächter
über die heiligen Gesetze. Als solche stellen sie die Beachtung und
Fortdauer der Tradition sicher. Aber auch hier ist es das Volk, das, mit
Hilfe der Boule als Mittler, die Kultgesetzgebung wahrnimmt und
Gesetze erläßt.

Die Priester aus der Sicht Platons

Die folgenden Regelungen in Hinblick auf die Priester, die Platon in
den Gesetzen für die ideale Stadt vorschlägt, orientieren sich an der
athenischen Praxis und bestätigen andere Hinweise in den Quellen.

*Der Athener: «Bestimmen wir also, daß Tempeldiener, Priester
und Priesterinnen für die Tempel zu bestellen seien; für die Straßen
und öffentlichen Gebäude aber und die Ordnung derselben, für die
Menschen, damit sie kein Unrecht tun, und auch für die anderen
Geschöpfe, damit im Umfange der Stadt selbst und der Vorstadt die
den Städten geziemende Ordnung bestehe, hat man drei Gattungen
von Obrigkeiten zu wählen, indem man die für das eben Erwähnte
Bestimmten Stadtaufseher (astynomoi), die für die Marktordnung
Marktaufseher (agoranomoi) nennt. Was aber die Priester der
Tempel angeht, so treffe man, wenn es bei Priestern und Priesterin-
nen erbliche Priesterschaften gibt, keine Veränderungen; wenn es*

Die Kultbräuche

aber, wie es wahrscheinlich ist, daß es in neugegründeten Städten sich damit verhält, bei keinem oder nur wenigen solche gibt, dann gilt es, für die Tempel, bei denen keine besteht, Priester und Priesterinnen als Aufseher für die Götter anzustellen. Die Anstellungen dieser aller müssen teils durch Wahlen, teils durch das Los erfolgen, wobei man in jedem Teil des Landes und der Stadt die der Gemeinde Angehörigen und Nichtangehörigen zum Zweck des Wohlwollens gegeneinander vermischt, auf daß in ihr die größte Eintracht herrsche. Den Tempeldienst betreffend ziemt es sich, dem Gotte selbst es anheimzustellen, daß das ihm Wohlgefällige geschehe, und vermittels des Loses der göttlichen Fügung es zu überlassen, dann aber den jedesmal durch das Los Bestimmten zu prüfen, erstens ob er an keinem Gebrechen leide und echter Herkunft sei, dann ob seine Wohnung eine von keiner Schuld entweihte sei und er selbst durch keinen Mord oder eine ähnliche Vergehung gegen der Götter Gebote sich verunreinigte sowie ob Vater und Mutter ein gleich makelloses Leben führten. Man muß ferner die auf alles Göttliche bezüglichen Gesetze aus Delphi sich holen, Ausleger für sie einrichten und sie verwenden. Die Dauer jedes Priesteramtes erstrecke sich auf ein Jahr, und nicht auf längere Zeit; aber nicht unter 60 Jahre alt sei der, welcher bestimmt ist, den heiligen Gesetzen zufolge in genügender Weise die Gebräuche zu erfüllen, welche auf das Göttliche sich beziehen. Dieselben Gesetzesvorschriften seien auch für die Priesterinnen gültig. Je vier Stämme (Phylen) mögen aber, jeder aus seiner Mitte, dreimal vier Ausleger wählen, und nachdem sie die drei, für welche die Stimmenmehrheit sich entschied, prüften, sollen sie neun nach Delphi senden, damit von je dreien einer durch das Orakel bezeichnet werde. Ihre Prüfung aber und die Zahl ihrer Lebensjahre sei dieselbe wie bei den Priestern. Diese bleiben aber Ausleger auf Lebenszeit, und den Ausgeschiedenen ergänze die Wahl der vier Stämme, denen er angehörte. Zu Verwaltern, welche über die heiligen Gelder jedes Tempels, über die Weihbezirke, den Fruchtertrag und die Pachtgelder derselben zu verfügen haben, wähle man aus der ersten Vermögensklasse für die größten Tempel drei, für die kleineren zwei, und einen für die bescheidensten. Ihre Wahl und Prüfung erfolge, wie sie bei den Feldherren (strategoi) stattfand. Das werde hinsichtlich der heiligen Angelegenheiten beobachtet.»

Platon, *Gesetze* 795 a–760 a (Übers. H. Müller – W. F. Otto – E. Grassi – G. Plamböck).

1. Die Riten, die Handelnden und die Orte   53

Die Einkünfte der Priester

Die Einkünfte der Priester bestehen zunächst aus einem Teil der im
Heiligtum geopferten Tiere, der ihnen von Rechts wegen zusteht.
Während der Priester einerseits mit gleichem Recht wie die Beamten,
die an dem Opfer teilnehmen, einen Ehrenanteil erhält, so sind ihm
außerdem noch eine Reihe von besonderen Stücken vorbehalten, und
zwar je nach Heiligtum mit gewissen Unterschieden. Die Priester
bekommen z. B. ziemlich regelmäßig die Schenkel und häufig auch den
Kopf des Opfertieres. Die auf den Opfertischen niedergelegten Teile
schließlich bzw. die Teile für die Götter *(theomoria)* fallen letztlich
ebenfalls an sie (was den Sarkasmus der Komödiendichter herausfor-
dert).

Daraus folgt, daß der wirtschaftliche Status der Priester je nach
Bedeutung des Heiligtums, dem sie dienen, sehr unterschiedlich ist. Im
großen und ganzen scheint ihre Entlohnung von bescheidenem Ausmaß gewesen zu sein. Vom 4. Jahrhundert an jedoch können in Klein-
asien manche Priesterämter gekauft werden, und in einigen Fällen sind
die Einkünfte beträchtlich. In anderen Heiligtümern wiederum ist das
nicht so, wie z. B. im Heiligtum von Milet, wo dem Priester gesetzlich
ein Minimum garantiert ist: Gewisse Beamte sind dort verpflichtet, zu
einem festgesetzten Zeitpunkt dem Asklepios Opfer darzubringen,
wenn sonst niemand opfert, und es werden dem Priester zwölf Drachmen gegeben. Hingegen wird in einem anderen Kultgesetz aus Milet
bestimmt, daß «denen, die das Priesteramt gekauft haben, alle Teile der
in den privaten Opfern dargebrachten Opfertiere zustehen, außer den
Häuten». Man sieht hier, woher das Opferfleisch der Priester kommt –
jenes Opferfleisch, das auf dem Markt verkauft wird und für manche
Priesterschaften eine wichtige Einkommensquelle darstellt (s. o.
S. 37).

Der Priester ist eine Persönlichkeit, die ihrer Rolle als Vermittler
zwischen der Polis und den Göttern wegen respektiert wird. Die
öffentlichen Ehren, auf die er Anrecht hat (ein besonderer Anteil an
den Opfern, ein Platz im Theater), sind ein Beleg dafür. Doch zwingt
ihn seine Tätigkeit in den meisten Fällen nicht zu einer Lebensweise,
die ihn von den anderen Menschen trennt: Zumeist z. B. ist es den
Priestern oder Priesterinnen keineswegs untersagt, verheiratet zu sein
– die Verpflichtung zur Keuschheit ist, bis auf besondere Ausnahmen,
zeitlich begrenzt und ist an die unmittelbaren Erfordernisse des Kultes
gebunden (während der Feste etwa). Ebensowenig zwingen die Aufga-

54 _Die Kultbräuche_

ben des Priesters ihn, im Heiligtum zu wohnen; wenn manchmal festgelegt wird, daß er dort wohnen soll, so zeigt das lediglich, daß es nicht die Regel ist.

An dem Statut der Priester wird einer der Aspekte der Besonderheit des Religiösen in der Polis deutlich: Indem es auf allen Ebenen und zu jedem Zeitpunkt des menschlichen Handelns gegenwärtig ist, untersteht es doch zugleich auch ihrer, der Polis, strengsten Kontrolle, nicht anders als all die anderen Bereiche, wie das Politische, die Gesetzgebung oder die Rechtsprechung. Was die religiöse Entscheidungsgewalt betrifft, so ist es letztendlich das Volk, das sie ausübt, indem es die Kontrolle über die Religionsgesetze innehat und über die Einführung neuer Kulte, über die Finanzierung der Heiligtümer wie über die Ausübung der Rechtsprechung im religiösen Bereich (die Bestrafung von Religionsfrevel usw.). Und schließlich haben wir noch gesehen, wie sich eine Entwicklung abzeichnet, die auf eine Vermehrung der Kontrollen hinausläuft und auf eine zunehmende Zahl von Personen, die um die Zuweisung jener Aufgaben konkurrieren, die nicht im strengen Sinne priesterlich sind.

Eine letzte Gruppe von Personen, die in den religiösen Bereich gehören und mit denen die Polis zwar zu tun haben kann, die aber keinerlei Auftrag von ihr erhalten, soll hier noch erwähnt werden, nämlich die _Exegeten_, d. h. die Leute, die die heiligen Gesetze auslegen. Es scheint, daß es sie erst vom 5. Jahrhundert an in institutioneller Form gegeben hat. Man wendet sich an sie, um Einzelheiten des Rituals zu klären, oder damit sie Regeln der Entsühnung aufstellen (zum Beispiel wenn ein Mord geschehen ist). Sie sind Spezialisten, die über eine besondere Kenntnis der Gesetze verfügen und demzufolge nicht in einem Wahlvorgang ermittelt werden.

Und schließlich gibt es noch die _chresmologoi_ und Seher, die sich ebenfalls durch ihr technisches Wissen auszeichnen (z. B. durch den Besitz bestimmter Bücher oder Sammlungen). Sie übermitteln und interpretieren die Weissagungen, Orakel oder andere Vorzeichen, die die Götter senden. Sie können von der Polis oder ebensogut von Privatleuten zu Rate gezogen werden und aufgrund dessen eine politische Rolle spielen.

Die Kultplätze

Das Heiligtum

Jeder Ort kann zum Kultplatz, zum Heiligtum oder *hieron* (heiligen Platz) werden. Es genügt, daß die Griechen ihm einen heiligen Charakter zuerkennen, der sich manchmal auf die Erhabenheit der Landschaft gründet oder auf die Existenz einer Grabstätte oder auch auf irgendein anderes Zeichen göttlicher Präsenz (ein Felsen, ein Baum, eine Quelle etc.). Der Bereich wird dann umgrenzt und als *temenos* bezeichnet, was soviel bedeutet wie «abgetrennt» (gemeint ist: von dem Grund, der nicht heilig ist). Die Grenzen des heiligen Bezirks können durch Grenzsteine *(horoi)* gekennzeichnet werden oder durch eine umlaufende Mauer, den *peribolos*. Zahlreiche griechische Heiligtümer sind ganz einfach Grundstücke dieser Art, die von einer Einfriedung umschlossen sind. Innerhalb dessen kann sich ein heiliger Hain befinden, eine Quelle oder eine Grotte oder sonst irgendeine natürliche Erscheinung, ohne daß es dort irgendwelche anderen außer provisorischen Bauwerken gäbe. Ein gutes Beispiel dafür, was ein *temenos* ist, gibt uns die *agora* in Athen (s. der Plan der Agora auf S. 92): Sie ist ein großer Platz, dessen Grenzen durch Grenzsteine gekennzeichnet ist, die mit Inschriften versehen sind; er ist Ort vielfältiger Kulthandlungen zur Ehrung der Toten, der Heroen und Götter, und es befinden sich dort Gebäude, die im Zusammenhang mit diesen Kulten stehen (Altäre und Kapellen der Demeter, des Zeus Phratrios, der Athena Phratria, des Apollon Patroos, das Monument der Eponymen Heroen usw.). Die Verwaltungsgebäude der Polis befinden sich in klassischer Zeit außerhalb des eigentlichen *temenos* im Kreis um seine Grenze.

Ein *temenos* kann den Kult verschiedener Götter beherbergen oder einer einzigen Gottheit vorbehalten sein.

Die Verbote. Der heilige Charakter des Platzes erklärt die Verbote, die ihn betreffen: Es ist verboten, in einem Heiligtum niederzukommen, sexuellen Verkehr zu pflegen oder sich dort zum Sterben niederzulegen. Jede Person, die mit einem Makel behaftet ist, bleibt ausgeschlossen; am Eingang der Heiligtümer stehen mit Wasser gefüllte heilige Gefäße, die es einem jeden erlauben, sich zu reinigen. Andererseits ist das Heiligtum ein unverletzlicher Bereich. Es ist *asylon*, was soviel bedeutet wie, daß niemand innerhalb seiner Umgrenzung das

Recht hat, eine andere Person aufzugreifen. Demzufolge kann das Heiligtum zur Zufluchtsstätte für Verfolgte (einem Asyl) werden, sei es für entflohene Sklaven oder für politisch Tätige. Einen Menschen zu töten, der in einem Heiligtum Zuflucht gefunden hatte, ist ein so schweres Verbrechen, daß es eine Plage (z. B. eine Epidemie) heraufbeschwören kann, die die ganze Stadt heimsucht.

Die Lage. Die Heiligtümer sind über das gesamte Gebiet der Poleis verstreut und liegen sowohl auf dem Lande wie in der Stadt. Heiligtümer, die auf einer Akropolis in der Mitte der Stadt errichtet sind wie in Athen, sind die Ausnahme. Auch spielen sie keineswegs die Rolle eines städtebaulichen Zentrums, wie es bei den Kathedralen in den Städten des Mittelalters der Fall war. Die erhaltenen Ruinen, unter denen die Tempel häufig die einzigen stehengebliebenen Gebäude sind, geben ein ungenaues Bild dessen, was ein städtisches Heiligtum war: Weit entfernt davon, das Stadtbild zu beherrschen, war es in einen dichten Wirrwarr von Gebäuden und engen Straßen eingebunden, und man konnte seine bauliche Gestalt kaum von weitem betrachten.

Die Geschichte der Heiligtümer gibt Gelegenheit, einerseits das beständige Fortleben der Kultplätze von der vorgriechischen bis in die klassische Zeit zu unterstreichen und andererseits festzustellen, wie sehr die Schaffung bestimmter Heiligtümer an die Entwicklung der Polis gebunden war. Neuere Untersuchungen über das Territorium der archaischen Poleis haben die große Bedeutung der Schaffung von Heiligtümern außerhalb des städtischen Raums hervorgehoben. Häufig werden sie an den Grenzen des von der Polis bestellten Landes und am Rande der Wälder, Berge und ungenutzten Gebiete angelegt. So sind sie zugleich Grenze und Verbindungsglied zwischen den beiden grundlegenden Bereichen jeder Polis, zwischen der Welt der Zivilisation und der der Wildheit. Aber ihre Funktion ist auch politischer Art: Sie kennzeichnen die Grenzen des Territoriums der einen gegenüber der anderen Stadt. Schließlich sind diese Heiligtümer gelegentlich mit dem städtischen Zentrum der Polis durch jene heiligen Straßen verbunden, auf denen während der großen Feste die Prozessionen ziehen, die solcherart ein zusätzliches Mittel sind, den religiösen und politischen Anspruch der Gemeinschaft auf ein Territorium zu betonen.

Wenn man sich vom Lande wieder der Stadt zuwendet, wird man feststellen, daß in Athen wie in Korinth der Prozeß der Stadtwerdung sich um ein Heiligtum der Hauptgottheit herum vollzieht (in Athen um das Heiligtum der Athena auf der Akropolis, in Korinth um den Hügel des Apollonheiligtums) und daß die Bauten, die als erste im

1. Die Riten, die Handelnden und die Orte 57

gemeinschaftlichen Bereich auftreten, die Kultmonumente sind. Die Kultplätze sind es, die in zunehmendem Maße locken, Verwaltungs-, Gerichts- und Versammlungsgebäude in ihrem Umkreis anzulegen, wie in Athen um die Agora. Die Heiligtümer und die dem Kult vorbehaltenen Gebäude sind demnach die Elemente, die das ländliche Territorium und das städtische Zentrum der Polis in ihren Anfängen gliedern.

Die Bauten in den Heiligtümern. Innerhalb dieser heiligen Plätze entsteht mit der Zeit häufig ein Komplex von Gebäuden, die in Zusammenhang mit dem Kult stehen, und manche Heiligtümer wie das von Delphi oder von Olympia sind regelrechte «Städte».

Der Altar oder *bomos* ist ein wesentliches Element für den Kult. Er befindet sich im *temenos,* aber nicht innerhalb des Tempels. Er ist der Ort des Opfers; das Blut des Opfertieres fließt auf den Altar. Auf dem Steinsockel befindet sich der Herd, auf dem man die den Göttern vorbehaltenen Stücke verbrennt und die den Menschen bestimmten Stücke röstet. Der Altar ist gelegentlich nicht anders nachweisbar als durch die Aschenhaufen und verbrannten Knochen, die nach den Opfern übrigbleiben und die sich im Falle des Zeusaltars im Heiligtum von Olympia zu einem beachtlichen Hügel auftürmen. Es kann sich beim Altar um ein Gefüge von Steinen handeln oder um einen Herd, zu dem man über einige Stufen gelangt, oder um ein Monument von der Größe des Steinaltars im Heraion von Argos (1,70 m × 2,40 m). Die Teilnehmer des Opfers bilden im allgemeinen einen Kreis oder einen Halbkreis um den Altar, der, sofern es einen Tempel gibt, vor dessen Vorderfront liegt. Der Opfernde wendet sich gen Osten, und das Ritual vollzieht sich ausschließlich im Altarbereich, ganz ohne zeremonielle Verbindung mit dem Tempel.

Beschreibung von Heiligtum und Weihgaben

Ein Heiligtum der Artemis in Skillus: Beschreibung der Umgebung

Xenophon kaufte ... der Göttin ein Stück Land, wo ihm der Gott weissagte. Zufällig floß durch dieses Grundstück ein Bach Selinus. Auch in Ephesos fließt am Tempel der Artemis ein Selinus vorbei, und in beiden Gewässern gibt es Fische und Muscheln. In dem Grundstück bei Skillus gibt es auch Jagdgründe mit allem, was sich an Tieren jagen läßt. Er ließ auch aus dem geweihten Gelde einen

Die Kultbräuche

*Altar und einen Tempel errichten, und von da an stiftete er jährlich
den Zehnten des Ackerertrages, woraus man der Göttin ein Opfer-
fest veranstaltete, an dem alle ansässigen und benachbarten Männer und Frauen teilnahmen. Die Göttin bot jeweils den Teilnehmern
des Festmahls Gerstenmehl, Brote, Wein, Naschwerk und ein Los-
teil von dem, was von der heiligen Weide als Opfer geschlachtet
wurde, ebenfalls vom Wildbret. Denn auf das Fest hin jagten die
Söhne Xenophons und die der andern Einwohner; wer es wünschte,
durfte an der Jagd teilnehmen, auch Männer. Ein Teil wurde im
heiligen Bezirk selbst erbeutet, ein Teil auf dem Pholoe: Sauen,
Rehe und Hirsche. Der Ort befindet sich am Weg von Lakedämon
nach Olympia, ungefähr 20 Stadien vom Zeusheiligtum in Olympia
entfernt. Im geweihten Bezirk finden sich auch Wiesen und bewal-
dete Berge, recht geeignet, den Schweinen, Ziegen, Rindern und
Pferden Futter zu liefern, so daß sich auch die Zugtiere der Festbesu-
cher gütlich tun konnten. Rings um den Tempel selber wurde ein
Hain von Obstbäumen angelegt, was es in jeder Jahreszeit an
eßbaren Früchten gibt. Der Tempel ist, abgesehen von der Größe,
demjenigen in Ephesos nachgebildet, und das Götterbild gleicht
demjenigen in Ephesos, soweit eines aus Zypressenholz einem
goldenen gleichen kann. Neben dem Tempel steht eine Steintafel
mit folgender Inschrift:
Dieses Land ist der Artemis geweiht. Der Besitzer und Nutznießer
hat jährlich den Zehnten zu stiften. Aus dem Überschuß hat er den
Tempel zu unterhalten. Unterläßt es einer, soll es der Göttin
anbefohlen sein.*

Xenophon, *Anabasis* 5, 3, 7–13 (Übers. W. Müri).

Die Weihgaben

Ihre Anhäufung im megaron *des Apollontempels in Delphi beschreibt eine Figur in einer Komödie des Epicharmos* (Die Thearoi)
aus dem 1. Viertel des 5. Jahrhunderts folgendermaßen:
«Kitharai, Dreifüße, Wagen, eherne Tische,
Waschbecken, Gefäße zum Trankopfer, eherne Kessel,
Mischgefäße für Wein, Spieße! Gewiß, mit diesen an Nägeln
aufgehängten Dingen, was für ein Geschäft könnte man damit
machen!»

Epicharmos, *Die Thearoi*, Frg. 109 Oliveri (Übers. A. Wittenburg).

1. Die Riten, die Handelnden und die Orte 59

Der Tempel oder *naos*

Seine Funktion. Wenn Tempel auch die großartigsten Überreste sind, die die griechische Welt hinterlassen hat, so sind sie doch in Hinblick auf den Kult nicht unverzichtbar. Wie bereits gesagt wurde, vollziehen sich die Rituale zumeist außerhalb des Tempels und nicht in seinem Inneren. Selten nur haben die Griechen das Recht, in das Innere des Tempels einzutreten, und einen großen Teil des Jahres bleibt er geschlossen. Der Tempel hat eine ganz bestimmte Funktion, nämlich eine oder mehrere Kultstatuen zu beherbergen, und darüber hinaus vielleicht noch andere der Gottheit gehörige Güter, die sie als Gaben empfangen hat. In dieser Hinsicht ähnelt der Tempel den kleineren Gebäuden, die man in den Heiligtümern findet, den Schatzhäusern, die die vielen den Göttern geweihten Gaben bergen. Der Parthenon auf der Akropolis in Athen z. B. nimmt die große Goldelfenbeinstatue der Athena Parthenos auf (die Athena chryselephantine), das Werk des Bildhauers Pheidias; für Rituale wird das Gebäude nicht genutzt. Gelegentlich findet man in einem einzigen Heiligtum zwei derselben Gottheit geweihte Tempel. Eine der möglichen Erklärungen für diese Doppelung ist die Notwendigkeit, eine neue Statue des Gottes zu bewahren und auszustellen, die in dem älteren Tempel keinen Platz findet.

Dennoch haben manche Tempel nicht als einzige oder hauptsächliche Funktion, das Haus der Statue des Gottes zu sein. Sie sind, nach einer Formulierung von G. Roux, als «Tempelheiligtümer» zu bezeichnen, die errichtet sind, um einen heiligen Ort und die auf ihn zugeordneten Rituale zu beherbergen. Der Tempel des Apollon Pythios in Delphi z. B. birgt den pythischen Herd, den Altar des Poseidon und in seinem *adyton* (Innersten) die Erdspalte des Orakels (s. u. das Kapitel über Delphi). In diesem Falle ist der Tempel das Haus des Gottes, und mancher Ritus wie der der Befragung des Orakels kann dort stattfinden.

Seine Geschichte. Die Geschichte des Tempels ist eng mit der der Polis verbunden. Auch wenn die der Entstehung der Polis vorangehenden Epochen Kultplätze kannten, zeigt sich doch die bauliche Form des Tempels zuerst im 8. Jahrhundert in Verbindung mit der Herausbildung der ersten bürgerlichen Gemeinschaften. Die frühesten Tempel waren aus Rohziegeln errichtet und hatten hölzerne Säulen, die steinernen Bauten stammen erst aus der Zeit gegen Ende des 7. Jahrhunderts.

60   *Die Kultbräuche*

Bauliche Beschreibung des Tempels. Die verschiedenen Gebäudeteile des Tempels: Der Standardgrundriß ist ein Rechteck, das zwei Teile umfaßt, von denen einer, der *sekos*, geschlossen ist, und der andere, der *peristylos* oder äußere Säulenumgang, offen. Der geschlossene Teil besteht aus mindestens einem Raum, dem *naos* oder der *cella*, darin sich die Statue der Gottheit befindet. Häufig liegt vor diesem Saal eine Vorhalle, das *pronaos*. Ein hinterer Raum *(opisthodomos)* vervollständigt den Grundriß. Das *adyton*, der geheime, nicht zugängliche Ort, ist ein in manchen Tempeln vorhandener zweiter Raum, der sich an die *cella* anschließt.

Ein rundum von Säulen umgebener Tempel heißt *peripteros*, und sofern es sich um eine doppelte Säulenreihe handelt, *dipteros*. Wenn nur an der Vorderfront eine Säulenreihe steht, ist das ein *prostylos*. Die Zahl der Säulen an der Vorderfront bietet auch die Möglichkeit, einen Tempel als *hexastylos, oktostylos* (mit 6 oder 8 Säulen) usw. zu bezeichnen. Die Größe der Tempel ist sehr unterschiedlich. Ein Tempel, der *hekatompedon* genannt wird, ist hundert Fuß lang. Die Anwendung dieser Bezeichnungen führt zu einer Beschreibung wie: «Es handelte sich um einen peripteros, hexastylos und hekatompedon.» So etwas sollte den Leser nicht in Schrecken versetzen, sondern man sollte es entschlüsseln.

Der Aufbau. Der Tempel ruht auf einem dreistufigen Fundament, der *krepis*. Die oberste Stufe, *stylobatos* genannt, trägt die Säulen. In der Vorderansicht des Tempels sieht man Säulen (mit Base, Schaft und Kapitell), ein Architrav, einen aus Metopen und Triglyphen bestehenden Fries, einen Giebel und ein Dach. Die Teile, die mit Skulpturenschmuck versehen werden können, sind die Metopen und der Giebel und in Einzelfällen der Fries, der oben am *sekos* im Inneren des Säulenumgangs und außerhalb des Baukörpers des *naos* entlangläuft (wie der Panathenäenfries des Parthenon).

Die Ordnungen. Nach der Form der Kapitelle unterscheidet man drei Ordnungen der Tempelarchitektur: die dorische, die ionische und die korinthische Ordnung.

Der Schmuck. Die mit Skulpturen versehenen Teile sind die Giebel, die Metopen und der Fries, doch die Architekturelemente wie die Akrotere, die Dachfirste und die Triglyphen sind integrierender Bestandteil der Ausschmückung. Die Tempel sind in lebhaften Farben angemalt; die Weiße des Steines macht das heute kaum vorstellbar.

Die Tholoi. Die meisten Tempel haben eine rechteckige Grundfläche. Nur selten findet man solche mit einem kreisförmigen Grundriß, die in

1. Die Riten, die Handelnden und die Orte   61

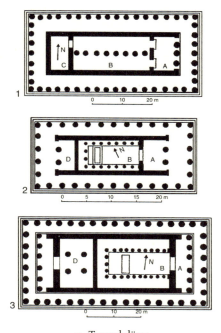

1. Tempelpläne

1. Tempel der Hera, die sogenannte Basilika, in Poseidonia.
2. Tempel des Hephaistos und der Athena Hephaistaia, das sogenannte Theseion, in Athen.
3. Der Parthenon in Athen.
A: Pronaos. B: Naos. C: Adyton. D: Opisthodom.

die Kategorie der *Tholos* gehören, wie z. B. die Tholos von Epidauros oder die von Samothrake. Aber die Tholoi haben noch ganz andere Funktionen, als nur Kultorte zu sein: Sie sind Versammlungsgebäude, wie die Tholos in Athen, oder Schatzhäuser, wie die in Delphi. Die runde Form ist außerdem nicht an eine bestimmte Art des Kultes, den Totenkult, gebunden, wie man lange Zeit behauptet hat. Im großen und ganzen sind die Archäologen heute eher geneigt, die unterschiedlichen Funktionen ein und desselben Gebäudetyps anzuerkennen, als daß sie großartige Theorien einer allgemeingültigen Erklärung entwickeln.

Die übrigen Gebäude. Neben den Altären und Tempeln findet man in den Heiligtümern verschiedene mit dem kultischen Leben in Zusammenhang stehende Gebäude: die *Schatzhäuser* als die Orte, in denen die den Göttern geweihten Gaben aufbewahrt werden und die selbst als

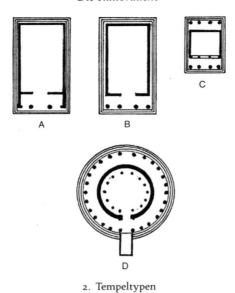

2. Tempeltypen

A: Tempel *in antis*. B: Prostylos. C: Amphiprostylos. D: Tholos.

Gaben gestiftet sind; die *Brunnen*, die insbesondere den rituellen Waschungen dienen; verschiedene zweckgebundene Gebäude, die den Pilgern und den Priestern zur Verfügung stehen (Speisesäle oder Ruheräume); und schließlich die notwendigen Einrichtungen für die Abhaltung der Wettspiele, wenn der Kult der Gottheit solche Rituale vorsieht (vgl. z. B. Olympia und Delphi).

Die Weihgaben. Eine Gabe zu weihen, ist eine der häufigsten Kulthandlungen, und die Heiligtümer sind voller Weihgaben aller Art. Jedweder Gegenstand kann zur Weihgabe werden, von dem bescheidensten Gefäß bis zur Kriegsbeute, die in einer Polis während eines Kriegszuges gemacht wurde. Ein siegreicher Athlet weiht seinen Kranz, ein Kranker ein Abbild des Körperteils, der geheilt worden war, eine Polis ein Denkmal. Diese vielen Weihgaben machen es erforderlich, daß von den Schatzmeistern eines Heiligtums ein Inventar aufgestellt wird, und außerdem, daß es Platz genug gibt. Nicht selten kommt es vor, daß besondere Gebäude errichtet werden, um die Weihgaben aufzunehmen, oder daß die Gaben zurückliegender Jahre in Gruben vergraben werden – letzteres zur Freude der Archäologen, die sie entdecken. Man muß sich einmal die Arbeit der Handwerker und Künstler vorstellen, die diese Weihgaben hergestellt haben: Der we-

1. Die Riten, die Handelnden und die Orte

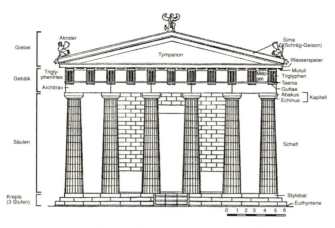

3. Vorderansicht eines Dorischen Tempels

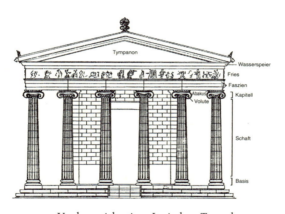

4. Vorderansicht eines Ionischen Tempels

sentliche Teil der Kunstwerke, die uns erhalten sind, waren Gegenstände, die man den Göttern geweiht hatte.

Unmittelbar außerhalb der Heiligtümer, wenn nicht in ihnen selbst, finden auch die profanen Aktivitäten der Händler Platz, und jedes große Fest war bekanntlich eine Gelegenheit für Märkte und Vorführungen aller Art. Das Heiligtum ist ein lebendiger, farbiger und

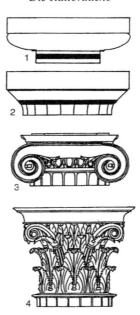

5. Die Säulenkapitelle der drei Ordnungen: Dorisch, ionisch und korinthisch
1. Archaisches Dorisches Kapitell. 2. Hellenistisches Dorisches Kapitell. 3. Ionisches Kapitell. 4. Korinthisches Kapitell.

lärmender Ort, an dem der Pilger manchmal Schwierigkeiten hat, sich einen Weg zu bahnen oder auch nur einen Platz zu finden, um die Prozession zu bewundern und die Statue der Gottheit zu betrachten.

Die Götterbilder

Man kann nicht von den Götterbildern sprechen, ohne das schwierige Problem der figürlichen Darstellung im antiken Griechenland zu berühren, d. h. ohne die Frage des symbolischen Wertes der «Bilder» zu erörtern und insbesondere die der Darstellung der Götter nach dem Vorbild des Menschen, den sogenannten Anthropomorphismus der Griechen (s. u. S. 219ff.).

Die Kultstatuen. Wie bereits gesagt wurde, ist der Tempel um die Statue des Gottes herum errichtet, und jedes Heiligtum, so klein es auch sei, hat seine Darstellung der Gottheit, die Kultstatue, die im Mittelpunkt der meisten Rituale steht.

1. Die Riten, die Handelnden und die Orte

Die Kultstatuen sind die meiste Zeit im Inneren des Tempels verwahrt, nur während der großen Feste bringt man sie ins Freie und geht mit ihnen um.

Die übrigen Statuen. Neben den Kultstatuen, von denen uns nur wenige Beispiele erhalten sind, denn sie waren aus Holz und daher vergänglich, bevölkern Götterbilder als Weihgaben oder Bauornamente des Tempels das Heiligtum in Form von Standbildern, Reliefs oder Rundplastiken. Ihre Aufgabe ist nicht, beim Ablauf der Rituale eingesetzt zu werden, sondern an die Attribute des Gottes zu erinnern und an seine eigene Geschichte wie die der mit ihm in Verbindung stehenden Gottheiten. Die Fläche des Giebels erlaubt große Kompositionen, darin häufig Mitglieder der Götterwelt abgebildet werden, während die Metopen und die Friese Darstellungen aller Episoden des Lebens der Götter bieten, sowohl ihren Kampf gegen die Titanen wie ihre Bankette und ihre Streitigkeiten untereinander. Wohin immer man auch seinen Blick richtet, erinnern die Götterbilder die Menschen in nur scheinbar vertrauter Gestalt an die außerordentliche Distanz, die zwischen dem Götterdasein und der menschlichen Existenz besteht.

Ein Text des Herondas beschreibt die Bewunderung zweier Frauen, die nach ihrer Ankunft im Heiligtum des Asklepios auf Kos die Malereien des Tempels betrachten und beschreiben:

«Siehst du nicht, Kynno, was für Werke! Du wirst nun sagen, Athena habe diese schönen Dinge gestaltet – Hut ab vor der Göttin! Das Kind da, das nackte, wenn ich es ritze, wird es nicht einen Kratzer haben, Kynno? Denn man hat ihm Fleisch aufgelegt, als ob es warm, warm pulste auf dem Bild; und die silberne Feuerzange da, wenn die Myellos oder Pataikiskos, Sohn des Lamprion, sehen würden (zwei berühmte Diebe), würden ihnen nicht die Augen hervorquellen, weil sie ihnen wirklich aus Silber gefertigt zu sein schienen? Das Rind und der, der es führt, die daneben stehende Frau, und dieser hakennasige und der stulpnasige Mensch da, erblicken sie nicht alle das lebendige Tageslicht? Wenn es mir nicht erschiene, für eine Frau etwas zu weit zu gehen, würde ich wohl vor Furcht aufschreien, daß das Rind mir etwas täte, so scheel blickt es, Kynno, mit dem anderen Auge» (Herondas, *Mimen* 4, 57–71, Übers. A. Wittenburg).

2. Die Religion und das Leben in der Polis

Die Übergangsriten

Unter dieser Bezeichnung fassen wir jene rituellen Handlungen und Glaubensvorstellungen zusammen, die sich auf die Geburt, den Eintritt in die Welt der Erwachsenen, auf die Hochzeit und den Tod beziehen. Die üblicherweise verwendeten Bezeichnungen «Familien- oder Hausreligion» oder «Volksreligion» erscheinen uns nicht zufriedenstellend. «Hausreligion»: Die Rituale, die zur Sprache kommen werden, sind in Wahrheit ebenso politisch wie häuslich, und die uns vertraute Trennung in Privatleben und öffentliches Leben hat kaum einen Sinn, wenn man von den Hochzeits- oder Begräbnisriten sprechen will, die entschieden die ganze Gemeinschaft betreffen. «Volksreligion»: Dieser Begriff, den die Religionsgeschichtler zu Beginn dieses Jahrhunderts gerne verwendeten und der bei den angelsächsischen Autoren heute wieder in Mode gekommen ist, ist verschwommen und entspricht keiner griechischen Vorstellung. So kann man etwa unter einem solchen Begriff eigentlich alles zusammenfassen, was die Religion betrifft (wie es M. P. Nilsson tut), oder man kann diejenigen Handlungen und Riten für Bestandteile der «Volksreligion» halten, die man als «spontan» bezeichnet im Gegensatz zu einer religiösen Anschauung, die die der Eliten wäre. Es liegt auf der Hand, daß eine solche Vorstellung des religiösen Lebens, die durch Jahrhunderte der Konzentrierung auf das Christentum geprägt ist, nichts mit dem hier vertretenen Ansatz zu tun hat. Indem wir die Überschrift «Übergangsriten» gewählt haben, weisen wir auf das Werk von Van Gennep zurück und auf die Versuche, Vorstellungen, die auf dem Gebiet der Anthropologie entstanden sind, auf die griechische Welt anzuwenden. Das ist ein Vorgehen, das es ermöglicht, die Folgerichtigkeit herauszustellen, die in Riten und Glaubensvorstellungen wirkt, die a priori anders sind, als wir sie gewohnt sind.

Als Leitfaden soll der Verlauf des menschlichen Lebens von der Geburt bis zum Tod dienen.

Die Geburt

Sobald das Kind einmal geboren ist, befestigt man über der Tür einen Olivenzweig, wenn es sich um einen Knaben handelt, oder einen Wollfaden, wenn es ein Mädchen ist. Am 5. oder am 7. Tag findet die Zeremonie der *Amphidromien* statt. Das Neugeborene wird im Kreis um den Ort getragen, an dem das Herdfeuer des Hauses brennt und der Sitz der Hestia ist, der Schutzgöttin des Familienherdes; sodann wird es auf die Erde gelegt. Das Ritual gliedert das Kind in den häuslichen Bereich ein (durch das Tragen um das Feuer und den direkten Kontakt mit dem Erdboden) und verbindet es mit dem Herd, aus dem es hervorgegangen ist. Dies ist die Gelegenheit, zu der die offizielle Anerkennung des Neugeborenen durch seinen Vater und manchmal die Namensgebung erfolgt.

Dieses Ritual der Eingliederung in die Hausgemeinschaft hat ein Gegenstück: den Ritus der Aussetzung. Wenn das Kind von dem Vater nicht anerkannt wird, wird es vom häuslichen Herde verwiesen, wird aus dem Hause und vom bebauten Lande verbannt und in einem abgelegenen Bereich, dem *agrios*, ausgesetzt, der in der Vorstellung der Griechen die Wildheit repräsentiert. Die Aussetzung der neugeborenen Kinder in den zahlreichen Erzählungen wie der von der Geburt des Ödipus findet in den brachliegenden Gebieten statt, die an den Grenzen der Stadt liegen und die die Schäfer durchziehen. In Sparta steht die Entscheidung darüber, ob ein Kind aufgezogen werden soll oder nahe am Taygetos in einer Schlucht mit Namen Apothetes (der Ort der Niederlegung) auszusetzen sei, nicht dem Vater zu, sondern dem Ältestenrat.

Nach der Geburt werden das Haus und besonders die Mutter und alle diejenigen, die mit der Niederkunft zu tun hatten, Reinigungsriten unterzogen. Das geflossene Blut wird in der Tat für eine Befleckung *(miasma)* angesehen; aus diesem Grunde ist es untersagt, in einem Heiligtum niederzukommen. Die Polis regelt die Reinigung häufig durch Gesetze, denn die Befleckung eines Hauses kann die ganze Stadt verunreinigen. Unter den häufigsten Ritualen wollen wir die Waschungen mit geweihtem Wasser nennen, die Bäder im Meere, das Vergießen des Blutes eines Ferkels oder die Verbrennung von Duftstoffen und Schwefel.

Den Gottheiten, die mit der Geburt in Verbindung stehen, werden Weihgaben dargebracht – Artemis, der Eileithyia oder der Demeter Kourotrophos; es handelt sich z. B. um Weihungen von Wäsche, die

68   *Die Kultbräuche*

während der Geburt befleckt worden war, oder um Gürtel, die die
Mütter getragen hatten.

Am 10. Tag nach der Geburt versammelt sich die Familie zu einem
Opfer und einem anschließenden Festessen, und manchmal empfängt
das Kind Geschenke.

Der Eintritt in die Welt der Erwachsenen und das bürgerliche Leben

Dieses Ereignis hat nicht für beide Geschlechter dieselbe Bedeutung,
denn allein die jungen Männer haben tatsächlichen Zugang zum
Bürgerrecht. Die Feiern, die den Übergang von der Jugend in das
Erwachsenenalter kennzeichnen sollen, sind von Stadt zu Stadt unter-
schiedlich; um ihre Bedeutung richtig zu verstehen, muß man sie in
den größeren Zusammenhang von Handlungen einordnen, die über
den religiösen Rahmen hinausgreifen und die man üblicherweise als
Initiationsriten bezeichnet. Um uns auf die religiösen Aspekte dieser
Übergangsriten zu beschränken, wollen wir als Beispiel das Fest der
Apatourien betrachten.

Das Fest der *Apatourien*, das von zahlreichen ionischen Städten
gefeiert wird, versammelt «diejenigen, die denselben Vater haben». Bei
dieser Gelegenheit werden die neuen Mitglieder in die Gemeinschaft
aufgenommen. Für Athen ist der Ablauf des Festes ziemlich gut
überliefert. Das Fest wird im Rahmen der Phratrien im Monat Pyanopsion (Oktober) gefeiert und dauert drei Tage. Am ersten Tag, der als
Dorpia bezeichnet wird, halten die Mitglieder der Phratrie ein gemeinsames Mahl; der zweite Tag, *Anarrhysis*, ist der Zeitpunkt zahlreicher
Opfer, die vor allem zu Ehren des Zeus Phratrios und der Athena
gestiftet werden. Am dritten Tag, *Koureotis*, werden die jungen Männer in die Listen der Phratrie eingetragen, und man bringt mehrere
Opfer dar: das *koureion*, die *gamelia*, das *meion*. Die Rituale dieses
dritten Tages haben alle etwas mit dem Statuswechsel der jungen
Männer zu tun. Während man sich über die Natur des *meion* genannten Opfers nicht sicher ist, weiß man dagegen, daß das Opfer des
koureion die Weihung begleitet, mit der der junge Mann bei seinem
Übergang aus der Kindheit sein Haar der Artemis darbringt. Die
gamelia bezeichnen sowohl das Opfer wie das Mahl, das ein Athener
stiftet, der den Mitgliedern seiner Phratrie seine kürzlich erfolgte
Heirat zur Kenntnis bringen und ihnen seine Frau vorstellen will. Man
sieht hier sehr deutlich die unterschiedliche Behandlung, die der junge

2. Die Religion und das Leben in der Polis · 69

Mann und die junge Frau an der Schwelle zum Dasein als Erwachsene im Ritus erfahren. In den mythischen Erzählungen, die von diesem wichtigen Übergang handeln, findet man diesen Unterschied ebenfalls wieder.

Der Eintritt in die Welt des Bürgers ist so durch Rituale gekennzeichnet, die einerseits den jungen Mann von der Welt der Kindheit loslösen (z. B. durch die Darbringung der Haare an Artemis) und ihn andererseits in die Gemeinschaft eingliedern, insbesondere durch seine Teilnahme an den gemeinsamen Festmählern, die manchen der Opfer folgen. Die Phratrie übernimmt die Rolle des Mittlers zwischen der Welt der Familie und der der bürgerlichen Gemeinschaft. Die erste Tat des jungen Mannes, der Ephebe geworden ist, ist es, der Reihe nach die Heiligtümer Athens zu besuchen, und der Eid, den er leistet, ist beispielhaft für die Einreihung des Religiösen in das politische Leben.

Die Behandlung der jungen Frauen

Wie bereits gesagt wurde, hat ein auf ein und derselben Ebene angestellter Vergleich zwischen jungen Männern und jungen Frauen überhaupt keinen Sinn. Während alle Söhne von Bürgern ihrerseits Bürger werden, wird keine Tochter eines Bürgers zur Bürgerin. Man kann nicht von Übergangsriten sprechen, die für die Gesamtheit der jungen Frauen einer Polis gelten. Man kann vielmehr für eine sehr geringe Zahl unter ihnen eine zeitweilige Inanspruchnahme durch den Dienst an den Gottheiten beobachten. Genau das wird in dem bekannten Stück des Aristophanes, in der *Lysistrata*, beschrieben. In diesem Werk übernehmen die Frauen die Macht, beschließen einen Liebesstreik, wenn nicht Frieden geschlossen würde, und erklären zu ihrer Rechtfertigung: «Ihr aber, alle Bürger der Stadt, hört zu, wir wollen euch für die Stadt nützliche Worte sagen! Das ist nur billig, hat sie mich doch in Prunk und Pracht aufgezogen. Sieben Jahre alt geworden, war ich *Arrhephore*; dann mahlte ich mit zehn Jahren das Korn für unsre Herrin (Athena); und dann war ich im Safrankleid *Bärin* bei den Brauronien. Schließlich, als schönes Mädchen, war ich *Kanephore*, in der Hand die Feigenschnur» (*Lysistrata 638–647*). Aus mehreren Gründen ist das kein allgemeingültiges Bild der schrittweisen weiblichen Initiation:

– die jungen Mädchen werden niemals Bürgerinnen;
– die meisten unter ihnen werden niemals *Bärinnen* sein (nur einige wenige junge Mädchen werden dazu ausersehen, der Artemis im

Heiligtum von Brauron für ein Jahr zu dienen), und ebensowenig werden die meisten von ihnen *Kanephoren* (Korbträgerinnen der Prozession) oder *Arrhephoren* (junge Mädchen, die während des zu Ehren der Athena abgehaltenen Festes der Arrephorien mit der Durchführung eines Rituals betraut werden);
– es handelt sich um Aufgaben, die sie im Dienste an der Stadt versehen und die nicht den Übergang aus einer Phase im Leben des jungen Mädchens kennzeichnen sollen. Diese Rituale sind keine Parallele zu den Übergangsriten der jungen Männer. Von ganz anderer Bedeutung ist indes für die junge Frau die Hochzeit.

Die Hochzeit

Die griechische Polis kennt keine genaue Definition der Institution der Ehe. Sie steht gewissen Arten der Verbindung wohlwollend gegenüber, und häufig wird eine Grenze zwischen dem Zustand von verheiratet und nichtverheiratet gezogen. Die Befolgung der Rituale des *gamos* (das Wort, das den Tag der Hochzeit bezeichnet) hat für sich genommen keinerlei legale Bedeutung, und diese Riten sind keinesfalls ein Sakrament. Sie kennzeichnen vielmehr sowohl für den Mann wie für die Frau einen Wechsel im Status, der indes von größerer Tragweite für die Frau ist, die von einem häuslichen Herd an den anderen, vom *oikos* ihres Vaters in den ihres Ehemannes wechselt. Die Riten sind vielfältig, sind ohne eine Rangfolge untereinander und wenden sich an eine große Zahl von Gottheiten, von denen jede eine ganz bestimmte Aufgabe hat.

Am Vorabend der Hochzeit, während der *Proteleia*, opfert man den Schutzgottheiten der Ehe, insbesondere dem Zeus, der Hera, Artemis, Apollon und Peitho. Die junge Frau weiht einer Gottheit, bei der es sich zumeist um Artemis handelt, die Attribute ihrer Kindheit: Spielzeug, persönliche Gegenstände und Locken ihres Haares. Zugleich finden Reinigungsriten statt, d. h. das Bad der jungen Frau und des jungen Mannes, für das man das Wasser einer besonderen Quelle, der Kallirhoe, verwendet. Eine der beliebtesten Darstellungen der attischen Vasenmaler ist die *Loutrophorie*, der Zug der Frauen zur Quelle, der auf den Gefäßen abgebildet ist, die dazu dienen, das Wasser für das Hochzeitsbad heranzubringen.

Der *gamos* ist der Tag der Hochzeit. Die Häuser sind mit Oliven- und Lorbeerzweigen geschmückt. Im Haus des Brautvaters findet ein Opfer mit anschließendem Festmahl statt. Die Braut ist verschleiert und trägt einen Kranz. Sie wird von einer Frau begleitet, der *nympheu-*

2. Die Religion und das Leben in der Polis   71

teria, während der junge Mann einen *parochos* an seiner Seite hat.
Männer und Frauen sind streng voneinander getrennt. Ein Jüngling,
der als *amphitales* bezeichnet wird (d. h. daß seine beiden Elternteile
noch am Leben sind), trägt auf dem Haupt einen Kranz aus stacheligen
Pflanzen, in den Eicheln eingeflochten sind. Er verteilt an alle Gäste
Brote aus einem Korb und spricht die Formel: «Ich bin dem Übel
entflohen und habe das Beste gefunden.» Die griechische Tragödie
erkennt in diesem Ritual die Erinnerung an den Übergang von dem
dornigen zum zivilisierten Leben, von der Wildheit zum Leben des
gemahlenen Getreides; daran erinnern auch die Küchengeräte, die am
Tage der Hochzeit zu sehen sind. Die Braut muß eine Pfanne zum
Rösten der Gerste mit sich führen, ein Kind trägt ein Sieb, und an den
Türpfosten des Hochzeitszimmers sind ein Stampfer und ein Mörser
gebunden. Das Mahl besteht aus traditionellen Gerichten, unter denen
ein Sesamkuchen als Unterpfand der Fruchtbarkeit gilt. Es werden
Geschenke gemacht.

Am Abend setzt sich ein Hochzeitszug vom Hause des Brautvaters
zu dem des Ehemannes in Bewegung. Darunter befindet sich oft ein
von Maultieren oder Ochsen gezogener Wagen. Man schreitet unter
dem Licht der Fackeln und zum Klang der Gesänge des Hymen voran.
An der Tür zum *oikos* des Ehemannes warten der Vater und die Mutter
des Bräutigams. Die Braut empfängt dort auch einen Teil des mit Sesam
und Honig gebackenen Kuchens, eine Quitte oder eine Dattel (als
Symbol der Fruchtbarkeit) und muß den neuen Herd umschreiten. Die
Frau ist das sich bewegende Element der Hochzeit; indem sie den *oikos*
wechselt, wechselt sie auch den häuslichen Herd (mit Ausnahme der
Erbtöchter, der *epikleroi*, die den Herd des väterlichen Hauses nicht
verlassen). Der Ritus der *katachysmata* besteht darin, daß man die
Braut an das Herdfeuer der Familie führt und Nüsse und getrocknete
Feigen auf ihr Haupt schüttet. Durch die Umgehung des Herdes (die an
die Umgehung mit dem Kinde bei den Amphidromien erinnert) und
das Ausschütten der Leckereien (dasselbe Ritual wird bei der Ankunft
eines neuen Sklaven im *oikos* vollzogen) wird die junge Frau in die
Gemeinschaft des neuen häuslichen Herdes eingegliedert; durch die
Hervorbringung legitimer Kinder wird sie dessen Fortbestand sichern.
Im Anschluß an diese Handlungen begibt sich das Brautpaar in den
thalamos, das Hochzeitsgemach.

Am folgenden Morgen finden von neuem Opfer und Festmähler
statt, und das Brautpaar empfängt Geschenke. Schließlich kann der
Ehemann, wie wir gesehen haben, im darauffolgenden Jahr ein Opfer

72   *Die Kultbräuche*

und ein Mahl stiften; das sind die den Mitgliedern seiner Phratrie während des Festes der Apatourien gespendeten *gamelia*, mit denen er die Ankunft der neuen Ehefrau in seinem Hause bekanntmacht. Die Abhaltung eines solchen Mahles kann im Falle gerichtlicher Auseinandersetzungen als Beweis der Ehe angeführt werden.

Je nach Polis können die Hochzeitsrituale unterschiedlich sein. Eines der interessantesten Beispiele ist jenes, das Plutarch für die Riten berichtet, die die jungen Frauen der Spartaner vollführen: Man schneidet ihnen das Haar ab, sie tragen Männerkleidung und erwarten ihren Bräutigam ganz im Dunkeln auf dem Stroh. Es handelt sich um ein schönes Beispiel für das, was die Ethnologen einen Umkehrungsritus nennen.

Die göttlichen Mächte, die mit der Hochzeit in Verbindung stehen, sind sehr zahlreich, doch beherrscht eine funktionelle Logik ihre Auswahl. Die Anrufung einer jeden Gottheit entspricht einer bestimmten Absicht. Man nehme z. B. Artemis: Die jungen Frauen verlassen die «wilde» Welt der Kindheit und Jugend, die unter dem Schutz der Göttin steht, und weihen ihr die Zeichen ihrer Dankbarkeit. Die mythischen Erzählungen zeigen, daß es ebenso gefährlich ist, wenn man sich weigert, den Bereich der Artemis zu verlassen, wie wenn man sich der Göttin gegenüber undankbar zeigt. Der Platz der Aphrodite ist dort, wo das Begehren wirkt; ohne ihr Zutun kann die eheliche Vereinigung nicht vollkommen sein, mit ihr wird indes die Freude gelegentlich eine beunruhigende Kraft, die die Ehe von innen her bedrohen und sie in eine zügellose Gemeinschaft verwandeln kann. Hera, die häufig Teleia (Vollendete) genannt wird, ist das Abbild der Reife, die die Frau in der Ehe sucht, und zugleich der Legitimität der Verbindung. Hera steht auf der Seite des gegenseitigen Vertrages und der Verpflichtungen, sie schützt die Stellung der legitimen Ehefrau. Man kann auf diese Weise herausfinden, wodurch jede in den Hochzeitsritualen gegenwärtige Gottheit unverzichtbar ist und daß sie nicht durch eine andere ersetzt werden kann: Das ist eine Probe der Folgerichtigkeit, die in dem Aufbau der Götterwelt der Griechen herrscht (s. u. S. 189f.).

Die Hochzeitsrituale werden häufig für die eigentlichen Übergangsriten der jungen Frauen in das Erwachsenenalter angesehen, doch nur für sie allein, als ob die Hochzeit ganz allein eine Angelegenheit der Frauen wäre. Das ist so nicht richtig. Die Ehe ist in der griechischen Polis ein Grundpfeiler des Reproduktionssystems der Bürgerschaft; junge Männer wie junge Frauen sind an diesem rituellen Vorgang

2. Die Religion und das Leben in der Polis

beteiligt. Ihre Weigerung, die Ehe einzugehen, die eines der Lieblingsthemen der mythischen Erzählungen mit Schilderungen junger Männer wie junger Frauen ist, würde den Fortbestand der Gemeinschaft in Frage stellen. Das Ende der Initiation bei den jungen Kretern z. B. war durch den Eintritt in die bürgerliche Gemeinschaft und zugleich durch die Heirat gekennzeichnet.

Der Tod

Die Begräbnisrituale. Bildliche Darstellungen und Texte vermitteln uns die Kenntnis der Einzelheiten dieser Rituale. Zunächst schreitet man zur Waschung und Vorbereitung des Toten. Er wird mit duftenden Ölen eingerieben, in weiße Gewänder gehüllt und mit Bändern sowie einem Leichentuch umwickelt, wobei das Gesicht frei bleibt.

Dann erfolgt die *prothesis*, d. h. die ein oder zwei Tage dauernde Aufbahrung des Leichnams auf einem Totenbett in der Eingangshalle des Hauses. Auf den Vasenbildern ruht das Haupt des Toten auf einem Kissen. Die Frauen, die im Kreis um das Totenbett stehen, vollführen Gesten der Trauerklage; sie zerkratzen sich das Gesicht, raufen sich die Haare und weinen. Es handelt sich dabei ausschließlich um die Verwandten des Toten. Ein besonderer Gesang, der *threnos*, wird angestimmt. Vor der Tür des Hauses stellt man eine Vase auf *(ardanion)*, die mit Wasser für rituelle Reinigungszwecke gefüllt ist.

Die *ekphora*, der Trauerzug, findet im Anschluß an die *prothesis* statt und geleitet den Toten von seinem Hause zum Begräbnisplatz. Der Tote liegt auf der Bahre der *prothesis* und wird entweder getragen oder auf einem Wagen transportiert. An der Spitze des Zuges steht eine Frau, dann folgen die Männer, die übrigen Frauen und die Oboenspieler; in Athen hat der Leichenzug in der Nacht stattzufinden.

Der Begräbnisplatz oder die *Nekropole* (die Stadt der Toten) liegt vor den Mauern der Stadt. Der Leichnam wird entweder beerdigt oder auf einem Scheiterhaufen verbrannt; die Aschen werden im letzteren Falle in einem Tuch gesammelt und in eine Urne gelegt. Im Grab und bei dem Grab werden verschiedene Beigaben niedergelegt. Durch ihre Qualität und Quantität und durch ihre Verteilung im Umkreis um den Leichnam geben sie wertvolle Aufschlüsse, deren Interpretation nicht immer leicht ist. Die Archäologen haben erst seit kurzer Zeit gelernt, den Inhalt der Gräber zum Sprechen zu bringen: Alter, Geschlecht, soziale Unterschiede und familiäre Gruppenbildung sind die üblichen Erkenntnisse, die die Nekropolen liefern.

74   *Die Kultbräuche*

Das Grab wird von einem Erdhügel überdeckt, dessen Spitze eine
große Vase krönt oder eine Stele, die häufig den Namen des Verstorbenen trägt. In der archaischen Epoche steht über einigen Gräbern in
Athen die Statue eines Mannes *(kouros)* oder einer Frau *(kore)* oder
eine Stele mit Skulpturschmuck. Das Grab bestimmt den Standort des
Toten und seinen Status im Verhältnis zur Welt des Lebenden. Es ist
der Ort, an dem Weihgaben von Lebensmitteln oder schmückenden
Gegenständen (Kränzen, Bändern oder Salbgefäßen) niederlegt, Trankopfer gespendet und Opfer dargebracht werden und an dem am 3., 9.
und 30. Tag nach dem Begräbnis ein Festmahl abgehalten wird.

   Die Gesamtheit der Totenfeiern ist Gegenstand sehr genauer Regelungen, die von der Gemeinschaft der Bürger oder deren Untergliederungen erlassen werden. Eine der Aufgaben der archaischen Gesetzgeber, wie Solon in Athen z. B., war es, Gesetze in diesem Bereich zu
erlassen. Auch hier ist die Verschachtelung der Angelegenheiten der
Familie mit denen der Polis groß.

   Reinigungsriten sind notwendig, um jede Befleckung des Totenhau-
ses zu beseitigen. Das Herdfeuer wird gelöscht und ein neues wird
entzündet.

   Dieses allgemeine Schema der Totenrituale muß man durch die
Vielzahl der unterschiedlichen lokalen Gebräuche ergänzen. Doch
scheint es, daß die Griechen besonders in diesem Verlauf des Rituals
ihre griechische Art sahen, mit den Toten umzugehen. Im übrigen ist
es möglich, manche Berichte von Begräbnisfeierlichkeiten mit diesem
kanonischen Verlauf zu vergleichen, um zu erkennen, in welchen
Punkten sie abweichen und was diese Abweichungen bedeuten. Die
Totenfeiern für Patroklos in der *Ilias* zum Beispiel oder die der Könige
in Sparta oder der Skythen im Geschichtswerk des Herodot erscheinen
sehr eigenartig.

   Bestimmte Begräbnisfeierlichkeiten schließlich haben für die Polis
als solche eine besondere Bedeutung: die Totenfeiern für die im Krieg
gefallenen Bürger. Für Athen muß man über diesen Sachverhalt die
Beschreibung der Totenfeiern lesen, die Thukydides im 2. Buch seines
Werks über die Geschichte des Peloponnesischen Kriegs schildert (2, 34,
1–8) und die für die im ersten Kriegsjahr Gefallenen abgehalten
werden, oder als weiteres Beispiel das Gesetz aus Thasos zum selben
Thema aus der Mitte des 4. Jahrhunderts.

   Von diesen heroischen Toten einmal abgesehen, ist der Totenkult
überhaupt ein zentraler Bestandteil der Religion im Bereich der Familie
und der bürgerlichen Gemeinschaft. Seine Durchführung ist unerläß-

2. Die Religion und das Leben in der Polis

6. Fundkarte eines Grabes in der Nähe von Paestum (Italien) aus dem 4. Jahrhundert v. Chr.

Kammergrab (ein überdeckter Steinbau, der 2,83 m × 2,13 m mißt). Das Innere des Grabes ist durch Steinblöcke in zwei Räume unterteilt. Der Befund der Gefäße, der Gegenstände aus Eisen und Terrakotten erlaubt es, zwischen einer männlichen Bestattung (mit einem Krater, einem Skyphos, einer Kylix, einem Strigilos, einer Lanze usw.) und einer weiblichen (mit einer Hydria, einer Phiale, einem Lebes gamikos, Terrakottaminiaturen) zu unterscheiden. Das Ritual der Beisetzung läßt Rückschlüsse auf die Tätigkeit des Toten, seine soziale Herkunft und bisweilen auf die Gesellschaft der Lebenden zu.

Zu diesem Grab vgl. die Untersuchung von A. Bottini–E. Greco, *Tomba a camera dal territorio pestano: alcune considerazioni sulla posizione della donna*, Dialoghi di Archeologia 8/2, 1974–75, S. 231–274.

lich, und jede Polis hat ihre besonderen Feste für die Toten. Im allgemeinen ist die Totenfeier Teil einer Folge von vielschichtigen Ritualen. In Athen beispielsweise gibt es ein sehr altes Fest für die Toten, die *Genesia*. Sie werden am 5. Tag des Monats Boedromion gefeiert und bilden ein Fest zum Gedenken an die Toten, das auf Kosten der Polis veranstaltet wird; doch werden die Toten auch bei Festen geehrt, die nicht allein ihnen gewidmet sind.

Die *Anthesterien* bieten ein Beispiel für eine Totenfeier, die in eine Abfolge von Ritualen zu Ehren des Dionysos eingegliedert ist. Diese Anthesterien finden am 11., 12. und 13. Tag des Monats Anthesterion statt, d. h. Ende Februar. Am ersten Tag, *Pithoigia* genannt, öffnet man die Kessel, in denen der Wein seit dem Herbst gärt. Der zweite Tag, *Choes*, ist einem großen Wettbewerb im Trinken und der Feier der Hochzeit zwischen Dionysos und der Königin (*basilinna*, die Ehefrau des Archon Basileus) vorbehalten, die im Boukolion stattfindet. Am dritten Tag, *Chytroi*, wird in *Chytroi* genannten Gefäßen (daher der Name des Festtages) eine Suppe zubereitet und dem Hermes Chthonios gespendet, der auch Psychopompos genannt wird, Begleiter der Toten. An diesem Tag können die Seelen der Toten in die Welt der Lebenden zurückkehren, und letztere treffen einige Vorkehrungen, um sich vor ihnen zu schützen. Die Heiligtümer Athens bleiben geschlossen, die Hausschwellen sind mit Pech bestrichen, um den Gespenstern den Zugang zu verwehren, und am Ende des Tages werden die Geister der Toten mit folgenden Worten entlassen: «Fort, ihr Keren, die Anthesterien sind zu Ende!» Ein so vielschichtiges Fest kann zu unterschiedlichen Interpretationen Anlaß geben, je nachdem welcher Aspekt in den Vordergrund gestellt wird. Die meisten der vorgeschlagenen modernen Erklärungen sind zu eng gefaßt (Fest der Fruchtbarkeit, der Vegetation usw.). Die Anthesterien hatten nicht eine einzelne Bedeutung, sondern sie erfüllten ohne Zweifel mehrere religiöse wie soziale Funktionen, wobei der Totenkult lediglich ein Element in einem vielschichtigen Ganzen war, innerhalb dessen beispielsweise die Umkehr der Rollen eine ähnliche Bedeutung hatte wie im neuzeitlichen Karneval.

2. Die Religion und das Leben in der Polis 77

Der Tod

Bestimmungen über die Begräbnisse in Delphi

Man lege nichts im Wert von mehr als fünfunddreißig Drachmen in das Grab, weder Gekauftes noch aus dem Hause. Die dicke Umhüllung soll grau sein. Wenn jemand eine dieser Vorschriften übertritt, soll er fünfzig Drachmen Strafe zahlen, sofern er nicht über dem Grabe schwört, daß er nicht mehr hineingelegt habe [als die vorgeschriebene Höchstgrenze]. Man soll nur eine Matte unter (den Toten) legen und nur ein Kopfkissen dazulegen. Man soll den Toten verhüllt tragen und dabei schweigen und soll ihn auf dem Wege (an den Straßenecken?) nirgendwo absetzen, und man soll keine laute Klage anstimmen außerhalb des Hauses, bevor man zum Grab kommt ... Über den Gräbern der schon länger Verstorbenen soll man keinen Trauergesang und keine laute Klage anstimmen: Jeder soll nach Hause gehen außer denen, die am selben Herd lebten, und die Brüder des Vaters und die Schwiegereltern und die Nachkommen und die Schwiegerkinder. Weder am folgenden Tag noch am zehnten Tag, noch an den Jahrestagen soll man Jammern oder laut klagen.

Delphi, Inschrift der Phratrie der Labyaden, Beginn 4. Jahrhundert (Übers. A. Wittenburg nach Kommentar und französischer Übersetzung von G. Rougemont, *Lois sacrées et règlements religieux*, Corpus des inscriptions de Delphes Bd. 1, Paris 1977, Nr. 9 und 9bis, S. 26–88).

Die in Athen im 4. Jahrhundert verbindlichen rituellen Pflichten gegenüber Verstorbenen

Alle, die sich anschicken zu sterben, treffen von sich aus Vorsorge, ihr Haus nicht untergehen zu lassen, sondern einen Erben zu hinterlassen, der ihnen die Totenopfer darbringt und alle heiligen Pflichten an ihrem Grab erfüllt. Deswegen pflegen auch die, die kinderlos sterben, Adoptivsöhne zu hinterlassen. Nicht bloß jeder einzelne regelt auf diese Weise seine Angelegenheiten, sondern auch der Staat ergreift diesbezüglich besondere Maßnahmen; er trägt dem Archon, der über die Häuser Aufsicht führt, durch Gesetz auf, Sorge dafür zu tragen, daß sie nicht untergehen.

Isaios, *Über die Erbschaft des Apollodoros* 30.

Ich, der Adoptivsohn, pflegte ihn zu Lebzeiten, ich selbst und meine Frau, die die Tochter des Philonides hier ist; und meinem Sohn habe ich seinen Namen gegeben, damit sein Geschlechtername nicht untergehe; und als er starb, habe ich ihn in einer seiner und meiner würdigen Weise bestattet und habe ihm ein schönes Grabmal errichtet. Die Gedenkfeiern am dritten und am neunten Tag habe ich durchgeführt und alles übrige, was zur Bestattung gehört, aufs beste geregelt, so daß alle Angehörigen des Demos mich dafür gelobt haben.

Isaios, *Über die Erbschaft des Menekles* 36 (Übers. A. Wittenburg nach P. Roussel, CUF).

Ein Gesetz aus Thasos über die Begräbnisfeiern für die im Kriege gefallenen Soldaten (Mitte des 4. Jahrhunderts)

... der agoranomos soll nichts vernachlässigen an dem Tage, an dem man den Leichenzug veranstaltet, bevor der Leichenzug stattfindet. Niemand soll für die tapferen Männer (die im Kriege gefallenen Heroen) mehr als fünf Tage Trauer tragen; es soll nicht gestattet sein, Trauerfeiern zu veranstalten; widrigenfalls soll demjenigen religiöse Befleckung anhaften, und die gynaikonomoi und die Archonten und die Polemarchen sollen nicht darüber hinwegsehen und sollen alle das Recht haben, die vom Gesetz vorgesehenen Strafen zu verhängen. Auch sollen die Polemarchen und der Schreiber des Rats ihre Namen mit Vatersnamen in die Liste der im Krieg gefallenen Heroen eintragen, und man soll ihre Väter und ihre Kinder einladen, wann immer die Stadt den tapferen Männern ein heroisches Opfer darbringt. Der Kassenbeamte soll jedem von ihnen denselben Betrag geben, den man als Würdenträger empfängt; man soll auch ihre Eltern und ihre Kinder auf die Ehrenplätze bei den Wettkämpfen einladen; man soll ihnen einen besonderen Platz zuweisen, und derjenige, der die Wettspiele ausrichtet, soll ihnen eine Sitzreihe einrichten. Für alle, die Kinder zurückgelassen haben, gilt, daß die Polemarchen, wenn diese das Erwachsenenalter erreichen und sofern es männliche Kinder sind, einem jeden Beinschienen, einen Brustpanzer, einen Dolch, einen Helm, einen Schild, eine Lanze geben im Werte von nicht weniger als drei Minen, und zwar bei den Wettkämpfen an den Herakleia ... Wenn es aber Töchter sind, für ihre Mitgift ... wenn sie vierzehn Jahre alt geworden sind.

2. Die Religion und das Leben in der Polis   79

Übers. A. Wittenburg nach J. Pouilloux, *Recherches sur l'histoire et les cultes de Thasos* Bd. 1, École Française d'Athènes, Études Thasiennes Bd. 3, Paris 1954, S. 371, Nr. 141; (vgl. ders., *Nouveau choix d'inscriptions grecques*, Paris 1971, Nr. 19).

Die Totengötter. Thanatos, Sohn der Nacht, ist der Tod im eigentlichen Sinne, aber er wird weniger oft angerufen als die anderen Gottheiten, die die verschiedenen Aspekte des Todes verkörpern. *Hades*, der Fürst der Toten, gebietet in der Unterwelt. Er ist Menschen wie Göttern verhaßt, weil er unbeugsam und unbezähmbar ist. An seiner Seite steht als seine Gattin *Persephone* oder *Kore*, die Tochter der Demeter und des Zeus. *Hermes* verdankt es seinen Fähigkeiten, als Begleiter zwischen Leben und Tod fungieren zu können, daß er während des Sterbens als derjenige angerufen wird, der die Toten führt und das Gelingen dieses letzten Übergangs ermöglicht. Zahlreich sind die furchterregenden Mächte, die die Griechen mit der Vorstellung des Todes verbinden: Die *Parzen* schneiden den Lebensfaden ab, die *Erinyen* verfolgen die Menschen mit ihrer Rachsucht, *Gorgo* sät Schrecken und läßt den, der ihr ins Gesicht schaut, den Tod erblicken; außer ihnen gibt es noch viele andere, deren Namen allein schon gleichbedeutend ist mit panischer Furcht.

Das ist eine von dunklen Mächten bevölkerte Welt, und eine Welt, von der man auch eine räumliche Vorstellung hat: Die Welt der Toten hat ihre eigene Geographie. Sie reicht vom *Tartaros*, der der unermeßliche Raum und Ort der Verwirrung ist, bis zum *Styx*, jenem Fluß, der die Grenze markiert, jenseits derer eine Umkehr nicht mehr möglich ist, und dazwischen durchquert man jenen heiteren Ort der *Elysischen Gefilde*. Durch ihre Riten, ihre Mythen und ihre göttlichen Mächte haben die Griechen nicht ein einheitliches Bild, sondern vielfältige Bilder des Jenseits geprägt. Ob sie an ein anderes und zukünftiges Leben geglaubt haben, sei es besser oder schlechter als das eigene, oder ob sie den Tod moralisch interpretiert und auf dieser Grundlage ein System errichtet haben, innerhalb dessen das Verdienst der Lebenden sich in dem Schicksal nach dem Tode widerspiegelt, ist eine ganz andere Frage, die man den Griechen eigentlich nur von der Warte des Christentums her stellt. Die Antwort auf diese Frage ist negativ, mit der geringen Einschränkung, daß man bei den Glaubensvorstellungen gewisser philosophischer Sekten und der Praxis der Mysterien so etwas finden kann (s. u. S. 131 ff.). Jedes religiöse System birgt eine eigene Gesetzmäßigkeit in sich, und es ist wesentlich interessanter, die Jen-

80   *Die Kultbräuche*

seitsvorstellungen der Griechen in ihrem Zusammenhang zu beschreiben und zu verstehen, als die Elysischen Gefilde zum Abbild des
Paradieses zu machen und den Tartaros zum Abbild der Hölle. Letztere
Vorstellungen gehören einer anderen Kultur an und sind gleichfalls
historisch festlegbare Schöpfungen.

Von der Geburt bis zum Tod werden die wichtigen Schritte im Leben
eines griechischen Bürgers durch Rituale betont, die, ohne daß sie je
rechtliche Gültigkeit hätten, den Wechsel im Status des einzelnen auf
symbolischer Ebene zum Ausdruck bringen. Den Rahmen dieser Rituale bilden zugleich die Familie und die bürgerliche Gemeinschaft. Sie
zu studieren, erlaubt es, sowohl die von den einzelnen Gottheiten
jeweils erfüllten Aufgaben wie auch gelegentlich das ganze System der
Vorstellungen offenzulegen, das den Glauben trägt.

Der Bürger ist Mitglied von Gemeinschaften verschiedener Art, die
ihrerseits ebenfalls ihre Beziehungen zur Welt des Göttlichen regeln.
Innerhalb dieser Gemeinschaften bewegt sich der Bürger im täglichen
Leben, opfert und betet er. Wir wollen nun diese verschiedenen Kreise
des religiösen Lebens zwischen Haus und Polis beschreiben.

Die Schauplätze des religiösen Lebens

Die Hausgemeinschaft: der oikos

Der Begriff der «Hausgemeinschaft» trägt der griechischen Realität des
oikos besser Rechnung als jener der «Familie», der für uns gleichbedeutend ist mit der auf Eltern und Kinder beschränkten Gruppe. Der
griechische *oikos* ist etwas ganz anderes. Er ist ein Verband von
Personen und Gütern, der durch Blutsbande (Verwandtschaft) ver-
knüpft ist sowie durch die gemeinsame Wohnstatt und die gemeinsame
Arbeit (der *oikos* kann auch Familienfremde und Sklaven umfassen, die
in derselben Einheit leben und arbeiten).

Diese Gruppe hat eigene Kulte, deren hauptsächlicher Rahmen der
des Hauses ist. *Zeus Herkeios* (*herkeios* bedeutet: Beschützer der
Umfriedung) hat seinen Altar im Hof, auf dem man opfert. Er ist
Beschützer des Hauses und Garant der Einhaltung der Gesetze der
Gastfreundschaft, der *xenia*. Die Gastfreundschaft ist eine grundle-
gende Einrichtung der griechischen Welt, die die Beziehungen der
Haushalte wie auch der Städte untereinander beherrscht. *Zeus Ktesios*
schützt die materiellen Güter des Hauses. Im Herzen des Hauses

2. Die Religion und das Leben in der Polis   81

befindet sich der Herd, in dem stets ein Feuer brennt; er ist der Sitz der Göttin *Hestia*. Um Hestia geschart nimmt man das Mahl ein, das das Zeichen der Gemeinschaft der Menschen des Hauses ist, und dort vollziehen sich die Riten der Aufnahme der Neuankömmlinge des *oikos* (der Neugeborenen, der Jungvermählten, der Sklaven; s. o. S. 67, 70 f.). Die *Dioskuren* und der *Agathos Daimon* (der gute Geist) zählen ebenfalls zu den Schutzgöttern. Die Kennzeichen des alltäglichen Kults sind die Trankopfer, die Gebete, sowie in Ausnahmefällen Opfer und komplizierte Rituale.

Jeder *oikos* kann unter dem Schutze der verschiedensten Götter stehen, die an den Schlüsselstellen sowohl des Wohnbereichs wie des Landbesitzes gegenwärtig sind. An der Tür des Hauses findet man im allgemeinen *Apollon Agyieus*, *Hermes Propylaios* (der in Form eines Pfeilers dargestellt ist) oder auch *Hekate*. Wenn man das Haus verläßt, um sich auf das Feld zu begeben, kann man von neuem *Hermes* grüßen und einen weiteren Stein auf dem Haufen am Rande des Weges aufschichten. Jeder Bach, jede Quelle, jede Wiese, jeder Wald und jeder bestellte Acker ist von göttlichen Wesen bevölkert, mit denen es besser ist, sich gut zu stellen. Die Natur menschlich zu machen heißt, ihr auch eine göttliche Identität zu geben. Das bedeutet nicht, daß der Grieche mehr Zeit damit verbringt, die Gottheiten dieser alltäglichen Orte zu feiern, als das der neuzeitliche Bauer tut, der auf seinem Wege zu den Feldern auf die Kreuze an den Wegkreuzungen trifft, auf die kleinen Kapellen und auf die tausend Zeichen der Christianisierung des Landes.

Der Haushalt ist in ein Netz von Gruppierungen eingebunden, von denen die einen offiziell und verpflichtend sind wie die Demen in Athen, während die anderen freiwillige Verbände sind wie die Kultvereine, denen manche Mitglieder des *oikos* angehören können.

Die Demen in Attika

Was ist ein Demos? Ein Demos ist eine Unterabteilung der Bürgerschaft, die durch die Reform des Kleisthenes im Jahre 508/507 geschaffen worden ist. Vom Standpunkt des politischen Lebens der Gesamtpolis aus gesehen (die die Summe aller Demen ist), ist ein Demos die Grundeinheit, aus der sich unter anderem die Mitglieder der Volksversammlung, des Rates und der verschiedenen Beamtenschaften rekrutieren. Doch ein Demos hat ebenfalls seine eigene lokale Organisation mit Versammlung, eigener Beamtenschaft und natürlich seinem eigenen Kultleben. In der Ausdehnung mit unseren modernen Gemeinden (mit einem Dorf und einem Landgebiet) vergleichbar, ermöglicht es die Betrachtung der Demen, den Ablauf des bürgerlichen Lebens im Rahmen des Alltags etwas besser zu verstehen.

Die Kultkalender. Wie kann man das religiöse Leben eines Demos erfassen? Eine Quellengruppe, nämlich die Kultkalender, erlaubt es, eine konkrete Vorstellung zu gewinnen. Für Attika besitzen wir heilige Kalender für die Tetrapolis von Marathon, für Eleusis, für Teithras, für Erchia und für Thorikos. Einige sind sehr fragmentarisch erhalten, wie der von Teithras und der von Eleusis. Andere liefern genaue Angaben über die Organisation der Kulte in den Demen. Diese Kalender haben ein Vorbild: der Kultkalender der Stadt Athen, den Nikomachos und seine Helfer zu Ende des 5. Jahrhunderts ausgearbeitet haben (s. u. S. 102 ff.). Die Kalender können im übrigen ebenso der Organisation des Kultlebens anderer Arten von Gemeinschaften dienen, wie der des *genos* (hier: Kultgemeinschaft) der Salaminier zeigt.

Die Kalender der Demen zeigen gemeinsame Züge und Unterschiede. Wie sind sie aufgebaut? Der *Kalender von Marathon* unterteilt die im Demos dargebrachten Opfer in jährliche und alle zwei Jahre stattfindende Opfer. Er nennt die Monate, aber nicht die Tage, zählt sehr alte Gottheiten auf und nennt nur eine einzige Persönlichkeit, nämlich den Demarchen. Der *Kalender des Demos Thorikos* zählt Monat für Monat die Kulttätigkeiten des Demos auf. Für den Monat September-Oktober findet man dort verzeichnet:

«Im Monat Boedromion, das Fest der Proerosia; für Zeus Polieus einen erlesenen Hammel; Frauen, die den Gott preisen, ein gekauftes Ferkel, das ganz zu verbrennen ist; dem Gehilfen soll der Priester zu essen geben; für Kephalos einen erlesenen Hammel; für Prokris eine Platte; für Thorikos einen erlesenen Hammel; für die Heroinen von Thorikos eine Platte; in Sunion für Poseidon ein erlesenes Lamm; für Apollon eine erlesene Ziege; für Kourotrophos ein erlesenes weibliches Ferkel; für Demeter ein ausgewachsenes Opfertier, für Zeus Herkeios ein ausgewachsenes Opfertier, für Kourotrophos ein Ferkel...; an der Salzquelle für Poseidon ein ausgewachsenes Opfertier, für Apollon ein Ferkel» (G. Daux, Antiquité Classique 52, 1983, 150–174).

Es handelt sich um eine Liste der Opfer, die im Rahmen des Demos abzuhalten waren, und die Art des Opfertieres war für jede Gottheit genauestens festgehalten. Manchmal ist der Preis des Opfertieres angegeben (so beispielsweise in demselben Kalender für den Monat Skirophorion: für Kephalos, ein Rind im Wert von 40 bis 50 Drachmen, für Poseidon ein Hammel im Wert von 10 bis 20 Drachmen). Die Zahl

2. Die Religion und das Leben in der Polis

der vorgesehenen Opfer und die Mannigfaltigkeit der geehrten Gottheiten, von denen ein großer Teil Lokalheroen sind, ist erstaunlich, aber ebenso erstaunlich ist der nur andeutende und damit rätselhafte Charakter dieses Dokuments für jemanden, der nicht Bürger des Demos Thorikos ist. Nichts wird über die Plätze gesagt, über das Verfahren der Opferung, über die Priester (mit Ausnahme einer Anspielung), die Finanzierung der Opfer usw. Das Dokument stammt aus der ersten Hälfte des 4. Jahrhunderts.

Doch der außergewöhnlichste Kalender ist der des *Demos Erchia* (SEG XXI 541). Er ist von großer Genauigkeit: Darin werden genannt der Monat, der Tag, die Gottheit, der Ort des Opfers, das Opfertier, der Preis, die Vorschriften für die Rituale (etwa das Verbot, das Opferfleisch mit fortzunehmen). In fünf Kolumnen von je mehr als 60 Zeilen eingemeißelt, nennt der Text ungefähr vierzig verschiedene Gottheiten (wobei er die besonderen Epitheta der Götter berücksichtigt) und zählt über fünfzig Opfertiere auf sowie fast zwanzig Opferplätze, die zumeist im Demos Erchia liegen. Gleichwohl ist dies keine vollständige Liste der vom Demos Erchia dargebrachten Opfer, sondern nur die «wichtigste Liste der Opfer, die unter der Leitung der Demarchie zu feiern sind», d. h. unter der Leitung des Führers des Demos, des Demarchen. Der Herausgeber des Textes (S. Dow; vgl. Bibliographie u. S. 239) betont, daß eine große Zahl anderer Opfer dargebracht worden sein dürften, sei es von den Familien oder von Vereinen oder von anderen Beamten oder Beamtenkollegien, politischen oder religiösen. Der Text stammt aus der ersten Hälfte des 4. Jahrhunderts.

Die Gründe für diese Neuordnungen. Mit Hilfe dieser Dokumente wird das Kultleben der Demen lebendig, kommt es uns näher, selbst wenn die Schwierigkeiten der Interpretation der Kulte um ein Vielfaches zunehmen. Es scheint, daß zu einem bestimmten Zeitpunkt, nämlich dem Beginn des 4. Jahrhunderts, den attischen Demen besonders daran gelegen ist, eine große Zahl von Kultaufgaben, die seit der archaischen Zeit allmählich in den Demen zusammengekommen sind, neu zu organisieren und vielleicht zu ordnen. Um von der Aufstellung eines zusammenhängenden Programms aller Feste sprechen zu können, müßte man sein früheres Aussehen kennen, und es scheint doch, daß es sich hier eher um eine Reorganisation der Opfer handelt als um eine tatsächliche Reform. Der Hauptgrund für die Veröffentlichung dieser Kalender ist wahrscheinlich finanzieller Art. Die Demen haben Schwierigkeiten, die zur Finanzierung der Opfer notwendigen Mittel aufzubringen. Die großen Familien, die traditionell für die Erfordernisse des

84 *Die Kultbräuche*

Kultes gesorgt haben, stehen nicht mehr zur Verfügung, und jeder Demos muß die Kosten der Kulte übernehmen. Daher findet man die ins einzelne gehenden Vorschriften über den Preis der Opfertiere. Wer zahlt nun? Mit Sicherheit waren es die Angehörigen des Demos, die zu einer Art Liturgie verpflichtet wurden, indem jedem sein Anteil an den zu finanzierenden Opfern zugeteilt wurde, wie die Untersuchung des Textes von Erchia nahelegt.

Die Teilnahme an den Kulten. Es bleiben Fragen offen, wie die nach der Beteiligung an den Kulten und nach ihrer mehr oder weniger großzügigen Zugänglichkeit. Doch wissen wir aus anderen Quellen, daß bestimmte Kulte schnell einen allgemeinen, ja sogar panhellenischen Charakter angenommen haben, wie z. B. die Mysterien von Eleusis, andere hingegen nicht. So wie sie angelegt sind, führen die Kalender uns ein in den Überfluß eines lokalen Kultlebens, das zusätzlich zu den Festen der gesamten Bürgerschaft besteht, die wir im folgenden beschreiben wollen.

Das Verhältnis zwischen den Kulten der Demen und den Staatskulten. Feierten die Demen die Feste, die der ganzen Polis gemeinsam waren, in ihrer lokalen Umgebung, oder begaben sich die Angehörigen eines Demos nach Athen selbst, um an diesen Festen teilzunehmen? Die Texte unterscheiden zwischen den Kulten, die *demotele* sind (die den Demos als Volk betreffen, d. h. die gesamte Polis), und denen, die *demotika* sind (die die Demoten und damit den einzelnen Demos betreffen). Es gibt keine Hinweise auf eine lokale Feier der zahlreichen Feste der gesamten Bürgerschaft wie der Panathenäen, der Anthesterien, der Pyanopsien, der Thargelien usw. Auf lokaler Ebene gibt es indes noch andere Feste: die Feste, die die Familie betreffen und die z. B. von den Frauen gefeiert werden. Es besteht also keine absolut gültige Regel, und die Teilnahme des jeweiligen Demos hängt von der Art des Festes ab.

Der einzelne Demos bietet seinen Bewohnern einen breiten Fächer kultischer Tätigkeit, und die lokalen Opfer und Feste bilden den regelmäßigsten Teil des religiösen Lebens der Athener.

Die Phyle

Als Einheit zur Unterteilung der Bürgerschaft unterscheiden sich die Phylen von Stadt zu Stadt nach Zuschnitt und Aufgabe. Die religiöse Tätigkeit der durch die Reform des Kleisthenes in Athen geschaffenen Phylen besteht in der Feier des Kultes des eponymen Phylenheroen

2. Die Religion und das Leben in der Polis

7. Das Monument der Eponymen Heroen auf der Agora in Athen

Rekonstruktionszeichnung dieses Monuments, an dem die offiziellen Mitteilungen angeschlagen wurden. Die Statuen stellen die zehn Phylenheroen der von Kleisthenes geschaffenen Phylen dar.

Die Phylenheroen der athenischen Phylen.
Liste der Eponymen Heroen der von Kleisthenes geschaffenen Phylen. Ihr Altar befand sich auf der Agora:
1. Erechtheus: Phyle Erechtheis. 2. Aigeus: Phyle Aigeis. 3. Pandion: Phyle Pandionis. 4. Leos: Phyle Leontis. 5. Akamas: Phyle Akamantis. 6. Oineus: Phyle Oineis. 7. Kekrops: Phyle Kekropis. 8. Hippothoon: Phyle Hippothontis. 9. Aias: Phyle Aiantis. 10. Antiochos: Phyle Antiochis.

(der der Phyle ihren Namen gegeben hatte) und in den Ritualen in Zusammenhang mit der Erlangung des Bürgerrechts.

Phylen und Demen sind Gruppen, auf denen die Institutionen der athenischen Polis aufbauen, und der Umstand, daß sie Unterteilungen der Bürgerschaft sind, steht in engster Verbindung mit ihrer kultischen Tätigkeit. Doch kennt die Polis auch Orte religiöser Tätigkeit, die, zumindest in klassischer Zeit, weniger von dem politischen Leben abhängig sind. Hinter dem oft verwendeten allgemeinen Begriff der «Kultvereine» verbirgt sich eine große Vielfalt von Gruppen und auch Tätigkeiten.

86   Die Kultbräuche

Die Phratrie oder Vereinigung derer, die Brüder sind, beruht hauptsächlich auf den verwandtschaftlichen Bindungen von Leuten, die sich
in gemeinsamen Vorfahren wiedererkennen. Sie widmet sich zugleich
dem Kult der eigenen Ahnen wie den Kulten, die allen Phratrien
gemeinsam sind, d. h. insbesondere die Kulte des *Zeus Phratrios* und
der *Athena Phratria*. Das Fest der *Apatourien* beispielsweise wird von
allen ionischen Phratrien gefeiert. Dieses Fest markiert auf dem Wege
über verschiedene Rituale die Eingliederung der jungen Männer in die
bürgerliche Gemeinschaft (s. o. S. 68). Dank einer Reihe von Beschlüssen, die die Versammlung der Mitglieder der *Phratrie der De-
montioniden* gefaßt hat, besitzen wir eine genaue Beschreibung der
Regeln, die für die Aufnahme der jungen Männer in dieser Phratrie
gilt, die ihren Herd im Demos Dekeleia in Athen hat. Jede Phratrie hat
ihre Satzung *(nomos)* und ihre Kultbeamten, insbesondere einen Phra-
triarchen. Seine Rolle ist in klassischer Zeit vor allem religiöser Natur,
denn die Aufnahme in die Bürgerschaft ist inzwischen Angelegenheit
der Demen geworden.

Athen: Satzung der Phratrie der Demotioniden (4. Jahrhun-
dert; Auszüge)

(Stele des) Zeus Phratrios

Festlegung der Anteile

Der Priester Theodoros, Sohn des Euphantides, hat die Stele schrei-
ben und aufstellen lassen. Folgender Sonderanteil soll dem Priester
eingeräumt werden: von jedem meion *ein Schenkel, ein Rippen-*
stück, ein Ohr, 3 Obolen Silber; von jedem koreion *ein Schenkel,*
ein Rippenstück, ein Ohr, ein langes Brot von einem Choinix, ein
halbes Maß Wein, 1 Drachme Silber.

Dekret des Hierokles (396–395)

Folgendes haben die Mitglieder der Phratrie beschlossen im Jahre,
als Phormion Archon in Athen war und Pantakles aus Oion Phra-
triarch.
*   Hierokles hat den Antrag gestellt. Über alle, die noch nicht dem*
Zulassungsverfahren nach den Satzungen der Demotioniden unter-

2. Die Religion und das Leben in der Polis 87

*worfen worden sind, sollen die Mitglieder der Phratrie sofort ent-
scheiden; sie sollen es im Namen des Zeus Phratrios unternehmen
und sich ihren Stimmstein vom Altar holen. Wer, ohne Phrater zu
sein, eingeführt worden zu sein scheint, dessen Name soll der
Priester und der Phratriarch aus dem bei den Demotioniden befindlichen Register und aus der Abschrift tilgen; der, der den Ausge-
schlossenen eingeführt hat, soll hundert Drachmen zahlen müssen,
die dem Zeus Phratrios geweiht werden; eintreiben soll dieses Geld
der Priester und der Phratriarch, andernfalls sollen sie es selbst
bezahlen müssen.*

*Das Zulassungsverfahren soll in Zukunft in dem auf die Weihung
des Koureion folgenden Jahr stattfinden, an dem Koureotis genannten Tag der Apatourien; den Stimmstein soll man vom Altar holen.*
(. . .)
In Zukunft soll man die Opfertiere, die meia *und die* koureia,
*nach Dekeleia zum Altar führen. Wenn jemand nicht auf dem Altar
opfert, soll er fünfzig Drachmen zahlen müssen, die dem Zeus
Phratrios geweiht werden. Eintreiben soll dieses Geld der Priester
und der Phratriarch; andernfalls soll er es selbst schulden, sofern
nicht eine Seuche oder ein Krieg hereinbricht. Wenn es Hinderungs-
gründe dieser Art gibt, soll man die* meia *und die* koureia *an den
Platz führen, den der Priester öffentlich bekanntmacht. Die öffentliche Bekanntmachung soll fünf Tage vor den Dorpia auf geweißten
Tafeln erfolgen, die nicht kleiner als eine Handspanne sind, und sie
soll dort erfolgen, wo die Leute von Dekeleia in der Stadt häufig
zusammenkommen. Diesen Beschluß und die Vorrechte soll der
Priester auf eine Marmorstele vor dem Altar in Dekeleia einmeißeln
lassen, und zwar auf eigene Kosten.*
Inschrift IG II² 1237 (Übers. A. Wittenburg).

Die Kultvereine

Kultvereine sind Gruppen, deren ausdrücklicher Zweck es ist, sich dem
Kult der Heroen, der Götter oder der Toten zu widmen. Als Beispiel soll
Athen dienen.

Das *genos* ist (in diesem Fall) ein Zusammenschluß mit der Zielset-
zung, bestimmten Kulten zu dienen, die an besondere Heiligtümer oder
Gottheiten gebunden sind. Die Priesterämter sind Mitgliedern jener
Familien vorbehalten, die diese Kultgemeinschaften ursprünglich be-

gründet haben. Ein Beispiel aus Athen ist das *Genos der Salaminier*, das eine wichtige Rolle bei der Gestaltung des Festes der Oschophorien (Erntefest) zu Ehren der Athena Skiras spielt.

Der *Thiasos*. Dieser Begriff bezeichnet in Athen sowohl eine Gruppe innerhalb der Phratrien (die Thiasoi des Zeus Phratrios und der Athena Phratria) wie auch einen Kultverein oder die Gruppe der Personen, die im Rahmen des Dionysischen Rituals singt und tanzt.

Die Vereine der *Orgeonen* sind Gruppen, die auf eigene Kosten auf den Altären der Götter und Heroen in Attika opfern. Sie finden bereits in den Gesetzen Solons Erwähnung. Ein Dutzend Vereine der Orgeonen ist durch Beschlüsse, die von den Vereinen selbst stammen, seit klassischer Zeit bekannt. Man kann dabei zwei Kategorien von Orgeonen unterscheiden: diejenigen, die sich mit dem Kult der Heroen und Heroinen beschäftigen, und diejenigen, die sich dem Kult der Götter, zumeist fremder Götter, widmen – wie dem Kult der Bendis, der Magna Mater, des Dionysos oder der Hagne Aphrodite.

Die innere Organisation dieser Vereine zeigt die Bedeutung, die den Opfern und der Verteilung des Fleisches unter die Mitglieder beigemessen wird. Die dafür verantwortliche Person trägt den Titel *hestiator* (Gastgeber); die jeweilige Fleischportion der Männer und Frauen, der Söhne und Töchter und der Diener ist genau festgelegt. Andere Texte bestimmen, daß das Fleisch gebraten und an Ort und Stelle verzehrt werden soll. Die meisten dieser Kulte werden von kleinen Gruppen zelebriert, doch an Festen wie dem der Bendis, den *Bendideia*, darf die ganze Stadt teilnehmen.

Der *Eranos* ist ein Kultverein, bei dem die Gedanken der Gegenseitigkeit, des gleichen Beitrags und der gegenseitigen Hilfe unter den Mitgliedern im Mittelpunkt stehen (von der miteinander geteilten Mahlzeit bis zu Gelddarlehen). Seine religiösen und gesellschaftlichen Aufgaben sind nicht voneinander zu trennen.

Koinon ist der allgemeine griechische Begriff zur Bezeichnung des Vereins. Er meint wörtlich: das, was gemeinsam ist, die Gemeinschaft. Jedes *koinon* hat seine eigene Aufgabe wie die Kultpflege der einen oder der anderen Gottheit, deren Namen näher angegeben wird. So gibt es z. B. das *koinon* der Verehrer des Heros Asklepios.

Es ist gelegentlich nicht leicht, die feinen Unterschiede zu erfassen, die diese Kultvereinigungen voneinander trennen, und auch vom Standpunkt ihrer Tätigkeit her gesehen sind sie sich durchaus ähnlich. Sie besitzen Ländereien, verpachten sie, unterhalten Gebäude, beschließen eigene Satzungen, fassen Beschlüsse zu Ehren ihrer Wohltäter und

2. Die Religion und das Leben in der Polis

wachen über die Gleichberechtigung unter ihren Mitgliedern. Sie sind ebenso Ort der Geselligkeit wie der Kulte und spielen eine sehr wichtige Rolle bei der Schaffung und Stärkung gesellschaftlicher Bindungen. Die Bürger können mehreren Gruppen angehören, und es ist eher die Ausnahme, daß jemand keiner solchen Gruppe angehört.

Die Betrachtung dieser Kultvereine als Lebensäußerungen religiöser Tätigkeit darf nicht die anderen Funktionen unbeachtet lassen, die man ihnen gelegentlich zuschreibt und über die man sich streitet. Die meisten dieser Vereinigungen sind nämlich schon seit archaischer Zeit bekannt und scheinen in dieser Zeit, da die Polis sich entwickelte, miteinander untrennbar verbundene politische und religiöse Funktionen gehabt zu haben. Das soll nicht heißen, daß ihre Bedeutung später, in klassischer Zeit, im täglichen Leben geringer geworden, sondern nur, daß die Zugehörigkeit zu diesen Vereinigungen nicht länger Vorbedingung für das Bürgerrecht gewesen ist.

Vom Demos bis zum *koinon* haben wir die wesentlichen gemeinschaftlichen Strukturen des religiösen Lebens der Griechen betrachtet. Der vorherrschende Eindruck ist der einer weitgehenden Anpassung. Auf allen Ebenen des Dorfes oder der familiären Gemeinschaft ist die Organisation dieser Kultvereinigungen der des Staates nachgebildet: Versammlungen, Beamte, Mitglieder, Beschlüsse, Wahlen, das religiöse Leben auf lokalem wie auf verwandtschaftlichem Niveau bewegen sich ganz und gar in den Formen der Verwaltung der Polis. Von daher gesehen ist es kaum möglich, von einer Unabhängigkeit der religiösen Vereine in Hinblick auf den staatlichen Kult zu sprechen, und man kann sich sogar fragen, ob der Vorstellung eines privaten Kultes überhaupt eine Lebenswirklichkeit entspricht.

Über den *oikos*, den Demos und die Vereine hinaus ist die Gemeinschaft in ihrer Gesamtheit, die Polis, der eigentliche Ort des lebendigen Ausdrucks der griechischen Religion. Schon durch den Ablauf ihrer Verwaltung zeugt die Polis von der Verflechtung des Religiösen und Politischen, und sie führt die Bürger in den großen Ritualen und den religiösen Festen zusammen, die innerhalb eines Systems veranstaltet werden, dessen Vielschichtigkeit man sich immer wieder vor Augen führen muß.

Kultregeln der Orgeonen der Bendis
(Piräus; 4. Jahrhundert)

Wenn einer der Orgeonen, die an dem Heiligtum Anteil haben, der Göttin opfern will, sollen diese abgabenfrei opfern. Wenn irgendein Privatmann der Göttin opfern will, soll er der Priesterin für ein noch Milch säugendes Tier geben: 1 Drachme und 1 Obolos sowie die Tierhaut und den ganzen rechten Schenkel; für ein ausgewachsenes Tier: 3 Drachmen sowie die Tierhaut und den Schenkel nach gleicher Maßgabe; für ein Rind: 1 Drachme und 1 Obolos sowie die Tierhaut. Diese Anteile am Opfertier sollen von den weiblichen Tieren der Priesterin gegeben werden, von den männlichen dem Priester. Neben dem Altar soll niemand im Heiligtum opfern, oder er soll 50 Drachmen schulden.

Damit das Haus und der Tempel instand gesetzt werden, soll man die Einkünfte des Hauses und des verkauften Wassers für die Instandsetzung des Tempels und des Hauses und für nichts anderes ausgeben, bis der Tempel und das Haus instand gesetzt sind, sofern die Orgeonen nicht etwas anderes (über die Mittel) für den Tempel beschließen. Dem Bewohner soll man Wasser nach Bedarf überlassen. Wenn jemand einen Antrag stellt oder einen Beschluß im Widerspruch zu diesem Gesetz vorlegt, soll der, der den Antrag stellt oder den Beschluß vorlegt, der Göttin 50 Drachmen schulden, und er soll nicht mehr an den gemeinschaftlichen Angelegenheiten teilhaben. Daß er der Göttin dieses Geld schuldet, sollen die Epimeleten auf eine Marmorstele einmeißeln lassen. Die Zusammenkunft und Versammlung sollen die Epimeleten und die Opferpriester im Heiligtum zur Beratung der gemeinschaftlichen Angelegenheiten am zweiten Tage eines jeden Monats einberufen. Den Opferpriestern soll jeder der Orgeonen, die am Heiligtum teilhaben, für die Opfer 2 Drachmen geben, und zwar vor dem sechzehnten Tag des Thargelion. Derjenige, der sich in Athen befindet, gesund ist und nicht zahlt, soll 2 Drachmen schulden, die der Göttin geweiht werden. Damit die Orgeonen des Heiligtums möglichst viele sind, soll jedem, der will und .. Drachmen einzahlt, erlaubt sein, an dem Heiligtum teilzuhaben und sich auf die Stele einschreiben zu lassen.

Inschrift IG II² 1361 (Übers. A. Wittenburg).

Religion und politisches Leben

Die Stadtgottheit und die politischen Institutionen

Jede Stadt steht unter der Schutzherrschaft einer Gottheit: Poseidon in Korinth, Hera in Argos, Athena in Sparta, Zeus in Kos, Athena in Tegea und in Athen. Diese Gottheit wird «polias» genannt, und die mythischen Erzählungen berichten von dem Wettstreit zwischen Göttern, die zur Schutzgottheit derselben Stadt werden wollen. In Athen z. B. stehen sich in diesem Konflikt Athena und Poseidon gegenüber.

Jede Stadt hat außerdem ihre Heroen, seien sie Gründungsheroen oder eponyme (namengebende) Heroen. Ihre Kulte sind von Stadt zu Stadt wechselnde charakteristische Besonderheiten, und ihre Mythen stellen einen Weg dar, wie man sich die Anfänge der Geschichte einer Stadt denkt (s. u. S. 181 ff.).

Doch die Religion tut mehr, als nur über dem politischen Leben zu schweben. Sie durchdringt jede seiner Handlungen. Eines der Kennzeichen der griechischen Polis ist, wie wir schon in der Einleitung betont haben, daß sie die uns vertraute Trennung in Heiliges und Profanes, in einen religiösen und einen weltlichen Bereich nicht kennt. Diese Unterscheidungen ergeben für die Polis keinen Sinn, und der Großteil der menschlichen Handlungen hat eine religiöse Dimension. Dies gilt ganz besonders für alle gemeinsam vollbrachten Handlungen der bürgerlichen Gemeinschaft. Wir wollen uns einige Beispiele anschauen:

Die Gründung einer Stadt. Wenn man die Geschichte der Gründung einer Stadt verfolgen kann (wie etwa im Falle der in archaischer Zeit gegründeten Kolonien), so stellt man fest, daß vor der Wahl eines Ortes ein Orakel befragt wird, daß der Staatsherd der neuen Stadt Teil des heiligen Feuers der Stadt ist, aus der die Einwanderer kommen, daß der Festlegung des Stadtplans Opfer und Gebete vorangehen und schließlich daß die Errichtung der wichtigsten Gebäude Anlaß gibt, Opfer zu vollziehen.

Der Staatsherd: Der Herd, *hestia,* steht ebenso im Mittelpunkt des Stadtstaates wie im Herzen des Privathauses. Er ist Sitz der Göttin Hestia und ist häufig im Prytaneion untergebracht, dem Versammlungsort der Amtsträger. Die auf dem Altar brennende Flamme ist das Symbol der Bürgerschaft. Diese Flamme wird periodisch von neuem entzündet, und zwar an den Feuern jener Altäre, die von den Griechen

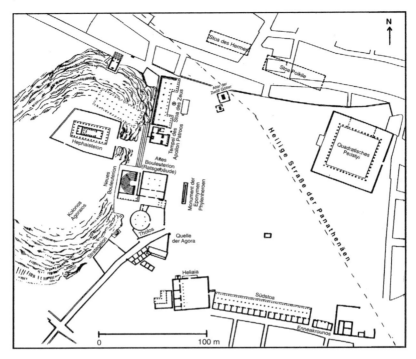

8. Plan der Agora in Athen im 4.–3. Jahrhundert v. Chr.

als die reinsten angesehen werden: der des Apollon in Delphi oder der des Apollon auf Delos. Am Staatsherd empfängt die Stadt die durchreisenden Fremden, die ihre Gäste sind, so etwa die Bürger anderer Städte, die als Gesandte zur Volksversammlung gekommen sind. Man lädt sie zum Mahl ins Prytaneion. Die Stadt versorgt auch bestimmte ihrer eigenen Bürger, indem sie ihnen mit dem Recht auf *sitesis* (Speisung auf Staatskosten) höchste Ehrung gewährt.

Die Arbeit der Institutionen. Der Zusammentritt der Versammlungen beginnt mit einem Opfer. Die «heiligen Angelegenheiten» unterliegen der Zuständigkeit der Versammlungen und werden als erste behandelt, wobei ausschließlich Bürger anwesend sein dürfen. Zu diesen Gegenständen der Beratung gehören die Befragungen der Orakel, die Entsendung von Gesandtschaften *(theoria)* zu den großen Festen, alle Fragen in Hinblick auf die Verwaltung der Heiligtümer oder die Organisation der Feste, die Beschließung oder Änderung heiliger Gesetze *(hieroi nomoi)* usw. Die Gerichte fällen Entscheidungen in

2. Die Religion und das Leben in der Polis

9. Der Altar der Zwölf Götter auf der Agora in Athen

Rekonstruktionszeichnung. Dieser Altar war der Ort in Athen, von dem aus alle Entfernungen gemessen wurden.

Streitigkeiten über die heiligen Güter (in Athen z. B. die zahlreichen Prozesse, die die heiligen Olivenbäume betreffen), desgleichen werden vor ihnen die Prozesse aufgrund von Anklagen wegen Religionsfrevels verhandelt (Anaxagoras, Alkibiades, Sokrates).

Die Beamten. Bei der *dokimasia* (dem Prüfungsverfahren, dem die Beamten vor ihrem Amtsantritt unterzogen werden) fragt man nach der Beteiligung der künftigen Beamten an den Kulten (sie müssen an den Kulten des Zeus Herkeios und des Apollon Patroos teilnehmen). Sie leisten einen Eid *(horkos)*, genauso wie die einfachen Bürger das bei zahlreichen Gelegenheiten tun (die jungen Männer als Epheben, die Zeugen vor Gericht usw.). Man schwört über den Opfertieren eines Opfers, indem man eine Formel spricht, die die Götter zu Zeugen anruft und die dem Meineidigen Strafe androht. Die Zuständigkeiten der Beamten sind zum Teil oder gänzlich religiöser Art (s. o. die Angaben zu den Priestern). Der *Archon Basileus* in Athen beispielsweise kümmert sich um die Mysterien von Eleusis und um die Panathenäen, er leitet die Staatsopfer und er verkündet den Bann gegen diejenigen, die sich des Religionsfrevels schuldig gemacht haben. Der

94 *Die Kultbräuche*

Polemarch kümmert sich um die Opfer für Artemis und um die Leichenspiele. Bei Beendigung ihrer Amtszeit weihen die Beamten den Göttern häufig Gaben.

Ein Tempelschatz. Ein gutes Beispiel für die Vermischung des Religiösen mit dem Staatlichen ist der Status des Schatzes der Athena. Die Polis verfügt nicht über öffentliche Finanzmittel im eigentlichen Sinne. Der Schatz wird im Parthenon aufbewahrt; es handelt sich dabei um den Schatz der Athena, und im allgemeinen hat die Polis das Recht, über sämtliche Mittel der Heiligtümer für alle möglichen Zwecke zu verfügen, wie etwa die Finanzierung von Kriegen. Im 5. Jahrhundert legt Athen ein Sechzigstel des von den verbündeten Städten gezahlten Tributs als Weihegabe zu dem Schatz der Athena und finanziert die Bauarbeiten auf der Akropolis mit dem Überschuß aus diesen Tributen.

Die Liturgien. Eine Liturgie besteht darin, daß man einige reiche Athener für die Kosten aufkommen läßt, für die sonst die Stadt aufkommen müßte. Dazu gehört beispielsweise die Ausrüstung der Kriegsschiffe (die Liturgie der *Trierarchie*). Nun dienen die Liturgien ebenfalls dazu, die Kulte zu finanzieren, und dabei insbesondere die dramatischen Wettbewerbe anläßlich der Großen Dionysien (die Liturgie der *Choregie*) sowie die Abhaltung der großen Opfer und Festmähler im Rahmen der Panathenäen und vielleicht auch der Dionysien (die Liturgie der *hestiasis*).

Diese Vermengung von politischen und religiösen Aufgaben ist vor allem an einem bestimmten Ort wahrnehmbar, nämlich der *Agora* (dem öffentlichen Platz), die Sitz vieler staatlicher Kulte ist und um die herum viele der für das staatliche Leben unverzichtbaren Gebäude angelegt sind. Die Agora ist ein Heiligtum mit seinen heiligen Bezirken, seinen Altären, seinen Heroengräbern und seinen Festen; zugleich ist sie aber auch das Symbol der politischen Tätigkeit der ganzen Polis.

Die Durchführung religiöser Handlungen gehört regelmäßig nicht allein zur Tätigkeit der Institutionen, sondern zum politischen Leben überhaupt. Dafür ist die Befragung der Orakel, etwa des Orakels von Delphi, vor jeder wichtigen Entscheidung der Stadt der augenfälligste Beleg; aber auch im alltäglichen Bereich greift die Stadt auf die Seher und Zeichendeuter zurück, um Zukünftiges zu erfahren oder ganz einfach die heiligen Satzungen auszulegen oder an die Bräuche zu erinnern. Vor jedem Kriegszug und jeder Schlacht werden die Seher damit beauftragt, die Eingeweide der geopferten Tiere zu untersuchen, um über den geeigneten Zeitpunkt der Schlacht entscheiden zu können. In einer berühmten Episode aus den Perserkriegen wird berichtet,

2. Die Religion und das Leben in der Polis 95

wie die Lakedaimonier geduldig unter einem Regen persischer Pfeile abgewartet hätten, daß die Vorzeichen endlich günstig seien und es ihnen erlaubten, sich mit allen Erfolgserwartungen den Feinden entgegenzuwerfen.

Kann man noch weiter gehen und von einer «patriotischen Religion» sprechen und von einem Einsatz der Kulte der Stadt zu Zwecken der politischen Propaganda? Diese Frage stellt sich angesichts mehrerer Umstände. Wie wir gesehen haben, wetteiferten die Städte in den Heiligtümern untereinander bei der Errichtung von Gebäuden, bei den Weihgaben (dafür ist die Reihe der Schatzhäuser in Delphi ein gutes Beispiel) und mittelbar bei den Wettkämpfen mit ihren Siegern. Der Sieger bei einem der panhellenischen Wettspiele erhält in Athen das Recht, sein ganzes Leben lang im Prytaneion zu speisen, und dieses Recht ist auf seine Erben übertragbar; bei dieser *sitesis* im Prytaneion handelt es sich um eine außergewöhnliche Ehrung. Die Städte versuchen auch, bestimmte ihrer Kulte auf panhellenischer Ebene durchzusetzen. In Athen ist dies der Fall bei den zunehmend bekannten Mysterien von Eleusis (s. u. S. 131 ff.); darüber hinaus aber richtet sich die Aufmerksamkeit auch auf die Akropolis, ihre Gebäude und ihre Kulte.

Die Geschichte der Akropolis ist in dieser Hinsicht exemplarisch.

Die Akropolis von Athen

Die athenische Akropolis ist ein sehr alter, mindestens seit mykenischer Zeit genutzter Kult- und Siedlungsplatz. Die Anlage der Heiligtümer auf der Akropolis gehört jedoch in die archaische Zeit und wird den Tyrannen (Peisistratos und seinen Söhnen) zugeschrieben. Ebenso sollen die Tyrannen dem Fest der Panathenäen Wettspiele hinzugefügt und sie damit in der ganzen griechischen Welt bekanntgemacht haben. Kurz, es scheint so zu sein, daß der Ruhm Athens mit einer von der Mitte des 6. Jahrhunderts an betriebenen Kultpolitik in Verbindung steht. Doch muß man dies mit Vorsicht bewerten, da die den Tyrannen von den Historikern zugeschriebenen Absichten eher Zeugnis ideologischer Verbrämung sind als geschichtswissenschaftlicher Genauigkeit. Die von der athenischen Demokratie auf der Akropolis veranlaßten Änderungen indes sind unleugbar. Welchen Sinn haben sie und was ist ihre Bedeutung?

Die Akropolis wurde im Jahre 480 von den Persern zerstört. Die Athener stellten die archaischen Bauten nicht wieder her. Die Bauten

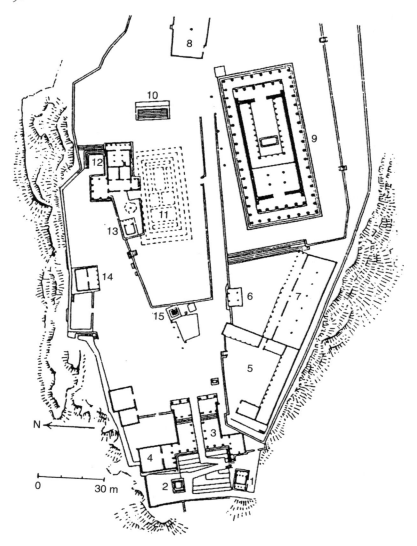

10. Die Akropolis in Athen

1. Tempel der Athena Nike. 2. Denkmal für Agrippa. 3. Propyläen. 4. Pinakothek. 5. Heiliger Bezirk der Artemis Brauronia. 6. Heiliger Bezirk der Athena Ergane. 7. Chalkothek. 8. Heiliger Bezirk des Zeus Polieus. 9. Parthenon. 10. Altar der Athena. 11. Alter Tempel der Athena (Hekatompedon). 12. Erechtheion. 13. Pandroseion. 14. Haus der Arhephoren. 15. Statue der Athena Promachos.

2. Die Religion und das Leben in der Polis   97

der klassischen Zeit, die noch heute erhalten sind, das heißt der Parthenon, die Propyläen, der Tempel der Athena Nike und das Erechtheion, sind in der Zeit des Perikles geplant und in der zweiten Hälfte des 5. Jahrhunderts errichtet worden.

«Was aber Athen am meisten zum Schmuck und zur Zierde gereichte, was den andern Völkern die größte Bewunderung abnötigte und heute allein noch dafür Zeugnis ablegt, daß Griechenlands einstiges Glück, daß der Ruhm seiner früheren Größe nicht leeres Gerede sei, das waren seine prachtvollen Tempel und öffentlichen Bauten», die Perikles errichtet hatte, wie Plutarch berichtet (Leben des Perikles 12, 1; Übers. K. Ziegler). Was immer auch die tieferen Gründe für diese Baupolitik gewesen sein mögen, «so stiegen die Bauten empor in stolzer Größe, in unnachahmlicher Schönheit der Formen, und die Meister wetteiferten miteinander, durch die Feinheit der Ausführung über ihr Handwerk hinauszuwachsen» (ebd. 13, 1).

Wir wollen das erste unter diesen Gebäuden, den Parthenon, beschreiben.

Die Beschreibung der Akropolis bei Pausanias

Zur Akropolis gibt es nur einen Eingang; einen zweiten hat sie nicht, da sie ganz abschüssig ist und eine feste Mauer besitzt. Die Propyläen haben das Dach aus Marmor und ragen hinsichtlich Ausstattung und Größe der Blöcke bis heute hervor. Von den Reiterstandbildern weiß ich nicht sicher zu sagen, ob sie wirklich die Söhne Xenophons darstellen oder einfach zur Zierde aufgestellt sind. Rechts von den Propyläen befindet sich der Tempel der Nike Apteros (der «flügellosen» Nike). Von hier ist das Meer sichtbar, und hier stürzte sich, wie man sagt, Aigeus herab und starb. ... Links von den Propyläen ist ein Haus mit Gemälden. ... Am Eingang in die Akropolis selbst soll den Hermes, den man Propylaios nennt, und die Chariten Sokrates, der Sohn des Sophroniskos, gemacht haben ...

[Im folgenden beschreibt Pausanias alles, was er auf seinem Weg zum Parthenon findet, darunter zahlreiche Standbilder, die ihn veranlassen, die mit den dargestellten Personen zusammenhängenden Mythen zu erzählen.]

Tritt man auf den Tempel zu, den sie Parthenon nennen, so

bezieht sich die ganze Darstellung im Giebel auf die Geburt der Athena, der rückwärtige Giebel aber enthält den Streit des Poseidon mit Athena um den Besitz des Landes. Das Kultbild selbst ist aus Gold und Elfenbein gemacht. Mitten auf dem Helm sitzt die Figur einer Sphinx, ... beiderseits an dem Helm aber sind Greifen angebracht. ... Das Kultbild der Athena ist aufrechtstehend mit einem Chiton bis zu den Füßen, und an ihrer Brust ist das Medusenhaupt aus Elfenbein angebracht. Und eine Siegesgöttin, gegen vier Ellen hoch, hat sie in der Hand und eine Lanze, und zu ihren Füßen steht der Schild, und neben der Lanze befindet sich eine Schlange, und diese Schlange mag wohl Erichthonios darstellen. An der Basis des Kultbildes ist die Geburt der Pandora dargestellt.»

Pausanias, *Reisen in Griechenland* 1, 22, 4–24, 7 (Übers. E. Meyer).

Der Parthenon

Der Tempel der Athena Parthenos ist in den Jahren von 447/46 bis 433/ 32 errichtet worden. Die Architekten sind Kallikrates und Iktinos gewesen. Pheidias hat die Statue der Athena Parthenos geschaffen.

Der Plan des Tempels (s. o. S. 61 und S. 96). Durch seine Ausmaße und die auf die Architektur verwendete Sorgfalt, ebenso durch den Reichtum seines Schmucks und insbesondere der Skulpturen ist der Parthenon ein außergewöhnliches Monument.

Der Skulpturschmuck und seine Themen

Die Metopen. Sie laufen um die gesamte Außenwand des Tempels – zweiundneunzig an der Zahl. Auf der östlichen Fassade ist der Kampf der Götter und Giganten dargestellt; auf der Westseite der Kampf der Griechen gegen orientalisch gekleidete Gegner, die man allgemein für Perser hält; auf der Südseite kämpfen die Griechen gegen die Kentauren; und auf der Nordfassade findet man die Eroberung Trojas.

Der Fries läuft um die Außenmauer *(sekos)* der Cella. Er ist einen Meter hoch und einhundertzweiundsechzig Meter lang. Er hat nur ein Thema, nämlich die Prozession anläßlich der Panathenäen. Es ist dies das erste Mal, daß ein nichtmythologisches Thema auf einem Tempel dargestellt wird. Zum Teil sind die Skulpturen sehr gut erhalten. Dieses Kunstwerk ist ein zentrales Dokument für das Studium der griechischen Plastik der klassischen Zeit, aber der Fries begeistert auch die Historiker, die darin das Bild zu verstehen suchen, das Athen von sich selbst hat geben wollen (s. u. zum Fest der Panathenäen).

2. Die Religion und das Leben in der Polis   99

Die Giebel. Der *Westgiebel* zeigt einen athenischen Mythos, den Streit zwischen Athena und Poseidon um den Besitz Attikas. Athena und Poseidon stehen im Mittelpunkt der Komposition; Athena bietet den Olivenbaum an, während Poseidon unter seinem Dreizack eine Quelle hervorsprudeln läßt. Hinter ihnen sind einige Pferde vor Wagen gespannt, und auf der Seite der Athene steht Hermes, auf der Seite des Poseidon Iris, beides Götterboten. Die Wagenlenker sind zwei weibliche Gestalten, bei denen es sich um Amphitrite und vielleicht um Nike handelt; dann folgt eine Reihe von Göttern, unter denen sich auf der linken Seite Kekrops befindet.

Der *Ostgiebel* erzählt die Geschichte der Geburt Athenas. Es sind jeweils nur die äußersten Figuren der beiden Seiten erhalten: die Sonne *(Helios)*, deren Wagen von links aufsteigt, der Mond *(Selene)*, dessen Wagen auf der rechten Seite untergeht, sowie einige andere Göttergestalten. Nichts ist von der im Mittelpunkt stehenden Darstellung geblieben, doch man weiß von den Vasen, daß Athena in voller Rüstung aus dem Haupt ihres Vaters Zeus aufsteigend dargestellt wird.

Das Standbild der Athena Parthenos ist ein Werk des Bildhauers Phidias. Nichts davon ist erhalten, doch ist es oft im Altertum beschrieben worden. Die Göttin war stehend dargestellt worden, mit einem langen Gewand bekleidet; auf ihrer Brust befand sich ein Medusenhaupt aus Elfenbein, und auf dem Haupt trug sie einen Helm, der mit einer Sphinx zwischen zwei Greifen verziert war. Auf der rechten Handfläche trug sie eine 1,60 m hohe Nikestatue, die rechte Hand hielt eine Lanze und berührte einen auf dem Boden stehenden Schild, eine Schlange wand sich um die Lanze. Auf der Statuenbasis war die Erschaffung der Pandora dargestellt. Auf der Außenwölbung des Schildes sah man einen Amazonenkampf, auf der Innenseite eine Gigantomachie, auf den Schuhen den Kampf der Lapithen und Kentauren. Die Gesamthöhe des Standbildes einschließlich der Basis betrug zwölf Meter. Das Gesicht, die Waffen und die Füße waren aus Elfenbein, und das Gewand war mit Goldplatten bedeckt, die man nach Bedarf abnehmen konnte. Das Gesamtgewicht des Goldes betrug eine Tonne. Die Statue wurde im Jahre 438 vollendet und in der Cella des Tempels aufgestellt.

Diese ausführliche Beschreibung der Gesamtheit des Skulpturenschmucks des Parthenon macht es uns möglich zu erfassen, inwieweit sich dieses ikonographische Programm mit den Vorstellungen der Athener zur Zeit des Perikles deckte. Von den Giebeln bis zu den Metopen und dem Fries vereinen sich die Themen der mythischen und realen Geschichte Athens mit den traditionellen Themen der Mythologie. Besser als bei anderen Städten, für die wir ähnliche Gruppen von Skulpturen besitzen, ohne daß wir den historischen Zusammenhang so genau kennen, können wir hier die Spuren einer bürgerlichen Ideologie erkennen, wie wir sie in den Tragödien oder Komödien finden, die während der Feste des Dionysos gezeigt wurden.

Soll das heißen, daß der Parthenon «ein Monument zum Ruhm des athenischen Imperialismus» ist? Eine solche Auffassung geht einen Schritt zu weit, und man sollte sich vor Übertreibungen hüten; es ist nicht angebracht, die Quellen, wie immer sie auch beschaffen seien, überzuinterpretieren, und das gilt insbesondere für die bildlichen Darstellungen, die ihre eigene Sprache haben.

Der Parthenon ist nur ein Teil des Bauprogramms zur Neugestaltung der Akropolis im 5. Jahrhundert. Die Propyläen werden in den Jahren von 437 bis 432 nach den Plänen des Mnesikles errichtet, mit dem Bau des Erechtheion wird im Jahre 435 begonnen, doch durch den Peloponnesischen Krieg unterbrochen, wird er erst 408–407 vollendet, die Bauzeit des Tempels der Athena Nike währt von 421 bis zum Ende des Jahrhunderts. Athen hat nun ein Heiligtum, das ganz Griechenland bewundert und das, nach den Worten des Plutarch, auch der Schutzgöttin Athena gefällt: «Die Propyläen der Burg wurden von dem Baumeister Mnesikles in fünf Jahren errichtet. Während des Baus ereignete sich ein Wunder, welches deutlich erkennen ließ, daß die Göttin Athena dem Werk nicht fernstand, sondern mit Hand anlegte und es vollenden half. Der tüchtigste und fleißigste unter den Künstlern tat nämlich einen Fehltritt und stürzte aus großer Höhe in die Tiefe. Dabei verletzte er sich so schwer, daß er von den Ärzten aufgegeben wurde. Perikles war sehr niedergeschlagen, da erschien ihm die Göttin im Traum und zeigte ihm, wie er den Verunglückten heilen könne. Er tat, wie ihm geheißen, und machte den Mann leicht und schnell wieder gesund. Zum Dank errichtete er der Athena Hygieia auf der Akropolis ein ehernes Standbild neben dem Altar, der, wie es heißt, schon früher dort gestanden hatte.» (Leben des Perikles 13, 12; Übers. K. Ziegler)

Wir haben nur bestimmte Aspekte der Verschränkung zwischen politischem und religiösem Leben in der Polis beschrieben. Es gibt viele weitere Bereiche, die zusätzliche Beispiele bieten, wie etwa die Kriegsführung oder die Beziehungen der Städte untereinander.

Die Staatsverträge sind im allgemeinen durch einen Eid der verschiedenen Partner abgesichert. Der Eid (horkos) ist heilig und wird sowohl von einer Trankspende wie einem Opfer begleitet. Er besitzt für den,

2. Die Religion und das Leben in der Polis   101

der ihn leistet, bindende Kraft, wobei die Götter seine Einhaltung garantieren. Die Feldzüge während eines Krieges geben zu vielfältigen Ritualen Anlaß: die Auslegung der Vorzeichen, die Befragung der Orakel, die Opfer, die Gesänge (Paiane). Auch der Sieg hat seine Riten, darunter die Errichtung eines Siegeszeichens zu Ehren des Zeus Tropaios oder der Siegesgöttin Nike. Ursprünglich hat man einfach Rüstungen an Bäumen aufgehängt, dann nehmen die Siegeszeichen die Form eines Denkmals an. Schließlich kommt es nicht selten vor, daß eine Stadt in einem Heiligtum einen Teil der Beute der Gottheit als Geschenk weiht oder daß sie ein Standbild oder ein Gebäude zur Erinnerung an den Sieg errichtet. Ein Beispiel: Das Schatzhaus der Athener in Delphi ist angeblich zum Dank für den 490 bei Marathon errungenen Sieg der Athener über die Perser errichtet worden. Kurz gesagt, die Vorstellung, die sich die Griechen vom Krieg machen, ist durchdrungen von dem, was wir Religion nennen.

Daß wir dieses Kapitel mit dem Titel «Religion und politisches Leben» und nicht «Die Religion des Staates» überschrieben haben, hat einen einfachen Grund: Es scheint uns problematisch, in der Polis «staatliche Kulte» abzugrenzen und bestimmte Kulthandlungen für sich genommen als eine bessere Ausdrucksform der bürgerlichen Gemeinschaft anzusehen als andere, während wir doch zu zeigen versuchen, daß es gerade die Polis ist, die den konstanten Bezugspunkt jeglichen religiösen Verhaltens bildet. Die Bezeichnung «staatlicher Kult» ist für uns gleichbedeutend mit der Gesamtheit des kultischen Handelns der Polis.

Ebensowenig scheint es uns angebracht, ein Urteil über den spirituellen Gehalt dieser Kulte zu fällen. Man liest häufig in Darstellungen der Religionsgeschichte, daß der staatliche Kult eine seelenlose Angelegenheit und unbefriedigend für jedweden gewesen sei, der eine persönliche Verbindung mit dem Göttlichen gesucht habe, daß er zwar zum Ende der Geschichte der Polis wie ein gut eingelaufenes Triebwerk funktioniert habe, aber daß sich neben ihm lebendigere Formen des Glaubens und des kultischen Handelns entwickelt hätten. Das zu schreiben, setzt voraus, daß man eine bestimmte Vorstellung davon hat, was das Phänomen Religion für die Griechen gewesen sein soll, und genauer gesagt, daß man denkt, die Griechen hätten ein Verhältnis zum Göttlichen gehabt, vergleichbar mit dem eines Anhängers einer monotheistischen und individuellen Religion, wie sie später das Christentum geworden ist. Jedes Urteil dieser Art über den «staatlichen Kult» ist das Ergebnis einer Geschichte nach Art der «Geschichte der Religionen», und solche Auffassungen sind kaum hilfreich für das Verständnis des Wirkens und der Wirksamkeit eines Systems von Kulten innerhalb einer Gesellschaft, die so verschieden von der unseren ist wie die griechische.

Das System der Feste am Beispiel Athens

Die Kultkalender

Die Feste zu Ehren der Götter oder *heortai* bestimmen den Rhythmus des politischen und alltäglichen Lebens der Polis. In zahlreichen Städten ist die Abfolge der im Laufe des Jahres abzuhaltenden Feste in Texten festgehalten, die man im allgemeinen als Kultkalender bezeichnet. Es handelt sich um Listen von Festen, die nach den Monaten des Jahres und den Tagen des jeweiligen Monats geordnet sind.

Der Kalender der athenischen Feste rührt in der uns bekannten Form der klassischen Epoche von der Zeit Solons her (Beginn des 6. Jahrhunderts) und ist Bestandteil der diesem archaischen Gesetzgeber zugeschriebenen Regelungen. Zu Ende des 5. Jahrhunderts beauftragt die Stadt einen gewissen Nikomachos, Ordnung in den Opferkalender zu bringen; der Text wird in einer Inschrift festgehalten und auf der Agora in der Stoa des Basileus aufgestellt. Von dieser Inschrift sind nur Fragmente erhalten, aber unter Rückgriff auf verschiedene Quellen kann man einen vollständigen Kalender aufstellen, der Monat für Monat die athenischen Feste nennt.

Übersicht über die wichtigsten Feste in Athen

Fest	*Tag und Monat*	*Gottheit*
Kronia	*12. Hekatombaion (Juli/August)*	*Kronos*
Synoikia	*15. und 16. Hekatombaion (Juli/August)*	*Athena*
Panathenaia	*28. Hekatombaion (Juli/August)*	*Athena*
Eleusinia	*(?) Metageitnion (August/ September) (4jährig)*	*Demeter*
Niketeria	*2. Boedromion (September/Oktober)*	

2. Die Religion und das Leben in der Polis   103

Plataia	3. Boedromion (September/Oktober)	
Genesia	5. Boedromion (September/Oktober)	Gaia
Artemis Agrotera	6. Boedromion (September/Oktober)	Artemis
Demokratia	12. Boedromion (September/Oktober)	
Mysterien von Eleusis	15.–17., 19.–21. Boedromion (September/Oktober)	Demeter
Pyanopsia	7. Pyanopsion (Oktober/November)	Apollon
Theseia	8. Pyanopsion (Oktober/November)	Theseus
Stenia	9. Pyanopsion (Oktober/November)	Demeter
Thesmophoria in Halimus	10. Pyanopsion (Oktober/November)	Demeter
Thesmophoria	11., 12., 13. Pyanopsion (Oktober/November)	Demeter
Chalkeia	30. Pyanopsion (Oktober/November)	Athena
Apatouria	(?) Pyanopsion (Oktober/November)	
Oschophoria	(?) Pyanopsion (Oktober/November)	Athena
	(Maimakterion) (November/Dezember)	
Haloa	26. Posideon (Dezember/Januar)	Demeter
Theogamia	2. Gamelion (Januar/Februar)	Hera
Anthesteria	11.–13. Anthesterion (Februar/März)	Dionysos
Diasia	23. Anthesterion (Februar/März)	Zeus
Asklepieia	8. Elaphebolion (März/April)	Asklepios
Dionysia (in der Stadt)	10.–14. Elaphebolion (März/April)	Dionysos
Delphinia	6. Mounichion (April/Mai)	Apollon
Mounichia	16. Mounichion (April/Mai)	Artemis
Olympieia	19. Mounichion (April/Mai)	Zeus
Thargelia	6.–7. Thargelion (Mai/Juni)	Apollon

Bendideia	19. Thargelion (Mai/Juni)	Bendis
Plynteria	25. Thargelion (Mai/Juni)	Athena
Arrhetophoria	3. Skirophorion (Juni/Juli)	Athena
Skira	12. Skirophorion (Juni/Juli)	Demeter
Dipoleia oder	14. Skirophorion (Juni/Juli)	Zeus
Bouphonia		

Zu diesen Tagen muß man noch die monatlich gefeierten Feste hinzufügen, die man am 1., 2., 3., 4., 6. und 8. Tag des Monats feierte (vgl. u. die Liste des Monats Hekatombaion). Insgesamt kommt man auf eine Zahl von 120 Festtagen pro Jahr.

Das genaue Datum mancher Feste ist nicht bekannt. Man weiß z. B. nur, daß die Apatourien im Monat Pyanopsion stattfanden. Diese Ungewißheit ist auf der Liste durch ein in Klammern eingeschlossenes Fragezeichen kenntlich gemacht.

Die Abfolge der Feste in Athen im Verlauf des Monats Hekatombaion

1. *Noumenia.*
2. *Agathos Daimon.*
3. *Athene.*
4. *Herakles, Hermes, Aphrodite und Eros.*
6. *Artemis.*
7. *Tag der Hekatombaia, des jährlichen Festes des Apollon Hekatombaios.*
8. *Poseidon und Theseus.*
11. *Zusammentritt der Volksversammlung.*
12. *Tag des Festes der Kronia.*
15. *Alle zwei Jahre abgehaltenes Opfer.*
16. *Fest der Synoikia in Athen. Opfer.*
17. und 18. *(Für den Verein der Orgeonen ist überliefert, daß Opfer abgehalten werden.)*
21. *(Opfer für die Kourotrophos und Artemis nach Vorschrift des Demos Erchia. Kein Fest der gesamten Stadt.)*
22. *Zusammentritt der Boule.*
23. *Zusammentritt eines privaten Vereins.*
28. *Haupttag der Panathenäen: das nächtliche Fest, die vom Kerameikos ausgehende Prozession, die Stiftung des Peplos an die*

2. Die Religion und das Leben in der Polis

Göttin, die Hauptopfer. Frage der Dauer der Panathenäen: neun Tage – vom 21. bis entweder zum 29. oder bis zum 30. Hekatombaion?

Die Monate: Die Zahl der Kalendermonate beträgt zwölf (s. die Tabelle); ihre auf den Namen von Göttern oder Festen beruhenden Bezeichnungen sind je nach Stadt unterschiedlich. Es handelt sich um Monate eines Mondjahres. Nach dem athenischen Kalender werden bestimmte Feste jeden Monat gefeiert, und zwar die folgenden:
– am ersten Tag des Monats – die *Noumenia,* der Tag des Neumonds. Nach Athenaios bietet das Fest Gelegenheit, einen großen Markt abzuhalten, zur Teilnahme an den Vergnügen in der Palästra und zur Abhaltung von Festmählern;
– am zweiten Tag des Monats – der Tag des *agathos daimon,* des guten Geistes;
– am dritten Tag – die Geburt der Athena;
– der vierte Tag ist dem Herakles, dem Hermes, der Aphrodite und dem Eros gewidmet. Er ist der Geburtstag der drei erstgenannten Gottheiten;
– der sechste Tag ist der Geburtstag der Artemis;
– der siebte Tag ist der Geburtstag des Apollon. Dieser Tag ist im übrigen in der ganzen griechischen Welt dem Apollon geweiht;
– der achte Tag ist der Tag des Poseidon und des Theseus.
Andere Feste werden nur in einem bestimmten Monat gefeiert. Die Lektüre der Liste der athenischen Feste erlaubt es, sich die Vielschichtigkeit und die Vielfalt der staatlichen Kulte vor Augen zu führen. Es geht hier nicht darum, sie nun nacheinander im einzelnen zu untersuchen, sondern nur darum, ihren allgemeinen Charakter zu verstehen, indem man einige spezielle Feste wie *Panathenäen* oder *Dionysien* herausgreift.

Die wichtigsten Abschnitte eines Festes sind die Prozession oder *pompe,* das Opfer und das darauffolgende Mahl, die Wettspiele oder andere damit verbundene Veranstaltungen.

Die Prozession

Die Prozession ist häufig der Auftakt eines Festes. Sie bewegt sich quer durch die Stadt, von einem bestimmten Punkt aus zu dem Heiligtum der Gottheit, der der Kult gilt, und folgt stets dem gleichen Weg. Ihre

106 Die Kultbräuche

Ordnung ist vorgeschrieben, ihre Zusammensetzung je nach Fest unterschiedlich. Wir wollen zwei verschiedene Beispiele auswählen:

Die pompe der Panathenäen – ihr Weg: Die Prozession beginnt am Dipylontor, durchquert den Kerameikos und die Agora, erreicht die Akropolis durch die Propyläen und bewegt sich seitlich am Parthenon entlang, um zu der Ostfront des Tempels vor den großen Altar der Athena zu gelangen. Dieser Weg berührt die wichtigsten Punkte der Stadt, den Ort des politischen Lebens (die Agora) und den Friedhof (den Kerameikos).

Ihre Zusammensetzung: Der Skulpturfries, der oben an der Außenseite der inneren Mauer *(sekos)* des Parthenon verläuft, gibt eine Darstellung bestimmter Abteilungen dieser Prozession; der Fries ist ein hervorragendes Dokument für Kunst und Geschichte und kann durch die Angaben der literarischen Quellen ergänzt werden. Die *pompe* setzt sich zunächst einmal aus Bürgern zusammen: junge Männer in Hoplitenausrüstung oder als Reiter, ältere Männer sowie, als *Ergastinen* und *Kanephoren,* die Töchter der Bürger; dann kommen Metöken, deren Söhne Schalen mit Weihgaben tragen und die Töchter Krüge mit Wasser, und außerdem vielleicht noch andere, unfreie Bewohner Attikas. Aber es gibt auch Fremde in der Prozession, nämlich die Griechen der verbündeten Städte, und schließlich Vieh, das zu Opferzwecken mitgeführt wird. Der Zweck dieser Prozession ist, dem Archon Basileus den neuen, von den *Ergastinen* gewebten *peplos* zu bringen, damit dieser seinerseits die im Erechtheion befindliche hölzerne Statue der Athena (das *xoanon*) damit bekleide. Der *peplos* ist safranfarben eingefärbt und mit Darstellungen der Taten Athenas im Kampf mit den Giganten bestickt. Die *pompe* findet alle vier Jahre am 28. Tag des Monats Hekatombaion statt (Ende Juli/Anfang August). Die feierliche Prozession ermöglicht es der Stadt Athen, sowohl ein Bild ihrer Hierarchie und politischen Organisation zu bieten wie auch der Einheit, die ihre Bevölkerung bei aller Verschiedenheit repräsentiert – eine Demonstration, die sich sowohl an die übrige Bevölkerung Athens (die nicht an dem Umzug aktiv teilnimmt) wie auch an die anwesenden Repräsentanten der verbündeten Städte und die ganze griechische Welt richtet.

Beschluß über die Feiern der Kleinen Panathenäen

... damit auf fromme Weise (...) jedes Jahr, und damit die Prozession für Athena im Namen des athenischen Volkes jedes Jahr aufs beste gestaltet wird und alles Notwendige für das zu Ehren der Göttin begangene Fest von den Hieropoioi für immer aufs beste geordnet wird, hat das Volk beschlossen: Alles übrige soll wie vom Rat vorgeschlagen geschehen, die Hieropoioi sollen aber wie früher die zwei Opfer darbringen, das eine der Athena Hygieia und das andere, das im alten Tempel vollzogen wird; und sie sollen den Prytanen fünf Fleischstücke zuteilen, und den neun Archonten drei, und den Schatzmeistern der Göttin eins, und den Hieropoioi eins, und den Strategen und den Taxiarchen drei, und den athenischen Teilnehmern an der Prozession und den Kanephoren gemäß dem Brauch; die übrigen Fleischstücke sollen sie unter die Athener aufteilen. Wenn die Hieropoioi von den einundvierzig Minen aus der neuen Verpachtung gemeinsam mit den Rinderkäufern die Rinder gekauft und die Prozession veranstaltet haben, sollen sie der Göttin alle diese Rinder auf dem großen Altar der Athena opfern, eines von den schönsten Rindern aber für den Altar der Nike auswählen; und wenn sie der Athena Polias und der Athena Nike geopfert haben, sollen sie das Fleisch aller der von den einundvierzig Minen gekauften Rinder auf dem Kerameikos an das Volk der Athener verteilen, wie bei den anderen Fleischverteilungen; sie sollen die Fleischstücke einem jeden Demos im Verhältnis zu der Zahl zuteilen, soviele Teilnehmer an der Prozession ein jeder Demos gestellt hat. Für die Kosten der Prozession und die der Zubereitung des Fleisches und die Schmückung des großen Altars und alles übrige bei dem Fest und der nächtlichen Feier Notwendige soll man 50 Drachmen geben. Die Hieropoioi, die die jährlichen Panathenäen ordnen, sollen die nächtliche Feier so schön wie möglich für die Göttin gestalten und die Prozession bei Tagesanbruch auf den Weg schicken, indem sie den, der nicht gehorcht, mit den gesetzlich bestimmten Strafen belegen.

Inschrift IG II² 334 (Übers. A. Wittenburg).

Die pompe der Großen Dionysien. Dieser Festumzug besteht, genauer betrachtet, aus mehreren Prozessionen. Am ersten Tag wird die Statue des Gottes aus dem Tempel in der Nähe des Theaters ins Freie und in einer Prozession bis zum Tempel beim Gymnasium der Akademie getragen. Am folgenden Tag wird das Standbild von dort zum Heiligtum am Südhang der Akropolis gebracht. Schließlich wird die Statue in einem neuen Festzug von jenem Tempel in die Mitte der Orchestra des Theaters getragen. Zusammensetzung und Charakter dieser aufeinanderfolgenden Prozessionen sind umstritten. Aber in jedem Falle ist es offenbar so, daß zwei Arten von Prozessionen stattfinden: eine traditionelle *pompe* mit den Beamten, den Vertretern der verschiedenen Gruppen der Bevölkerung der Stadt, mit Gabenträgern und Choregen im Festkostüm, aber auch unter Mitführung des Phallos (ein Ritual, das sich auch bei den ländlichen Dionysien wiederfindet). Dieser Zug endet mit dem Opfer im Heiligtum des Dionysos (im Jahre 333 wurden mit Sicherheit 240 Tiere geopfert, also handelte es sich dabei um ein Opfer wie bei den Panathenäen). Der Weg, den diese Prozession nimmt, ist nicht genau bekannt. Die andere Prozession wird als *komos* bezeichnet, scheint weniger förmlich zu sein und findet am Ende des Tages statt, vielleicht im Anschluß an das Festmahl, das den Opfern folgt. Männer mit Fackeln, von Flötenspielern begleitet, ziehen mit Gesang und Tanz durch die Straßen und vollziehen in der ganzen Stadt, was als fröhlicher Abschluß der Festmähler wohlbekannt ist.

Welche Funktion hat nun das Ritual der Prozessionen? Sie dienen der «Werbung» und der Sammlung: Der Grund des Festes wird all denen, die am Rande des Prozessionsweges stehen, in Erinnerung gebracht, und sie können sich dem Zug anschließen, um am Ritual teilzuhaben. Es handelt sich um eine Erneuerung und Wiedererinnerung der guten Taten und Tugenden des Gottes, dessen Statue in manchen Fällen vorangetragen wird. Es ist darüber hinaus eine Bestätigung des heiligen Charakters der verschiedenen Orte, an denen die Menge haltmacht (vor allem an den Altären), und ganz allgemein eine neuerliche Inbesitznahme des Stadtareals durch die Gemeinschaft. Hinzu kommen besondere Funktionen jeder einzelnen Prozession: Die der Panathenäen z. B. bietet das Bild der Einigkeit und Kraft, das das Athen der klassischen Zeit bieten will. Die Prozession ist ein Weg, die Kultpraxis physisch in die Stadt einzubinden. Uns wird dadurch vor Augen geführt, daß jedes Fest ein vielschichtiges System von Ritualen ist, das schwerlich auf eine einzige Interpretationsmöglichkeit eingeengt werden kann.

Das Opfer

Das Ritual des Opfers ist bereits ausführlich beschrieben worden, so daß hier nichts weiter zu seiner Bedeutung gesagt werden soll. Es ist ein wichtiger Bestandteil des Festes, der bei allen Festen des athenischen Kalenders zu finden ist. Anhand der Zahl der geopferten Tiere, die aus den Abrechnungen der Schatzmeister der Athene hervorgeht, kann man die Bedeutung der Festmähler ermessen, die diesen Opfern folgen. Ein Opfer von hundert Tieren (eine *Hekatombe*) kommt häufig vor, aber die Zahlen reichen bis zu mehr als zweihundertfünfzig Tieren, die bei einem einzigen Fest geopfert wurden. Die Stadt übernimmt die Kosten für diese Opfer entweder direkt oder durch Heranziehung von *liturgoi*, von reichen Männern, die dazu verpflichtet werden, die Kosten der Festmähler zu bestreiten. Diese *hestiasis* (Bewirtung) genannte Liturgie ist für die Panathenäen und die Dionysien belegt. Bei den Panathenäen erfolgt die Verteilung der Fleischstücke unter die Mitglieder der Demen, die an der Prozession teilgenommen haben, am Kerameikos. Wenn man den athenischen Kalender studiert, so sieht man, daß jeden Monat, mit Ausnahme des Monats Maimakterion, sich von neuem eine Gelegenheit für ein großes Schlachtfest bietet. Eine Stadt, die Feste feiert, ist eine Stadt, deren Luft mit dem Geruch des Blutes der Opfertiere und dem Duft gebratenen Fleisches erfüllt ist, ist eine Gemeinde, die Fleisch ißt, trinkt und fröhlich ist.

Die Wettspiele

Nicht zu allen Festen gehören Wettspiele, doch wenn es einen Wettkampf gibt, so nimmt er stets von den Ritualen des Festes seinen Ausgang. Das ist ein Umstand, den man nicht vergessen darf, wenn man die sportlichen, musischen oder dramatischen Wettkämpfe beschreibt. Zwei athenische Beispiele: die Wettkämpfe bei den Panathenäen und die dramatischen Wettbewerbe bei den Großen Dionysien.

Ein Wettkampf. Das Fest der Panathenäen besteht schon seit langer Zeit, als im Jahre 566 Wettspiele eingeführt werden, zu denen alle Griechen zugelassen sind (daher panhellenische Wettspiele genannt). Sie finden alle vier Jahre zu den Großen Panathenäen statt. Sie umfassen einen Wettstreit der *Rhapsoden* (die die Werke Homers vortragen), musische Wettbewerbe verschiedener Art und schließlich einen sportlichen Wettkampf mit den üblichen Disziplinen (s. u. das Kapitel über die Wettkämpfe in Olympia), bei dem die teilnehmenden

110   *Die Kultbräuche*

Athleten in drei Altersgruppen aufgeteilt werden (Kinder, junge Männer und Erwachsene). Der Preis bei den sportlichen Wettkämpfen ist in Athen etwas Besonderes: Olivenöl von den heiligen Olivenbäumen, das in besonderen Amphoren, den sogenannten *panathenäischen Amphoren*, aufbewahrt wird. Auf der einen Seite trägt eine solche Amphore ein Bild der bewaffneten Athena, die eine Lanze schwingt, sowie die Inschrift: «Von den Wettkämpfen der Athener»; auf der anderen Seite findet sich eine Darstellung des betreffenden Wettbewerbs: Wagenrennen, Wettlauf etc. Der junge Mann, der im Wettlauf gewonnen hat, erhält z. B. fünfzig dieser Amphoren. Die Wettspiele umfassen auch einen Tanz in Waffen (die *Pyrrhiche*), bei dem der Preis für die siegreiche Mannschaft aus einem Rind und hundert Drachmen besteht; es gibt außerdem Bootsrennen, einen Fackellauf und vieles mehr.

Theaterfestspiele. An den Großen Dionysien, dem Fest zu Ehren des Dionysos im Monat Elaphebolion (März–April), werden während drei Tagen die dramatischen Wettbewerbe abgehalten, die, wie die Wettspiele an den Großen Panathenäen, ein weit zahlreicheres Publikum anziehen als nur das der Athener. Ohne in die Diskussion der schwierigen Fragen zum Ursprung der theatralischen Aufführungen eintreten zu wollen, kann man doch festhalten, daß die Darbietung der Stücke, also das, was wir Theater nennen, der Fürsorge des Dionysos unterstellt ist. Seine Statue thront auf der Orchestra, das Theater, aus Holz oder Stein errichtet, ist Teil seines Heiligtums; schließlich sind die dramatischen Aufführungen Bestandteil des Rituals. Es geht hier nicht darum, die Funktion des Theaters im Athen des 5. Jahrhunderts zu untersuchen, sondern wir wollen nur einige wesentliche Punkte hervorheben, die zeigen, wie sehr die Religion in das staatliche Leben eingegliedert ist.

Dramatische Aufführungen finden auch während der beiden anderen Feste des Dionysos statt, den ländlichen Dionysien im Monat des Poseidon (Dezember–Januar) und den Lenäen im Monat Gamelion (Januar–Februar). Jedoch anläßlich der Großen Dionysien finden die wichtigsten Wettbewerbe sowohl der Komödie, der Tragödie, des Dithyrambos wie des Satyrspiels statt. Die *Organisation der Wettbewerbe* obliegt der Stadt. Der Archon Eponymos ist für die Großen Dionysien verantwortlich. Die zehn Choregen (*liturgoi*, die die Kosten für die Einstudierung des Chores und des Stücks übernehmen sollen) werden durch die Stadt bestimmt, ebenso die Dichter, die Schauspieler (Protagonisten) und die Schiedsrichter des Wettbewerbs.

Der Ablauf der Vorstellungen. Die Aufführungen beginnen bei

2. Die Religion und das Leben in der Polis

Tagesanbruch, die Zuschauer sind festlich gekleidet, das Haupt bekränzt; die von der Stadt geehrten Leute sitzen in der ersten Reihe
(prohedria), ebenso die Mitglieder des Rates (der Boule), die Epheben
und die Schiedsrichter des Wettbewerbs. Man vollzieht ein Sühneopfer
mit dem Blut eines jungen Schweines, und man lost die Abfolge der
Konkurrenz aus. Die Stücke folgen eins auf das andere bis zum Abend.
Am Ende des Wettbewerbs werden in jeder Sparte drei Preise vergeben:
an den Dichter, an den Choregen und an den Protagonisten. Eine
Volksversammlung prüft am übernächsten Tag die Abrechnungen,
verabschiedet die ehrenvollen Erwähnungen und legt die Ergebnisse
schriftlich nieder.

Die Vermischung des Religiösen mit dem Staatlichen macht bei der
Organisation der Wettbewerbe nicht halt. Die Stücke selbst zeigen
durch die aufgegriffenen Themen und die Art ihrer Behandlung, daß es
eine scharfe Trennung zwischen politischer Reflexion und der Darstellung des Mythos und der Götter nicht gibt. Um es kurz zu sagen: Auf
der Bühne stehen der Heros Aias, der mythische König Ödipus, die
Erynien oder Athena, aber die Fragen, die sie stellen, kreisen um die
zentralen Fragen der aktuellen politischen Debatten des demokrati-
schen Athen.

Das System der Feste in Athen ist nur ein Beispiel unter anderen für
die Organisation staatlicher Kulte. Es erlaubt indes, in sehr konkreter
Form zu zeigen, inwiefern die Rituale bestimmte Aufgaben erfüllen
und inwieweit sie unverzichtbar für die Erklärung dessen sind, was das
Leben der Stadt ausmacht.

3. Die panhellenischen Kulte

Allgemeines

Die Entstehung panhellenischer Heiligtümer. Wir haben bis jetzt die enge Verbindung von religiösem und politischem Leben betont und gezeigt, wie jeder Bürger in das Geflecht von Festen und Zeremonien eingebunden ist, die ihn in seine Polis eingliedern. Gleichzeitig mit dem Aufstieg der Polis tritt nun ein religiöses Phänomen auf, das völlig eigener Art und zudem von großer Bedeutung ist: die Entstehung und Entwicklung von Heiligtümern an mehreren Plätzen Griechenlands, deren Einfluß und Nutzung über den Rahmen der Stadt hinausgreifen. Sie werden zu Orten der Begegnung und des Austauschs für Griechen, die von den entlegensten Punkten der griechischen Welt dorthin kommen. Zu genau derselben Zeit, gegen Ende des 8. Jahrhunderts, kommt es sowohl zu einer ersten Welle von Koloniegründungen, vor allem in Großgriechenland (Süditalien) und in Sizilien, als auch zu einem sprunghaften Ansteigen der Orte, an denen die Archäologen eine größere Zahl von als Weihgaben gestifteten Gegenständen finden: zunächst Vasen und Terrakottafiguren, dann Bronzeobjekte, Schmuck und schließlich Waffen und Rüstungen. Es scheint, als ob jene reiche Ausstattung, die vorher den aristokratischen Gräbern vorbehalten war, nun auch den Göttern dargeboten wird. Unter den Fundplätzen befinden sich mit Olympia, Delphi, Dodona und Delos eine Reihe von Orten, deren Bedeutung über die gesamte griechische Welt ausstrahlt. In dieser Epoche kommen die Heiligtümer auf. Die Heiligtümer und ihre Kulte werden für mehrere Jahrhunderte Kristallisationspunkte griechischer Identität, die sich ebenso in ihren Göttern wiedererkennt wie in ihrer Sprache.

Der architektonische Rahmen. Diese Heiligtümer sind zunächst große Gebäudekomplexe, die außerhalb der Städte liegen. Um die eigentlichen Tempel und Altäre erheben sich verschiedene Gebäude wie die «Schatzhäuser», die von den Städten oder von dankbaren Stiftern errichtet worden sind, dann alle Arten von Weihdenkmälern sowie schließlich – für Festmähler und Versammlungen – die Räumlichkeiten, die die Besucher aufnehmen sollen. Eine Mauer umgrenzt den Bezirk.

3. Die panhellenischen Kulte 113

Jenseits der Mauer liegen die Schauplätze der Wettspiele, also die Stadien, Pferderennbahnen und Gymnasien.

Die panegyris oder Versammlung. Diese Heiligtümer, denen gemeinsam ist, daß sie den Griechen aus der gesamten griechischen Welt offenstehen, dienen unterschiedlichen Zwecken, je nach den Kulten, die dort vollzogen werden, und den Gottheiten, die in ihrem Mittelpunkt stehen. Doch können dort auch verschiedene Formen kultischen Lebens nebeneinander existieren. In der Zeit der Feste versammelt sich hier eine beachtliche Zahl von Menschen, die aus den entlegensten Städten und aus der Welt der Barbaren kommen. Man bedenke, daß das im 6. Jahrhundert erbaute Stadion von Olympia vierzigtausend Zuschauer zu fassen vermag und dies nur ein Teil der über mehrere Tage am Orte anwesenden Volksmassen ist; die Olympischen Wettkämpfe dauern in klassischer Zeit sieben Tage.

In der konfliktreichen griechischen Welt wird solch eine Zusammenkunft erst durch einen Gottesfrieden ermöglicht, der von Gesandten verkündet wird (die delphischen *theoroi* oder die olympischen *spondophoroi*), die den Auftrag haben, die griechische Welt von Stadt zu Stadt zu durchreisen, und die überall überaus feierlich empfangen werden. Der Gottesfrieden erstreckt sich über die Zeit, die erforderlich ist, um sich zum Heiligtum zu begeben und von dort wieder heimzukehren.

Die *panegyris* ist also eine Zusammenkunft religiösen Charakters, die im Zeichen eines Gottes oder mehrerer Götter steht, die in dem Heiligtum walten. Die Festtage werden mit einer feierlichen Prozession und einem oder mehreren Opfern eröffnet, welche die Gemeinschaft der Teilnehmer einen sollen; Rituale und Opfer begleiten und beschließen auch die Zusammenkunft.

Der geordnete Ablauf des ganzen Festes wird durch örtliche Priesterkollegien gewährleistet, denen zahlreiches, für diese Gelegenheit angestelltes Personal zur Hand geht. Die Priester werden häufig im Kreise der großen Familien ausgewählt, innerhalb deren das Priesteramt vererbt wird. Trotz ihrer häufig stürmischen Geschichte, trotz zahlreicher Konflikte und Versuche von verschiedenen Seiten, die Kontrolle zu übernehmen (z. B. anläßlich der Kämpfe zwischen den Arkadiern und Aitolern, dann zwischen Sparta und Elis um Olympia oder während der Heiligen Kriege um Delphi), haben sich die panhellenischen Heiligtümer doch die meiste Zeit ihre Unabhängigkeit bewahrt. In manchen Heiligtümern, so z. B. in Delphi, sichert eine *Amphiktyonie*, eine Vereinigung der «um das Heiligtum herum» liegenden Städte, seine Verwaltung und Unterhaltung.

Die Wettkämpfe oder Agone

Die Wettkämpfe, welche die Griechen zu regelmäßigen Anlässen in den Stadien und auf den Pferderennbahnen zusammenführen, sind oft als ein Erbe der Wettspiele der homerischen Zeit angesehen worden, wie sie in der *Ilias* (Leichenspiele zu Ehren des Patroklos) oder der *Odyssee* (von Alkinoos zu Ehren seines Gastes Odysseus veranstaltete Spiele) beschrieben werden. Die Wettkämpfe bringen die aristokratischen Werte wieder in Erinnerung, und bei solchen Gelegenheiten identifiziert sich die ganze Stadt mit den Siegern. So zeugen die seit Beginn des 6. Jahrhunderts in allen Städten errichteten *Gymnasien*, der Ansporn zur Leibesertüchtigung, der Empfang, der einem Sieger bereitet wird, von dem hervorragenden Platz, der dem Wettkampfgedanken im gemeinschaftlichen Leben eingeräumt wird.

In Olympia, in Delphi, in Korinth, in Nemea kommen nach einem zyklischen Zeitplan Konkurrenten und Zuschauer im Rahmen von Wettkämpfen oder Spielen zusammen, die man Olympische, Pythische, Isthmische oder Nemeische Spiele nennt und die zu Ehren des Zeus (in Olympia und Nemea), des Pythischen Apollon (in Delphi) oder des Poseidon (am Isthmos) veranstaltet werden. Die Olympischen Spiele werden alle vier Jahre im Hochsommer (Juli–August) abgehalten, die Delphischen (oder Pythischen) Wettkämpfe finden im dritten Jahr einer jeden Olympiade gegen Ende des Sommers (August–September) statt; die Isthmischen und Nemeischen Spiele werden alle zwei Jahre im Frühling des Jahres nach den Olympischen oder Delphischen Wettkämpfen abgehalten, d. h. im zweiten und vierten Jahr einer jeden Olympiade. Auf diese Weise können ein und dieselben Athleten nacheinander im Kreislauf der vier Feste an den Wettkämpfen teilnehmen und manchmal vier Siege davontragen. Zu Beginn des 5. Jahrhunderts hat Theogenes von Thasos diesen höchsten Triumph erfahren, der ihm zahlreiche Ehrenstatuen und ein Nachleben als legendärer Held eingetragen hat: Nach seinem Tode ist er zum heilenden Heros erhoben worden.

Den dem Sieger verheißenen Ruhm besingt der Dichter Pindar in der ersten Hälfte des 5. Jahrhunderts in seinen *Epinikien* (Siegesoden), in denen er die Namen seiner Adressaten neben die der Heroen und Götter stellt, deren Geschichten er bei dieser Gelegenheit erzählt. Diese Gedichtsammlungen werden seit der Antike mit den Namen der wich-

3. Die panhellenischen Kulte

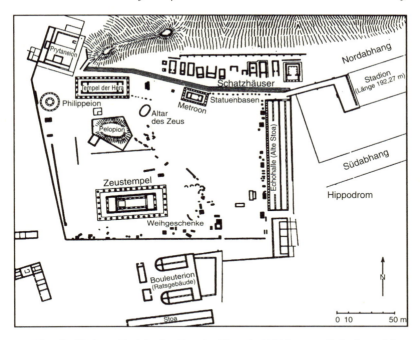

11. Plan des Heiligen Bezirks des Zeus in Olympia (Altis) gegen Ende des 4. Jahrhunderts v. Chr.

tigsten der berühmten Wettkämpfe bezeichnet: *Olympische, Pythische, Isthmische und Nemeische Oden*. Unter den zwölf *Pythischen Oden*, um sie als Beispiele zu nehmen, sind die ersten sieben dazu ausersehen, den Triumph großer Persönlichkeiten zu besingen, die im Wagenrennen als dem angesehensten Wettbewerb den Sieg davongetragen haben. Der erste Platz wird Hieron eingeräumt, dem Tyrannen von Syrakus, dessen Viergespann im Jahre 470 in Delphi gesiegt hat, und das nach zwei anderen Siegen bei den Pythischen Spielen und einem weiteren seines Hengstes Pherenikos in Olympia. Die Ode ist ein Panegyrikos, ein Lobpreis, auf den Tyrannen, der damals auf dem Höhepunkt seiner Macht steht, und zugleich ein Stück moralischer und religiöser Beredsamkeit, präsentiert sie doch ein Modell für den Herrscher und für die gerade von ihm in Sizilien gegründete Stadt Aitna.

«Nur des Ruhmes Tod-überdauerndes Prangen kündet entschwundener Männer Lebensform so den Erzählern wie Sängern» (*Erste Pythische Ode* 93–95; Übers. A. Graf Schenk von Stauffenberg).

In den letzten fünf *Pythischen Oden* sind die ihrer sozialen Stellung nach bescheideneren Sieger besungen. Der Wettkampf rückt, zumindest theoretisch, den einem König verheißenen Ruhm in die Reichweite eines jeden. Die *Elfte Pythische Ode* ist dem jungen Thebaner Thrasydaios gewidmet, der im Jahre 474 im Stadion in den den Knaben vorbehaltenen Disziplinen gesiegt hat. Pindar schildert seinen Vater und ihn als Vertreter der bürgerlichen Mittelschicht:
«Von Göttern stamme mir Gutes, doch wünsch' ich mein Leben hinab nur Mögliches mir. Denn immer fand ich des Mittelstandes in Städten Glückseligkeit das dauerndere Los, und schelte das Schicksal der Tyrannen. Nur gemeine Tugenden streb' ich hinan» (*Elfte Pythische Ode* 52–54; Übers. J. G. Herder).

Olympia und die Wettkämpfe

Olympia liegt in einer fruchtbaren Ebene im Westen der Peloponnes in der Landschaft Elis, wird von dem Fluß Alpheios durchflossen und ist von Hügeln durchzogen; das Heiligtum liegt am Fuße eines dieser Hügel, des Kronion. Der Platz war seit der Mitte des 2. Jahrtausends besiedelt, aber das Heiligtum ist in den Dunklen Jahrhunderten, zweifelsohne im 10. Jahrhundert, geschaffen worden. Das Heiligtum *(hieron)* wird als die *Altis* bezeichnet, was auf den heiligen Hain hinweist. Mehrere Gottheiten werden dort verehrt, und Kulte von Göttinnen wie etwa der Hera bestehen neben dem des Zeus. Die zahlreichen Weihgaben aus geometrischer und archaischer Zeit belegen, wie kräftig und blühend das Kultleben des Heiligtums ist, dessen Berühmtheit mit der Einführung der Wettkämpfe noch wächst. Jede Generation sieht die Errichtung neuer Bauwerke; Umfang und Bedeutung des Heiligtums werden auf dem hier wiedergegebenen Plan (s. o. S. 115) deutlich.
Die Gründungsmythen des Heiligtums und der Wettkämpfe. Es bilden sich zwei Mythenkreise heraus, von denen der eine von Oinomaos, dem König von Pisa, von seiner Tochter Hippodameia und von dem Freier Pelops berichtet und der andere von Herakles handelt:
Oinomaos fordert die jungen Männer, die seine Tochter heiraten wollen, zu einem Wettkampf im Wagenrennen heraus, aus dem er dank der göttlichen Pferde, die ihm sein Vater Ares geschenkt hat, stets als Sieger hervorgeht. Der Freier wird getötet. Pelops triumphiert dank der Liebe der Hippodameia und der Hilfe des königlichen Wagenlenkers Myrtilos, der die Wagenachse des Oinomaos lockert und so den Tod des

3. Die panhellenischen Kulte 117

Königs verursacht. Pelops heiratet Hippodameia und wird König von Pisa.

Herakles hat seinerseits angeblich den Bezirk des Heiligtums abgesteckt und die Wettkämpfe begründet; das sei nach einer seiner berühmten Taten geschehen, als er die Ställe des Augias, des Königs von Elis, gereinigt habe, indem er den Lauf des Flusses Alpheios umleitete. *Die Wettkämpfe oder Olympiaden* werden im Jahre 776 entweder begründet oder neu geordnet. In der Folgezeit finden sie alle vier Jahre statt. Die Griechen verwenden dieses Datum sehr viel später (auf Vorschlag des Timaios von Tauromenion im Jahre 260), um eine Ära mit diesem Jahr beginnen zu lassen, von dem aus sie die Zeit berechnen und Ereignisse datieren: 776 ist das erste Jahr der ersten Olympiade, 775 das zweite Jahr der ersten Olympiade usw. Die Wettkämpfe finden alle vier Jahre statt, bis sie durch einen Erlaß des Kaisers Theodosius I. im Jahre 394 n. Chr. abgeschafft werden. Nach Darstellung der Historiker und den heutigen Vorstellungen haben diese Wettkämpfe ihren Ursprung entweder im Bestattungskult (da die Wettkämpfe im Epos und im heroischen Zeitalter Teil der Begräbnisfeiern sind, wie die Leichenspiele beim Begräbnis des Patroklos in der *Ilias*), oder sie entstammen dem landwirtschaftlichen Lebenskreis bzw. sind dem Umfeld der Initiationen entsprossen.

Wie ist ihr Ablauf in klassischer Zeit? Vor dem eigentlichen Fest liegt eine lange Zeit der Vorbereitungen, die nicht allein in Olympia stattfinden. In den griechischen Städten üben sich die griechischen Bürger und Athleten, bevor sie nach Olympia kommen; dort bereiten sie sich unter der Aufsicht der zehn *Hellanodikai* vor, der Schiedsrichter der Wettkämpfe, deren Aufgabe es ist, die Einhaltung der Regeln zu überwachen. Der heilige Frieden wird überall in der griechischen Welt durch die *theoroi* verkündet und erlaubt es den Pilgern, ohne Furcht vor Repressalien zu reisen. Nach und nach treffen sowohl die *theoriai*, die religiösen Gesandtschaften aus den Städten, als auch die Zuschauer ein, unter denen sich auch Nicht-Griechen und Sklaven befinden können.

Das Fest dauert sechs Tage. Der erste Tag ist verschiedenen Ritualen gewidmet, darunter Opfern am Altar des Zeus (ein Altar, der durch die mit dem Wasser des Alpheios vermischte Asche der Opfertiere stets vergrößert wird und der zur Zeit des Pausanias eine Höhe von 7 m erreicht); vor anderen Altären des Heiligtums finden weitere Opfer statt. Die Athleten schwören einen Eid und verpflichten sich zu ehrenhaftem Verhalten; die Hellanodikai verkünden die Eröffnung der Wettkämpfe.

An den folgenden Tagen finden die verschiedenen Wettkämpfe statt, dreizehn an der Zahl. Zehn von ihnen sind den erwachsenen Männern vorbehalten: das Stadion oder der einfache Wettlauf, Wettlauf über die doppelte Distanz, langer Wettlauf, Wettlauf in Waffen, Ringen, Boxen, Pankration, Fünfkampf (eine Kombination der fünf Disziplinen: Springen, Diskuswerfen, Speerwurf, Wettlauf, Ringkampf), Pferderennen, Wagenrennen mit Viergespann. Drei Disziplinen bestreiten die Knaben: den Ein-Stadien-Wettlauf sowie Ringen und Boxen. Der älteste Wettkampf ist der im einfachen Wettlauf. Der Sieger in dieser Disziplin ist *Olympionike*, und nach ihm wird die darauffolgende Olympiade benannt. Das geheiligte Urteil der Hellanodikai wird niemals in Zweifel gezogen.

Am sechsten und letzten Tag werden den Siegern die Preise übergeben, bei denen es sich um mit Bändern geschmückte Kränze aus Olivenzweigen handelt. Die Sieger und die Priester ziehen gemeinsam in einer Prozession vor die Altäre, singen und opfern. Im Prytaneion wird ihnen ein großes Festmahl bereitet. Damit ist das Fest offiziell beendet, aber die Sieger erwarten noch andere feierliche Ehrungen.

Die Ehrungen der Sieger. In Olympia selbst können sie das Recht erhalten, eine Statue errichten zu dürfen. (Diese Aufträge sollen es den Bildhauern erlauben, wichtige Fortschritte in der Betrachtung und Wiedergabe des menschlichen Körpers zu dokumentieren.) Ihren Kranz weihen sie im Tempel des Zeus und opfern der Hera. Ihre Heimatstadt veranstaltet manchmal einen Triumphzug für sie: Der mit einem Purpurgewand angetane Sieger zieht auf einem Viergespann durch die Stadt, und die Stadt beschließt, daß er das Recht haben soll, auf der Agora oder in einem Heiligtum ein Standbild zu errichten. In Athen ehrt die Stadt die Sieger mit der *sitesis*, d. h. dem Recht, ihr Leben lang auf Kosten der Stadt im Prytaneion zu speisen. Das ist eine der größten Ehrungen, die Athen zu vergeben hat.

Die Großartigkeit dieser Ehrungen hat mehrere Gründe. Der Sieg ist ein Geschenk der Götter. Wer gewonnen hat, ist daher ein Mensch, den die Götter lieben, und trägt besondere Qualitäten in sich. Darüber hinaus strahlt der Sieg eines Bürgers auf seine ganze Heimatstadt zurück, und mittels ihrer Athleten wetteifern die griechischen Städte untereinander in den Wettkämpfen. Der Wettkampf, der *Agon*, ist die am höchsten geachtete Art, sich mit anderen zu messen, weil er den Göttern wohlgefällig ist.

Durch die Lektüre Pindars veranschaulicht man sich am besten all diese Werte. Pindar hat eine große Zahl von *Epinikien* verfaßt, Oden zu

3. *Die panhellenischen Kulte* 119

Ehren der Sieger bei den verschiedenen panhellenischen Wettkämpfen. In den *Olympischen Oden* etwa sagt er anläßlich des Sieges des Alkimedon von Aegina, der beim Ringkampf der Knaben gewonnen hat, folgendes:

«O Mutter der goldgekrönten Kampfspiele, Olympia, Herrin der Wahrheit, wo ahnende Männer aus brennenden Opfern erschließend Zeus befragen, den hellblitzenden, ob er etwa einen Spruch hat über die Menschen, die streben, durch Mut zu erlangen großen Heldenruhm, ein Aufatmen von den Mühen.

Und erfüllt wird es zum Dank den Gebeten der frommen Männer. O Pisas baumschöner Hain am Alpheios, nimm an diesen Komos und den Kranz. Groß ist immer der Ruhm für jeden, dem eine herrliche Gabe ward. Zum einen kommt dies, zum anderen jenes Gut, und viele Wege gibt es mit den Göttern zum Glück.

Timosthenes euch hat das Schicksal zugeteilt Zeus eurem Stammgott, der dich in Nemea hat ausrufen lassen, den Alkimedon aber bei des Kronos Hügel zum Olympiasieger gemacht hat. Er war schön anzuschauen, und durch seine Tat seine schöne Gestalt nicht beschämend, gab er bekannt als Sieger im Ringkampf die weit rudernde Aigina, sein Vaterland. Dort wird die Retterin Themis, Zeus des Göttlichen Beisitzerin, geehrt am meisten unter den Menschen» (Pindar, *Olympische Ode* 8; Übers. F. Dornseiff).

Weissagung und Orakel. Delphi

Delphi, Schauplatz der Pythischen Spiele, unterscheidet sich von Olympia zunächst einmal durch die Besonderheit, daß man dort neben den athletischen Wettkämpfen auch musische Wettbewerbe veranstaltet, die eine sehr alte Tradition haben und großes Ansehen genießen. Aber während Olympia in der Zeit zwischen den Spielen ein halb verschlafenes Dasein fristet, verdankt das Heiligtum des Apollon seinem Orakel einen stetigen Besucherstrom. Neben den Wettkämpfen ist in der Tat die Existenz eines Orakels ein weiterer Vorzug, der einem Heiligtum eine panhellenische Dimension verleihen kann. Das Orakel von Delphi ist nicht das einzige, das die privaten Ratsuchenden oder die Gesandtschaften der Städte von weit her anzieht. Allein Herodot zitiert 18 Heiligtümer und 96 Orakelsprüche, von denen allerdings 53 aus Delphi stammen.

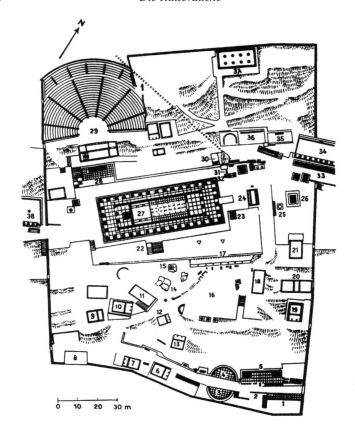

12. Das Heiligtum des Apollon in Delphi

1. Die Nauarchen; Weihgeschenk der Spartaner. 2. Weihgeschenk der Athener. 3. Die Epigonen; Weihgeschenk der Argiver. 4. Die Könige; Weihgeschenk der Argiver. 5. Anonymes hellenistisches Monument. 6. Schatzhaus von Sikyon. 7. Schatzhaus von Siphnos. 8. Schatzhaus von Theben. 9. Schatzhaus von Poteideia (?). 10. Schatzhaus der Athener. 11. Bouleuterion. 12. Schatzhaus von Knidos (?). 13. Schatzhaus unbekannter Aioler. 14. Sibylle-Felsen. 15. Sphinx der Naxier. 16. Festplatz. 17. Halle der Athener. 18. Schatzhaus von Korinth. 19. Schatzhaus von Kyrene. 20. Prytaneion (?). 21. Schatzhaus des Brasidas und von Akanthos. 22. Brunnen. 23. Pfeiler des Aemilius Paulus. 24. Altar von Chios. 25. Der Platäische Dreifuß. 26. Rhodierwagen. 27. Tempel des Apollon. 28. Weihgeschenk des Krateros. 29. Theater. 30. Quelle Kassotis. 31. Pfeiler des Prusias. 32. Palmbaum von Eurymedon. 33. Basis des Denkmals für den König Attalos I. 34. Stoa des Königs Attalos I. 35. Heiliger Bezirk des Neoptolemos. 36. Daochos-Monument; Weihgeschenk der Thessaler. 37. *Lesche* der Knidier. 38. Weststoa.

3. Die panhellenischen Kulte

Sich der Weissagungskunst *(Mantik)* zu bedienen, ist im alten Griechenland eine verbreitete Praxis, die sowohl von einzelnen wie auch von Städten geübt wird. Die äußerst vielfältigen Verfahren der Weissagung lassen sich in zwei Gruppen einordnen, die unterschiedlich hohes Ansehen genießen. Auf der einen Seite steht die vielfältige Befassung mit bestimmten Gegenständen und die Beobachtung der Zeichen: Auslegung der Himmelserscheinungen (des Donners usw.), Beobachtung des Vogelflugs (nach seiner Richtung und Eigentümlichkeit), Beschau der Innereien der Opfertiere (insbesondere der Leber) und schließlich die *kleromantie* (die Weissagung durch Lose, abgeleitet von dem Wort *kleros*; es handelt sich um kleine Steine oder Holzstücke, die man durchschüttelt, bevor man sie aus einem Becher oder einer Schale wirft). All diese Praktiken setzen ein technisches Wissen voraus, das zu einem Beruf, nämlich dem des Sehers, gehört.

Die andere Form der Weissagung, die mündliche Mantik, die darin besteht, das Wort des Gottes zu empfangen und weiterzugeben, erfreut sich ganz besonderen Ansehens. Es gibt Sammlungen von Orakeln, und es gibt die *Chresmologen*, die diese Orakel auslegen und zu bestimmten Zeitpunkten eine wichtige Rolle in der Stadt spielen können. Aber vor allem gibt es Heiligtümer, die für ihre Funktion als Orakel bekannt sind und in denen, je nach dem an den verschiedenen Orten üblichen Verfahren, Priester und Priesterinnen als Sprachrohr eines Gottes ihren Dienst versehen. Einige der berühmtesten Orakel der Antike sind das Heiligtum des Amphiaraos in Oronas, das des Trophonios in Lebadeia, das des Apollon im Dydimeion bei Milet und das des Zeus in Dodona.

Um ein Bild von der Stellung des göttlichen Wortes zu gewinnen, betrachten wir die Arbeitsweise des *Orakels von Delphi*; es ist das berühmteste Orakel und zudem jenes, das für alle Griechen die wichtigste Rolle spielt. Der Tempel des Apollon, das Herz des Heiligtums, wird im Laufe seiner Geschichte mehrmals neu aufgebaut und ist in klassischer Zeit von 27 Schatzhäusern umgeben, die von der Dankbarkeit der Städte zeugen. Doch sein Ruf reicht noch weiter; das belegen die Weihgaben barbarischer Herrscher wie z. B. der berühmte Mischkrug des Kroisos, von dem Herodot berichtet und der, wie er angibt, 600 Amphoren Wein aufnehmen konnte, oder der Beitrag des griechenfreundlichen Pharaos Amasis, der bei dem Neuaufbau im 6. Jahrhundert geholfen hat. Die Rolle des Orakels festigt und entwickelt sich im Zusammenhang mit der Sicherheit, die es den Kolonisationsvorhaben zu geben vermag, welche seit dem 8. Jahrhundert in Richtung auf

Großgriechenland und Sizilien auf den Weg gebracht werden; dies hat Apollon den Beinamen *archegetes* (der Gründer) eingetragen.

Die Überlieferung der Orakelsprüche. Mehrere tausend Orakelsprüche sind uns überliefert. Viele sind jedoch Zeugnisse einer späten Verbreitung, als Orakelsprüche zu einem regelrechten literarischen «Genos» geworden sind, das sich als solches aus dem Erfolg der Orakel herleitet und für sich genommen bereits ein Zeugnis für das Ansehen des Heiligtums ist. Weitere Orakelsprüche sind durch Inschriften belegt oder werden von Rednern zitiert. Sie sind die einzigen, deren Echtheit außer Frage steht. Wir wollen indes hier die literarisch überlieferten Orakelsprüche betrachten, weil sie bezeichnend für die Art und Weise sind, wie das griechische Wesen der Vorstellung vom Gotteswort begegnet.

Wir wollen festhalten, daß die für echt angesehenen Orakelsprüche in einfacher und unzweideutiger Form auftreten und daß sie keine Vorhersagen oder Prophezeiungen, sondern religiöse Vorschriften enthalten. «Sie regeln die Opfergaben, die geheiligten Abgaben oder die Verwaltung des göttlichen Landbesitzes; sie befehlen Opfer, Weihungen und begründen Kulte; sie fordern zur Teilnahme an Spielen auf, sie ‹heroisieren› Tote, sie vergeben Privilegien, schreiben Ehrungen für eine Gottheit vor und verleihen allem rechtliche Kraft, was die Götter angeht.» Die Gesetzgebungen, die dem Gott zugeschrieben werden, sind in der Tat von ihm bestätigt, aber nichts deutet darauf hin, daß Delphi bei ihrer Abfassung eine Rolle spielt (man vgl. die Gesetzgebung der westlichen Lokris im 5. Jahrhundert und das Gesetz von Kyrene zu Beginn des 3. Jahrhunderts).

Was die in der literarischen Überlieferung enthaltenen Orakelsprüche angeht, so gehören sie ihrerseits in zwei verschiedene Gruppen. Die einen, die man als «voraussagend» bezeichnen könnte, kündigen eine vorbestimmte Zukunft an, wie etwa die mythischen Orakel, die das Schicksal Trojas oder das des Ödipus besiegeln. Die anderen deuten auf eine Orakelpraxis hin, die am häufigsten in der klassischen Zeit aufzutreten scheint und, wie es J.-P. Vernant formuliert, als eine «Technik zur Entscheidungshilfe» bezeichnet werden kann. Sehr häufig wird der Gott nämlich auf dem Wege über eine Frage konsultiert, die ihm zwei entgegengesetzte Lösungen zur Entscheidung überläßt. Bisweilen entscheidet die Antwort des Orakels zwischen den beiden Möglichkeiten, bisweilen erweist sie sich aber selbst als zweideutig oder dunkel und erfordert ihrerseits eine abwägende Entscheidung. Wir wollen zwei Beispiele geben für diese Art, ein Orakel zu konsultieren. Das erste betrifft eine Privatperson. Von Xenophon wird berichtet, wie

3. Die panhellenischen Kulte   123

er das Orakel von Delphi befragt habe, ob es für ihn angebracht sei, in das
Heer des Kyros einzutreten. Sokrates, heißt es da, «riet Xenophon, nach
Delphi zu gehen und den Gott wegen der Reise zu befragen. Xenophon
tat so und stellte dem Gott die Frage: Zu welchem Gott er opfern und
beten müsse, um die Reise, die er vorhabe, gut und glücklich zu
vollenden...» (Xenophon, *Anabasis* 3, 1, 6; Übers. W. Müri). Die Art
der Frage schon zeigt, daß das Wort des Gottes für Xenophon nur eine
einfache Absicherung seines bereits vorher gefaßten Entschlusses ist.
Unser zweites Beispiel ist jenes der doppelten Befragung des Orakels in
Delphi durch die athenische Gesandtschaft zum Zeitpunkt der Schlacht
bei Salamis (s. u. den Text des Herodot). Die athenischen *theoroi* haben
den Auftrag, die Meinung des Gottes darüber zu erkunden, wie man
sich angesichts der persischen Invasion verhalten solle. Sie lehnen es
ab, sich mit den katastrophalen Voraussagen der Pythia zufriedenzu-
geben, und erreichen so, daß sie das Orakel ein zweites Mal befragen
können. Der Wortlaut dieser zweiten Antwort mit ihrem zweideutigen
Hinweis auf die «hölzernen Mauern» sollte in der Volksversammlung
ausführlich erörtert werden, bevor Themistokles sich mit seinem Vorschlag zur Seekriegsführung gegen den Rat der Orakeldeuter durch-
setzt. Die Entscheidung wird am Ende von den Bürgern getroffen, und
man kann hier sehr gut beobachten, wie das Wort des Gottes mit der
täglichen Praxis des Wortes in der Volksversammlung und auf dem
öffentlichen Markt zusammentrifft. So gesehen erscheint das Wort des
Gottes nicht wie eine Voraussage, sondern wie eine Bestätigung einer
menschlichen Handlung, die ihrerseits Frucht einer Beratung ist. Die
Weissagung scheint hier «in das Feld der neuen Rationalität des Dialogs
einbezogen», die dem Fortschritt des politischen und wissenschaftlichen
Denkens den Weg bereitet.

Die Diskussion um einen Orakelspruch

Die Athener zögern, wie sie sich angesichts des Feldzugs des Xerxes
verhalten sollen, der 480 ihre Stadt bedroht.
Die Athener haben nämlich Boten nach Delphi geschickt und sind
bereit, das Orakel zu befragen. Als sie im Heiligtum die vorge-
schriebenen Bräuche erfüllt haben, in den Saal gekommen sind und
sich niedergelassen haben, gibt ihnen die Pythia – sie hieß Aristo-
nike – folgenden Spruch:

«*Arme, was sitzt ihr noch hier? Wohlan, bis ans Ende der Erde
Flieht aus dem Haus, aus der rundlichen Stadt hochragenden
    Felsen!
Nicht entgeht der Leib, nicht das Haupt dem grausen Verderben,
Nicht bleiben unten die Füße, die Hände nicht, nichts in der Mitte
Unverletzt; denn alles gilt nichts: Niederstürzt es zur Erde
Feuer und Ares' Wut, der auf syrischem Wagen einherfährt.
Doch die eine nicht nur, viele andere Burgen zerstört er,
Viele Tempel der Götter gibt er der verheerenden Flamme.
Jetzt schon stehen triefend von Schweiß die unsterblichen Götter,
Zitternd und bebend vor Furcht, von den obersten Zinnen der
    Tempel
Rinnt dunkles Blut, zum Zeichen des Zwanges des kommenden
    Unglücks.
Fort aus dem Heiligtum hier! Und wappnet den Sinn gegen
    Unheil!*»
Als die Boten der Athener dies hörten, waren sie aufs tiefste
erschüttert. Während sie sich schon infolge des geweissagten Un-
glücks aufgaben, riet ihnen Timon, der Sohn des Androbulos, einer
der angesehensten Männer in Delphi: Sie sollten Ölzweige nehmen,
noch einmal kommen und als Schutzflehende das Orakel befragen.
Das taten die Athener auch und baten:* «Herr, gib uns einen
besseren Spruch über unser Vaterland und achte diese Zweige hier,
mit denen wir zu dir kommen; oder wir gehen nicht aus dem
Heiligtum, sondern bleiben hier bis an unser Lebensende.»* Auf
diese Worte verkündete die Oberpriesterin beim zweiten Mal fol-
gendes:
«*Pallas Athene vermag den Olympier nicht zu versöhnen,
Mag sie auch flehend ihm nahn, wortreich mit verständigem
    Rate.
Doch sag ich dir ein anderes Wort, wie Stahl fest gegründet;
Ist das übrige alles von Feinden genommen, was Kekrops'
Grenze umschließt und die Schluchten des heiligen Berges
    Kithairon,
Dann gibt die Mauer aus Holz der Tritogebornen weitschauend
Zeus unbezwungen allein, dir und deinen Kindern zu Nutze.
Doch erwarte du nicht der Reiter Schar und das Fußvolk
Ruhig auf festem Boden! Entweiche dem drohenden Angriff,
Wende den Rücken ihm zu! Einst wirst du ja dennoch sie treffen.
Salamis, göttliche Insel, die Kinder der Frauen vertilgst du,*

3. Die panhellenischen Kulte

Sei es zu Demeters Saat oder sei es zum Zeitpunkt der Ernte.»
Dieser Spruch schien ihnen milder zu sein als der erste; er war es
auch wirklich. Sie schrieben ihn auf und zogen heim nach Athen.
Als die Boten zu Hause eintrafen und der Gemeinde berichteten,
gab es viele verschiedene Meinungen unter denen, die den Sinn des
Orakels suchten. Besonders aber diese Meinungen standen gegeneinander: Einige von den Älteren sagten, für sie hätte es den
Anschein, als hätte der Gott die Erhaltung der Burg geweissagt;
denn die Burg in Athen war seit alten Zeiten mit einer Dornhecke
umgeben. Diesen Zaun hielten sie für die hölzerne Mauer. Andere
sagten wieder, der Gott meine die Schiffe, und gaben ihnen den
Befehl, sie sollten die Flotte instand setzen und alles andere lassen.
Diejenigen aber, die meinten, die Schiffe seien die hölzernen Mau-
ern, wurden irre an den beiden letzten Versen der Pythia:
«Salamis, göttliche Insel! Die Kinder der Frauen vertilgst du,
Sei es zu Demeters Saat oder sei es zum Zeitpunkt der Ernte.»
An diesen Worten stießen sich die Meinungen derer, die Schiffe
seien die hölzernen Mauern. Denn die Orakeldeuter erklärten die
Worte so, als sollte Athen bei Salamis unterliegen, wenn es zu einer
Seeschlacht rüste.

Unter den Athenern lebte ein Mann, der erst seit kurzem zu
großem Ansehen gekommen war: Themistokles, er hieß Sohn des
Neokles. Er behauptete, die Orakeldeuter legten nicht alles richtig
aus, und fügte hinzu, wenn dieses Wort sich wirklich auf die
Athener bezöge, wäre der Spruch, wie er glaube, nicht so milde
ausgefallen, sondern etwa folgendermaßen: «Schreckliches Salamis!» statt «Göttliches Salamis», wenn wirklich die Bewohner im
Kampf darum sterben sollten. Der Spruch sei gegen die Feinde
gerichtet, nicht auf die Athener, wenn man ihn richtig verstehe. So
riet er ihnen denn, sich zum Kampf mit Schiffen zu rüsten; denn
diese seien die hölzernen Mauern. Diese Erklärung des Themistokles hielten die Athener für viel annehmbarer als die Auslegung der
Orakeldeuter, die von der Rüstung zum Seekrieg abrieten und
sagten, man solle die Hand überhaupt nicht gegen den Feind
erheben, sondern Attika verlassen und sich in einem anderen Land
ansiedeln.»

Herodot, *Historien* 7, 140–143 (Übers. J. Feix).

Die Modalitäten der Befragung. Ohne Zweifel sind im Heiligtum von Delphi verschiedene Arten der Befragung nebeneinander geübt worden (*Inkubation* – Traumschlaf an heiligen Stätten –, *Kleromantie* – Losorakel), die indes an Bedeutung alle der überragenden Geltung des Wortes der *Pythia* – der weissagenden Jungfrau des Heiligtums – nachgestanden haben. Ursprünglich verkündet eine einheimische Jungfrau einmal im Jahr am 7. Tag des Monats Bysios [Delphischer Monatsname], dem Geburtstag des Apollon, ihre Prophezeiungen. In klassischer Zeit finden die feierlichen Befragungen des Orakels einmal im Monat statt, ebenfalls stets am 7. Tag. Man sagt, es habe drei Pythiai gegeben, zwei hauptamtliche und eine Stellvertreterin, die der Reihe nach geweissagt hätten, um des Andrangs der Ratsuchenden Herr zu werden. Nachdem unter Aufsicht von Priestern die vorbereitenden Handlungen vollzogen sind (Waschungen, Entrichtung einer Gebühr für die Befragung, Opfer), tritt man in den Tempel ein; dort findet ein zweites Opfer statt, bevor man endlich Zutritt zum *adyton* hat, in dem sich die Pythia aufhält. Was den Ort selbst und die genaue nun folgende Prozedur anbelangt, so verfügen wir über Hypothesen, die sich noch dazu zum Teil widersprechen. Der Ort, zu dem die Pythia für ihre Weissagungen herabgestiegen ist, sei angeblich ein ungepflasterter Raum gewesen, der sich ungefähr einen Meter unter dem Niveau des Tempelbodens befunden habe. Dort habe sich der Dreifuß befunden, auf dem sie am Rande einer Art von in den Boden getriebenem Schacht Platz genommen habe. Das wenigstens ist die Rekonstruktion, die G. Roux vorschlägt, um die Überlieferung, die von einer Erdspalte spricht, aus der der göttliche Hauch *(pneuma)* hervorgedrungen sei, damit in Einklang zu bringen, daß nach den Beobachtungen, die Archäologen und Geologen angestellt haben, jede natürliche Kluft im Boden fehle. Die Pythia, die vor den Augen der Ratsuchenden verborgen bleibt, die ihr mit lauter Stimme ihre Fragen stellen, verkündet dann, von dem Hauch des Apollon durchdrungen, ihre Weissagung; die bei der Befragung anwesenden Priester übergeben dem Fragenden später eine schriftliche Fassung der Antwort.

Als religiöses Zentrum der griechischen Welt (das *adyton* enthält neben dem Dreifuß den *omphalos*, einen rohen Stein, in dem die Griechen unter anderem den Nabel der Welt sehen) und als Ort, wo man das Wort des Apoll vernimmt, verdankt Delphi die Dauerhaftigkeit und den Grad seines Ansehens vielleicht gerade dem Umstand, daß seine Macht, in moralischer und religiöser Hinsicht unermeßlich groß, im politischen Bereich begrenzt bleibt. Denn unter Berücksichtigung

3. Die panhellenischen Kulte

der Stellung der Prophezeiungen in der Polis, wie wir sie weiter oben beschrieben haben, gibt sich das Orakel meist damit zufrieden, außerhalb seines Einflusses entstandene Gesetze zu legitimieren und nur auf ganz genaue Fragestellungen zu antworten, die ebenfalls im Rahmen von Beratungen außerhalb seines eigenen Bereichs formuliert worden sind. Genau dasselbe stellen wir auf der anderen Seite fest, wenn das Orakel in Mißkredit zu kommen droht, sobald der Verdacht auftaucht, daß es sich «perserfreundlich» zeigt oder «lakonisiert», d. h. wenn es in den eigentlichen politischen Bereich übergreift, indem es für die Perser oder die Spartaner Partei nimmt.

Epidauros, Asklepios und die Heilungen

Das Heiligtum befindet sich im Landesinnern auf dem Gebiet der Stadt Epidauros in der Argolis (im Nordwesten der Peloponnes). Es liegt in einer von Bergen umgebenen Talmulde. Es gibt zwei Kultplätze. Der erste, an den Hängen des Kynortion gelegen, wird seit mykenischer Zeit genutzt. In der zweiten Hälfte des 7. Jahrhunderts verbreitet sich dort der Kult des Apollon Maleatas, der fortbesteht, als man auf dem zweiten, dem Asklepios geweihten Kultplatz im Tal, Aktivitäten zu entfalten beginnt (Ende des 6. Jahrhunderts). Dort entsteht nach und nach das in der ganzen griechischen Welt bekannte Heiligtum.

Asklepios. Asklepios ist zunächst ein Heros, Sohn einer sterblichen Frau, Koronis, und des Gottes Apollon. Koronis wird durch die Anordnung ihres Vaters, des Königs Phlegyas, gezwungen, sich zu verheiraten. Apollon tötet den Ehemann mit einem Pfeil; Artemis tötet ihrerseits auch Koronis, doch Asklepios wird von Apollon dem Schoß seiner Mutter entnommen und gerettet. Von dem Kentauren Chiron aufgezogen, wird er ein kundiger Heiler. «Alle Schar, die – angeborner Gebrechen Leidgenossen – herbeikam und vom grauen Erze versehrt und fernhin treffendem Steinschlag die Glieder oder vom Winter zerstört die Gestalt, vom Feuer des Sommers; lösend den von dieser Pein, von jener wieder den anderen, entließ er sie mit sanften Zaubersprüchen der einen waltend, andre mit heilendem Getränke oder mit Balsam rings salbend die Glieder ganz, andre stellte er her durch schneidendes Messer» (Pindar, *Pythische Ode* 3, 47–53; Übers. A. Graf Schenk von Stauffenberg). Er ist so geschickt, daß er die Toten wiederauferstehen läßt, weshalb Zeus ihn mit dem Blitz erschlägt. Von da an wird Asklepios als Gott verehrt.

13. Das Heiligtum des Asklepios in Epidauros

A. Tempel des Asklepios. B. Tholos. C. Stadion. D. Theater.
1. Bäder des Asklepios. 2. Bibliothek. 3. Zisterne. 4. Tempel der Aphrodite. 5. Stoa. 6. Thermen (Akoe). 7. Tempel des Apollon und des Asklepios. 8. Gymnasion. 9. Odeion. 10. Propyläen. 11. Griechisches Bad. 12. Palästra. 13. Zisterne der Palästra. 14. Heilige Straße. 15. Propyläen des Heiligtums. 16. Brunnen. 17. Bach.

War die Geschichte des Asklepios in den Mythen ursprünglich in Thessalien angesiedelt, so setzt die Priesterschaft von Epidauros Versionen in Umlauf, die ihn mit Epidauros in Verbindung bringen. Von dort aus verbreitet sich auch sein Kult vom 5. Jahrhundert an in den anderen griechischen Städten. So läßt beispielsweise im Jahre 420/19 Athen eine Statue des Gottes aus Epidauros herbeibringen.

3. Die panhellenischen Kulte 129

Rituale der Heilung. Die Griechen kommen ratsuchend zu Asklepios und wollen erfahren, mit welchen Mitteln sie ihre Übel heilen können. Doch ist zudem das Heiligtum alle vier Jahre auch Schauplatz großer Feste, der *Asklepieia,* die anderen panhellenischen Festen vergleichbar sind. Von daher erklärt sich die Existenz von Bauten wie einem Theater, einem Stadion, einem Gymnasium und Gasthäusern im Heiligtum.

Die Besonderheit des Heiligtums liegt in den Ritualen, die die Priester den Pilgern vorschreiben, die gekommen sind, um bei Asklepios Heilung zu suchen. Alles beginnt mit rituellen Reinigungen, mit Opfern und Waschungen mit dem Wasser der heiligen Quellen. Es können nur Menschen in das Heiligtum eintreten, die frei von Beflekkung sind, sei sie physischer Art (so besteht etwa die Forderung nach Enthaltsamkeit von sexuellem Verkehr) oder moralischer Natur. Wie im Heiligtum des Apollon in Delos ist es versagt, innerhalb des heiligen Bezirks zu sterben oder niederzukommen. Nach den Vorbereitungen begibt der Pilger sich in eine Säulenhalle, das *enkoimeterion,* wo er die Nacht verbringen wird. Dieses Gebäude ist ein *abaton,* d. h. ein verbotener Ort für diejenigen, die nicht rein sind.

Dort findet ein Weissagungsvorgang statt, die *Inkubation.* Während der Ratsuchende schläft, wird der Gott ihm in einem Traum das Heilmittel weisen, das gegen seine Krankheit anzuwenden ist. Wir haben Zeugnisse verschiedener Art für Heilungen: auf den Votivtafeln, die im Tempel überaus zahlreich sind, sind kranke und geheilte Körperteile dargestellt; im Inneren des Heiligtums stehen Stelen, auf denen nach Angabe des Pausanias «die Namen von Männern und Frauen verzeichnet sind, die von Asklepios geheilt wurden, und dazu die Krankheit, an der jeder litt, und wie er geheilt wurde» (2, 27, 3; Übers. E. Meyer).

Ein Beispiel: «Ambrosia aus Athen, einäugig. Diese kam als Bittflehende zu dem Gott. Als sie in dem Heiligtum herumging, machte sie sich über manche der Heilungen lustig (und behauptete), es sei unglaubhaft und unmöglich, daß Lahme und Blinde gesund würden, nur weil sie einen Traum hätten. Als sie einschlief, sah sie eine Erscheinung: Es erschien ihr, daß der Gott zu ihr trete und sagte, daß er sie gesund machen würde, sie ihm als Lohn aber schulde, ein silbernes Schwein im Heiligtum zu weihen zur Erinnerung an ihre Torheit. Nachdem er das gesagt hatte, schnitt er ihr krankes Auge ein und träufelte ein Heilmittel hinein. Als es Tag geworden war, ging sie gesund von dannen» (Sylloge 3, 1168, 33–41, Übers. A. Wittenburg).

Die Kultbräuche

Die Heilung erfolgt entweder augenblicklich, wie in diesem Falle, oder mit Verzögerung, wenn der Gott sich darauf beschränkt, Ratschläge zu erteilen, die die Priester des Heiligtums auslegen; sie sind geradezu zu richtigen Ärzten geworden, die allerdings schon in der Antike von den Kennern der hippokratischen Wissenschaft für Scharlatane gehalten werden. Diese Heilungen und die geschickte Propaganda, die dafür gemacht wird, führen zu dem Erfolg des Heiligtums bis in das 4. Jahrhundert n. Chr. Noch der heilige Hieronymus geißelt die, die in den Tempel des Äskulap gehen, dort auf den ausgebreiteten Fellen der Opfertiere schlafen und aus Träumen das Geheimnis der Zukunft zu erfahren suchen.

Das Heiligtum umfaßt eine große Zahl von Gebäuden, die des öfteren neu aufgebaut und erweitert werden. Die Funktion eines dieser Gebäude ist rätselhaft – und zwar die des Rundtempels, der *Tholos*, deren Unterbau in Form eines Labyrinths die Phantasie der Archäologen angeregt hat. Sie interpretieren den Raum als Wohnsitz der heiligen Schlangen, als Grabstätte eines Heros bzw. als Darstellung eines Maulwurfhügels, Kultstätte eines Maulwurfsgottes... Die Berühmtheit des Heiligtums und der Zustrom von Pilgern lassen es nach und nach von einem Ort des Orakels und der Inkubation zu einer großen Kur- und Bäderanstalt werden, wo die Priester des Asklepios ihre Künste fruchtbar anwenden.

Die Zahl der Heiligtümer des Asklepios vervielfacht sich in hellenistischer Zeit, und manche von ihnen erreichen die Berühmtheit des Heiligtums von Epidauros, wie z. B. das *Asklepieion* von Kos. In seinem heiligen Bezirk spielt sich jene Szene ab, die Herondas in einem seiner *Mimen* schildert. Er trägt den Titel *Die Frauen, die im Tempel des Asklepios weihen und opfern*, und sein Anfang ist eine sehr lebendige Schilderung der Kultpraxis. Asklepios wird hier «Herr Paian» (Paian – Gesang zu Ehren der Götter) genannt, ein Titel, der oft auch Apollon beigegeben wird. Zwei Frauen, Kokkale und Kynno, gelangen in das Heiligtum. Kynno ergreift das Wort:

«Sei gegrüßt, Herr Paian, der über Trikka herrscht und das süße Kos und Epidauros bewohnt; und mit dir seien auch Koronis gegrüßt, die dich gebar, und Apollon und Hygieia, die du mit der rechten Hand berührst; und gegrüßt seien die alle, denen diese geehrten Altäre gehören, Panake und Epio und Ieso, und die, die das Haus und die Mauern des Laomedon zerstört haben; und die Heiler der wilden Krankheiten, Podaleirios und Machaon, seien gegrüßt, und alle die Götter und Göttinnen, die an deinem Herd wohnen, Vater Paian;

3. Die panhellenischen Kulte 131

komm mir gnädig entgegen und empfange die kleine Gabe dieses Hahnes, den ich opfere, den Herold auf den Mauern des Hauses. Denn wir verfügen nicht über viel, das bereit ist; sonst hätten wir wohl ein Rind oder ein wohlgenährtes Schwein mit viel Speck dem Heiler der Krankheiten gegeben, die du durch Auflegen deiner sanften Hände fortgeschickt hast. Stelle das Bild (es handelt sich um eine Votivgabe) rechts von Hygieia auf, Kokkale.» (Herondas, *Mimen* 4,1–19, Übers. A. Wittenburg)

Die Mysterien von Eleusis

Das letzte Beispiel eines panhellenischen Heiligtums, das wir betrachten wollen, ist das Heiligtum von Eleusis, das insofern etwas Besonderes ist, als es einerseits der Ort eines offiziellen, aufs äußerste von Athen abhängigen Kultes ist, aber zugleich Schauplatz des Ausdrucks individueller Frömmigkeit, der allen, die Griechisch sprechen, zugänglich ist.

Zunächst unabhängig, wird die reiche Stadt Eleusis gleich zu Beginn des 6. oder sogar schon am Ende des 7. Jahrhunderts dem athenischen Staat einverleibt. Gleichzeitig gelangen das Heiligtum der beiden Göttinnen und die Mysterien, die dort abgehalten werden, unter die Kontrolle Athens oder, genauer gesagt, des Archon Basileus, der über alle traditionellen Kulte Aufsicht führt. Die Aufrechterhaltung der Vorrechte der beiden Familien der *Keryken* und der *Eumolpiden*, aus deren Kreis die Priester des Kultes hauptsächlich kommen, hindert Athen in der Praxis nicht daran, immer direkter Einfluß auf das Leben des Heiligtums und die Organisation des Kultes auszuüben. So geschieht es seit der Zeit Solons, daß die Boule sich am Tage nach den Mysterien versammelt, um die eventuellen Verstöße abzuurteilen (s. u. den Text des Andokides). Seit dem Ende des 6. oder Anfang des 5. Jahrhunderts kontrolliert der athenische Staat die Einkünfte der Priester von Eleusis und setzt Regeln für bestimmte Opfer fest; es ist daher sehr wahrscheinlich, daß der Hierophant (Oberpriester) vom athenischen Staat einen finanziellen Beitrag erhält. Im Laufe des dritten Viertels des 5. Jahrhunderts schließlich wird ein Kollegium von Epistatai (Vorsteher) ernannt, das über die Güter der beiden Göttinnen wachen soll. Weitere Dokumente belegen für das ganze 5. und dann für das 4. Jahrhundert das besondere Interesse Athens am Heiligtum von Eleusis.

Ein Prozeß wegen Religionsfrevels

Dieser Auszug aus der Rede *Über die Mysterien* des Andokides (ein attischer Redner des 5. Jahrhunderts) zeigt Art und Weise, wie von dem Archon Basileus und der athenischen Boule Kontrolle über den Ablauf der Mysterien ausgeübt wird. Der Text belegt auch in der Person des Hipponikos die Existenz und die Tätigkeit der Ausleger. Andokides ist angeklagt, als die Mysterien abgehalten wurden, einen Zweig der Schutzflehenden im Eleusinion abgelegt zu haben.

«Als wir von Eleusis zurückkamen und die endeixis *[Anklage] stattgefunden hatte, trat der Archon Basileus, wie es Brauch ist, vor die Prytanen, um nach ihrem Abschluß über die Ereignisse in Eleusis zu berichten. Die Prytanen erklärten daraufhin, daß sie ihn vor den Rat führen würden, und trugen ihm auf, uns vorzuladen, damit ich und Kephisios ins Eleusinion kämen. Denn dort sollte der Rat seine Sitzung abhalten nach dem Gesetz des Solon, das bestimmt, daß am Tag nach den Mysterien die Sitzung im Eleusinion abzuhalten sei. Und wir waren gemäß der Anordnung anwesend. Als nun der Rat vollzählig war, steht Kallias, der Sohn des Hipponikos, auf, mit dem Priestergewand angetan, und erklärt, daß ein Ölzweig der Schutzflehenden auf den Altar gelegt worden sei, und zeigt ihn ihnen. Daraufhin fragte der Herold, wer den Ölzweig niedergelegt habe, und niemand antwortete. Wir aber standen dabei, und dieser sah uns. Nachdem niemand geantwortet hatte, war Eukles, dieser hier, als Beteiligter dazugekommen. – Rufe ihn mir. Als erstes bezeuge nun in Hinblick auf diese Dinge, ob ich die Wahrheit sage, Eukles.*

Zeugenaussage

Daß ich die Wahrheit gesagt habe, ist bezeugt worden. Es scheint mir also ganz das Gegenteil richtig zu sein von dem, was meine Ankläger behaupten. Sie haben nämlich gesagt, wenn ihr euch noch erinnert, daß die beiden Göttinnen selbst mich dazu verleitet hätten, den Ölzweig niederzulegen – mich, der ich das Gesetz nicht kannte, so daß ich jetzt Strafe erleiden soll. Aber auch wenn meine Ankläger ganz und gar wahr sprechen, sage ich doch, ihr Männer, daß ich von den beiden Göttinnen gerettet worden bin. Denn wenn ich den Ölzweig niedergelegt habe, habe aber nicht geantwortet,

3. Die panhellenischen Kulte

oder wenn ich andernfalls selbstvergessen den Ölzweig niedergelegt habe, bin ich nicht durch ein glückliches Schicksal gerettet worden, indem ich nicht geantwortet habe – gerettet offenbar durch die beiden Göttinnen? Denn wenn die beiden Göttinnen mich hätten verderben wollen, wäre es ohne Zweifel, wie mir scheint, notwendig gewesen, auch wenn ich den Zweig nicht niedergelegt hätte, zu gestehen. Aber ich habe weder geantwortet, noch habe ich niedergelegt. Als nun Eukles dem Rat gesagt hatte, daß niemand geantwortet habe, stand Kallias wieder auf und sagte, es sei ein Gesetz unserer Vorfahren, daß jemand, der (während der Mysterien) einen Ölzweig der Schutzflehenden im Eleusinion niederlege, ohne Gerichtsurteil sterben solle, und sein Vater Hipponikos habe dieses Gesetz den Athenern schon einmal ausgelegt; er aber habe gehört, daß ich den Zweig niedergelegt hätte. Darauf springt Kephalos hier auf und sagt: ‹Kallias, frevelhaftester aller Menschen, zuerst einmal legst du das Gesetz aus, obwohl du einer aus der Familie der Kerykes bist und es dir nicht erlaubt ist, das Gesetz auszulegen; dann sprichst du von einem Gesetz unserer Vorfahren, aber die Stele, neben der du stehst, ordnet die Zahlung von tausend Drachmen Strafe an, wenn jemand einen Ölzweig der Schutzflehenden im Eleusinion ablegt. Und schließlich, von wem hast du gehört, daß Andokides den Ölzweig abgelegt habe? Rufe ihn (vor den Rat), damit auch wir ihn hören sollen.› Als man die Inschrift der Stele gelesen hatte und jener nicht zu sagen wußte, woher er das gehört hatte, war es für den Rat offensichtlich, daß er selbst den Ölzweig abgelegt hatte.»

Andokides, *Über die Mysterien* 111–116 (Übers. A. Wittenburg).

Nach dem Zeugnis des *Homerischen Hymnos an Demeter*, den man im allgemeinen in die Zeit vor der Eroberung von Eleusis durch Attika datiert, sind die Mysterien von Demeter selbst gestiftet worden, als sie auf der Suche nach ihrer Tochter Kore bei dem König Keleos in Eleusis haltgemacht hat. Die Bewohner von Eleusis haben für sie ein großes Heiligtum errichtet, und Demeter hat sie in den heiligen Riten unterwiesen, die dazu bestimmt gewesen sind, ihre Trauer zu lindern und ihre Macht zu verherrlichen.

Die Begründung der Mysterien durch Demeter

Der Hymnos an Demeter, den man in die Zeit vor der Einverleibung
von Eleusis in das Herrschaftsgebiet Attikas datiert, erzählt von dem
langen Umherirren der Demeter auf der Suche nach ihrer Tochter
Kore.

*Scharf wie ein Stachel traf sie das Leid ins Herz; ihre lieben
Hände zerfetzten den Schleier auf ihren ambrosischen Haaren,
beide Schultern behing sie sich dann mit dunkler Umhüllung, raste
fort übers Feste und Nasse, wie Vögel es können, immer suchend.
Doch wollte ihr niemand Treffendes sagen, weder einer der Götter,
noch einer der sterblichen Menschen, auch von den Vögeln kam
keiner zu ihr mit treffender Botschaft. Neun Tage lang durchstreifte
das Land die waltende Deo, brennende Fackeln trug sie in Händen,
in leidvoller Stimmung wies sie ambrosische Speise zurück, ver-
schmähte des Nektars honigsüßes Getränk und badete niemals den
Körper.*

Die Sonne sagt ihr schließlich, daß Hades mit Zustimmung des
Zeus Kore entführt habe. Als sie im Hause der Metaneira Aufnahme findet, wird ihr das Königskind Demophon anvertraut; sie
geht daran, es unsterblich zu machen, indem sie es mit Ambrosia
einreibt und im Feuer versteckt. Doch sie wird dabei von der
Königin überrascht, die den Zauber durchbricht:

*Da nun zog Demeter, die herrlich Bekränzte, den lieben Knaben,
den jene wider Erwarten im Hause geboren, schnell aus dem Feuer
heraus in furchtbar wütender Stimmung, legte ihn weg auf den
Boden mit ihren unsterblichen Händen, sprach zugleich zur schön
gegürteten Metaneira:*

*«Törichte Menschen! Ohne Verständnis, das Schicksal zu ahnen,
mag es euch nun zum Vorteil kommen oder zum Unheil! Weitsicht
kanntest auch du nicht, drum bist du für immer verblendet. Uner-
bittliches Wasser der Styx, du göttlicher Schwurort, wisse! Jung alle
Tage, unsterblich hätt ich den lieben Sohn dir gemacht, im unvergängliche Ehren gestiftet. Jetzt aber kann er nimmer entrinnen dem
Tage, unsterblich hätt ich den lieben Sohn dir gemacht, ihm unver-
werden; er ist ja mir auf den Knien gestanden und hat mir in
Armen geschlummert. Ihn zu ehren werden im Laufe der Jahre in
jedem Frühling alle Tage untereinander Eleusis' Söhne immer Krieg
beginnen und schreckliche Feldschlacht. Ich aber bin Demeter, die*

3. Die panhellenischen Kulte

Ehrenvolle, zur größten Freude und Hilfe für Götter und Menschen geschaffen. Wohlan denn! Euer ganzes Volk soll mir einen mächtigen Tempel bauen, den Altar daneben, nahe der Stadt, eine steile Mauer werde erstellt auf Kallichoros ragendem Hügel. Weihen aber will selber ich stiften, damit ihr in Zukunft schuldlos im Handel und Wandel mein Herz zur Versöhnung bereitmacht.»

Also sprach die Göttin, änderte Größe und Aussehn, warf ihr Alter ab und Schönheit wehte und wallte um sie herum, gar lieblich entströmt es den duftenden Kleidern, weithin strahlt es von Licht aus ihrem unsterblichen Körper. Blonde Haare fielen herab auf die Schultern, das feste Haus erfüllte ein strahlendes Funkeln, als wären es Blitze.

Am nächsten Tag ruft Keleos sein Volk zusammen:

Er aber rief sein erfahrenes Volk zum Rat und befahl ihm, gleich einen reichen Tempel zu bauen, den Altar daneben, beide auf ragendem Hügel zu Ehren Demeters Schönhaar. Diese gehorchten eiligst, hörten sein Wort und besorgten, wie er befahl; der Bau aber wuchs durch die Gnade der Gottheit. Als sie das Werk dann getan, nach der Plage Erholung sich gönnten, gingen sie alle nach Hause. Jedoch die blonde Demeter blieb am Ort und saß entfernt von den Seligen allen, voller Sehnsucht und Harm um die tiefgegürtete Tochter, schickte den Menschen ein Jahr so grausam und hündisch wie keines über die Welt, die so viele ernährt. Kein Samen im Boden keimte; die schön bekränzte Demeter ließ ihn verkommen. Rinder zogen vergeblich über die Äcker die vielen krummen Pflüge; nutzlos fiel in die Erde das weiße Korn. Und sie hätte das ganze Geschlecht der sterblichen Menschen ausgerottet durch gräßlichen Hunger, hätt rühmende Ehren, Opferspenden entzogen den Herrn im Palast des Olympos. Da bemerkte es Zeus und beriet sich in seinem Gemüte.

Zeus greift nun ein, um die Rückkehr der Kore zu ihrer Mutter für einen Teil des Jahres zu erreichen. Den Rest des Jahres verbringt sie bei ihrem Gatten in der Unterwelt.

Homerische Hymnen, An Demeter 40–50. 251–280. 296–314 (Übers. A. Weiher).

Der wichtigste Priester des Kultes ist der *Hierophant*, der aus dem *genos* der Eumolpiden stammt. Wie sein Name andeutet, ist es seine Hauptaufgabe, «die heiligen Gegenstände zu zeigen», die *hiera*; das ist der Höhepunkt der Initiation (Zulassung zu den Mysterien), deren feierlichste Augenblicke er leitet. Er insbesondere ist es, der die Formel spricht, die allen Griechen den Zugang zu den Mysterien eröffnet und den «Mördern und Nicht-Griechen» verwehrt. Ihm steht die Priesterin der Demeter aus dem *genos* der Philleiden zur Seite, die vielleicht die älteste Stellung im Kult innehat, nach dem Hierophanten die wichtigste Person ist und ihm hinsichtlich des Vollzuges mancher Opfer sogar den Vorrang streitig macht. Der *Daduchos*, der «Fackelträger», der unter den Mitgliedern des *genos* der Kerykes ausgewählt wird, begleitet den Hierophanten bei der Eröffnung der Mysterien. Der «Priester des Altars», der aus demselben *genos* gewählt wird und der vierte wichtige Würdenträger ist, überwacht die Durchführung des Rituals. Diese Priester und Priesterinnen sind auf Lebenszeit ernannt, und das gleiche gilt für einige derer, die sie umgeben. Bedeutende Privilegien (wie die *Prohedrie*, d. h. das Recht auf einen Ehrenplatz im Theater) und Einkünfte gehören in zunehmendem Maße zu ihrer Tätigkeit, als die Mysterien sich ausbreiten und im Laufe des 5. und 4. Jahrhunderts stetig an Umfang zunehmen.

Die Mysterien laufen nach einem komplizierten Zeremoniell ab; es vollzieht sich in mehreren Etappen, auf mehrere Orte verteilt und an zwei unterschiedlichen Zeitpunkten des Jahres. Jeder Mann griechischer Sprache, vorausgesetzt, «daß seine Hände nicht befleckt sind», d. h. daß er weder Verbrecher noch Frevler oder Mörder ist, wie die Eröffnungsformel fordert, kann *mystes*, Kandidat für die Initiation werden. Er tritt dann unter der Führung eines *mystagogos* (Führer in die Geheimnisse) und der Aufsicht eines *epimeletes* (Aufseher) der Mysterien in ein langes Vorbereitungsstadium ein, das eine Vielzahl von Handlungen umfaßt, die die jungen Leute in gemeinsamer Zurückgezogenheit, mit dem ermutigenden Zuspruch der Mysten der vorangegangenen Jahre und unter den Blicken derer, die an den Festlichkeiten teilnehmen, vollziehen.

Im Monat Anthesterion, im Frühling, findet die erste Etappe der Festlichkeiten statt, die sogenannten *Kleinen Mysterien*, die zu dem Zeitpunkt begründet worden sind, da Eleusis unter die Kontrolle Athens fällt. Sie stellen eine erste Stufe der Einweihung dar, die für den Zugang zu den *Großen Mysterien* unverzichtbar ist. Die Kleinen Mysterien werden in Agrai, in der Nähe Athens, abgehalten. Unter dem Vorsitz des Archon Basileus, dem das Kultpersonal von Eleusis und die Angehörigen der Priesterfamilien zur Hand gehen, finden sie ihren Höhepunkt in einem feierlichen Opfer an die beiden Göttinnen (eine Formulierung, die traditionell das Paar Demeter-Kore bezeich-

3. Die panhellenischen Kulte 137

net), das die reinigenden Waschungen der Mysten im Flusse Ilissos
begleitet.

Die Großen Mysterien finden sechs Monate später im Monat Boedromion statt. Sie dauern zehn Tage. Eine Prozession, die von Eleusis
ihren Ausgang nimmt, begleitet die «heiligen Gegenstände» in großem
Pomp bis zum Eleusinion am Fuße der Akropolis; sie werden in Körben
getragen (den *kistai*), die sie vor den Blicken verbergen. Diese erste,
von den Epheben begleitete Prozession datiert ebenfalls aus der Zeit der
Unterwerfung durch Athen und kennzeichnet deutlich die Wende, die
der Kult damals erfahren hat. Die Ankunft der *hiera* wird der Priesterin
der Athena in Anwesenheit der versammelten Beamten und Priester
und inmitten einer großen Menge aufs feierlichste gemeldet.

Das eigentliche Fest beginnt am Tag vor dem nächsten Vollmond.
Diesen Tag nennt man *agurmos* (Sammlung der Mysten) oder *prorrhe-
sis* (Proklamation), weil das der Tag ist, an dem der *Hierophant*, von
dem *Daduchos* assistiert, zur feierlichen Eröffnung schreitet. Diejenigen, die zugelassen sind, treten nun in das Eleusinion ein, nachdem sie
sich gereinigt haben. Der folgende Tag trägt den Namen *Halade mystai*
(«Zum Meer, Mysten») nach dem Schrei, der die in seinem Mittelpunkt stehende Zeremonie begleitet: den Zug der Mysten zum Meer.
Jeder von ihnen opfert am Meeresufer von Phaleron ein Schwein, das
sie von ihrer Befleckung befreien soll und dessen Fleisch verbrannt
wird; die Asche wird verstreut. Die Mysten, die sich im Meer gereinigt
haben, kehren dann in neuen Kleidern und von Myrten bekränzt in
einer Prozession zur Stadt zurück, wo sie an einem Sühneopfer teilnehmen.

Am 19. Boedromion werden die *hiera* nach Eleusis zurückgebracht.
Dies ist der feierlichste Zug. Die Prozession, die sie begleitet, erstreckt
sich über die ganzen zwanzig Kilometer, die beide Städte voneinander
trennen. An der Spitze wird die Statue des Iakchos mitgeführt (eine der
Gestalten, die Dionysos annimmt), dann kommt der Wagen mit den
hiera, kommen die Priester und die Mysten; den Beamten, den Mitgliedern des Areopag und des Rates der Fünfhundert folgen die Bürger,
nach Phylen und Demen geordnet; am Ende zieht die Menge all derer,
die die Berühmtheit des Festes angelockt hat. Das Ziel der Prozession
ist das *Telesterion*, die Halle der Einweihung, die im 5. Jahrhundert auf
ihren Stufen bis zu 3000 Menschen aufnehmen kann. Dort finden die
eigentlichen *mysteria* statt, jene Zeremonien, die allein den wohlvorbe-
reiteten *mystai* zugänglich sind. Sie dauern drei Tage.

Sie beginnen mit einem feierlichen Opfer für Demeter und Kore, zu

Die Kultbräuche

dem allein die im vorangehenden Jahr in die Mysterien Eingeweihten und die Kandidaten für die bevorstehende Einweihung innerhalb der Umfassung des *peribolos* zugelassen sind. Sie verzehren dort gemeinsam das Fleisch der geopferten Tiere. Eine Formel, die von Clemens von Alexandria überliefert wird, kennzeichnet für die Mysten den Eintritt in das Telesterion: «Ich habe gefastet, ich habe den *kykeon* getrunken, ich habe in der *kiste* (dem Korb) genommen, und nachdem ich gearbeitet habe, habe ich in den *kalathos* (den kleinen Korb) gelegt und aus dem *kalathos* in die *kiste*.»

Der *kykeon* ist ein Gemisch aus Wasser, Gerstenkörnern und Minze, das Demeter bei Keleos als Trank zur Unterbrechung ihres Fastens empfangen hat. Hinter der rätselhaften Formel haben viele Interpreten die Berührung von Geschlechtsorganen sehen wollen. Wenn man der Darstellung des Theophrast folgt, so handelt es sich indes eher um eine Mühle als Symbol der Güter, die Demeter gewährt hat und die den Menschen erlauben, das Leben «mit dem gemahlenen Weizen» kennenzulernen. Mit dem Eintritt in das Telesterion beginnt der Abschnitt der Feiern, auf den sich die Geheimhaltung erstreckt, die man von den Mysten verlangt und die von den Alten aufs schärfste gewahrt worden ist. Jeder Versuch der Rekonstruktion beruht auf den gezielten Indiskretionen der Christen oder auf den Anspielungen oder metaphorischen Formulierungen von Philosophen wie Platon. Vielleicht geht die Aufführung der liturgischen Dramen, die von Demeter, Kore und Zeus handeln, der *epoptia* voraus. Letzteres ist die abschließende Zeremonie, die darin besteht, daß den zur Vollendung ihrer Einweihung gelangten Mysten die *hiera* enthüllt werden; sie sind bis zu diesem Zeitpunkt in dem *anaktoron* verschlossen geblieben, einer Art Kapelle im Inneren des Telesterions, die nun den Eingeweihten vom Hierophanten gezeigt wird. Auch zur Beantwortung der Frage nach der Beschaffenheit der *hiera* ist viel Tinte geflossen. Sind es Gegenstände, die im Zusammenhang mit dem «Geschenk» der Demeter, der Kornähre, stehen? Oder sind es Bildwerke mit sexueller Bedeutung? Oder *xoana* (das ist die Bezeichnung für alte Holzfiguren, die in manchen Tempeln aufbewahrt werden)? Trotz des Erfindungsreichtums, der diese Annahmen und Rekonstruktionen auszeichnet, werden wir niemals Sicheres darüber erfahren. Am nächsten Tag findet das Fest mit einer letzten Feier seinen Abschluß.

Der Wert der Einweihung in die Mysterien liegt in den Augen der Griechen sowohl in der Bedeutung eines jeden ihrer Schritte als auch ohne Zweifel in der langen Vorbereitung und der Steigerung, die zu

3. Die panhellenischen Kulte 139

den abschließenden Enthüllungen im Telesterion führt. Letztere bestehen zugleich aus einem Akt der Anschauung wie aus mündlicher
Unterweisung, aus Kommentaren oder Anweisungen, die von dem
Hierophanten ausgesprochen werden und die alle gemeinsam *ta apor-
rheta* bilden, d. h. das, was verboten ist, zu wiederholen.

Welche Art von «Offenbarung» beinhaltet diese geheime Einweihung? Der *Hymnos an Demeter* schließt mit der Zusicherung eines
besonderen Schicksals, das den Eingeweihten nach dem Tode bestimmt
ist:

«Selig der Erde bewohnende Mensch, der solches (die Mysterien)
gesehen! Doch wer die Opfer nicht darbringt oder sie meidet, wird
niemals teilhaft solchen Glücks; er vergeht in modrigem Düster»
(*Hymnos an Demeter* 479–483; Übers. A. Weiher). Doch Aristoteles
versichert, daß diejenigen, die man einweihe, nicht etwas lernen müß-
ten, sondern Gefühle empfinden und in bestimmte Zustände versetzt
werden sollen. Es handelt sich also nicht um dogmatische Unterweisung, sondern um eine innere Verwandlung, die sich auf die Gemütsbe-
wegung durch ein Zusammentreffen mit dem Göttlichen gründet und
auf das Versprechen, nach dem Tode ein glücklicheres Leben zu haben
als die Nicht-Eingeweihten.

Die Enthüllungen richten sich an jeden einzelnen und betreffen
zugleich doch auch die Gesamtheit der Gemeinschaft der Mysten, die
im Telesterion versammelt ist. Sie ist durch ihr gemeinsames Vorgehen
geeint, aber ebenso der größeren Gemeinschaft all derer verbunden, die
bereits eingeweiht worden sind. Andererseits ist es die Gesamtheit der
Bevölkerung der beiden Städte, die in ihren Untergliederungen versammelt ist, und die Masse der übrigen, die aus anderen Städten
gekommen sind, um dem Fest beizuwohnen, die alle zusammen durch
ihre Anwesenheit die Erregung der neu Eingeweihten steigern. So
trennt die Einweihung die neuen Mysten nicht von der sozialen
Gemeinschaft, sondern sie wird von dieser unterstützt und aufgewer-
tet. Weder das Geheimnisvolle, das so sehr zur Anziehungskraft von
Eleusis beigetragen hat, noch das Wesentliche der Mysterien, das in
dem Zugang zu Enthüllungen besteht, die Nicht-Eingeweihten verborgen bleiben, sind ein Einzelfall in der griechischen Tradition. Es gibt
andere Riten, die von Geheimhaltung umgeben sind, und andere
Mysterien (wie die des Dionysos oder die der Magna Mater). Die
mystische Dimension der persönlichen Begegnung mit dem Gott und
die Offenbarungen, die die Einweihung in die Mysterien mit sich
bringt, sind mit der religiösen Erfahrung vergleichbar, die einerseits

140   *Die Kultbräuche*

mit dem Dionysoskult (s. u. S. 176 ff., 201 ff.) und andererseits mit der
Orphik (s. o. S. 39 und u. S. 157, 177) verbunden ist, auch wenn diese
drei Wege, sich dem Göttlichen zu nähern, sonst weder denselben
Status noch dasselbe Ziel haben. Das Ansehen von Eleusis ist ohne
Frage auf mehrere Gründe zurückzuführen: sowohl auf die Bedeutung
des Kultes der Demeter, der in Hinblick auf sein Alter und auf den
Glanz, den Athen den Feiern seiner Feste verliehen hat, bemerkenswert
ist, als auch auf die mystische Erfahrung selbst und die innere Bewegung, sowohl die kollektive wie die individuelle, die diese Erfahrung für
jeden erlebbar macht.

Man muß diesen bürgerlichen Zusammenhang im Auge behalten,
um nicht den Sinn und Wert zu verfälschen, den Mysterienkulte für die
Griechen haben. Man muß vermeiden, daraus eine «alternative» Religion zum bürgerlichen Kult zu machen, die von einer höheren Spiri-
tualität gekennzeichnet sei, nur weil sie aus der Sicht der modernen
westlichen Zivilisation mehr den Erwartungen entspricht, die ein Anhänger einer monotheistischen Religion hegen könnte. Gerade diese
Perspektive ist es, die nicht nur die Interpretation der Mysterien von
Eleusis, sondern auch die anderer Aspekte der griechischen Religion so
oft beeinträchtigt hat.

Zweiter Teil
Die Systeme der Darstellung des Göttlichen

1. Mythen und Mythologie

Was man für den Bereich der griechischen Welt Mythos nennt, kann in den verschiedensten Formen auftreten; sie reichen von den Erzählungen der Mythographen oder den verstreuten Fragmenten in den Glossen der Lexikographen bis zu den literarischen Umsetzungen, die man im Epos, der Tragödie oder der Lyrik finden kann und in den Dichtungen, die ausdrücklich theologisch ausgerichtet sind, wie die Theogonien. Die Gesamtheit dieser disparaten Überlieferung suchen die modernen Mythologen mit verschiedenen Methoden zu entschlüsseln.

Der Begriff des Mythos wird uns von der griechischen Überlieferung selbst vermittelt. Zunächst bedeutet *mythos* das «gesprochene Wort», gehört also in eine Reihe mit *logos* («das, was gesagt wird»).

Doch in dem Maße, wie *logos* nicht mehr allein «das, was gesagt wird» bedeutet, sondern das Wort meint, das überzeugen kann, das sich an die rationale Einsicht wendet und sich insofern auf das «Wahre» bezieht, zeichnet sich zunehmend ein Gegensatz zwischen den beiden Begriffen ab. Auf der einen Seite steht *logos* als das rationale Wort, auf der anderen *mythos* als Bezeichnung dessen, was nicht real oder auch nicht rational ist.

Das Aufkommen der Schrift verstärkt diesen gegensätzlichen Gebrauch. Mit dem Übergang von der mündlichen Überlieferung zu verschiedenen Arten schriftlicher Texte greift ein neues Denken um sich und setzt sich seit dem letzten Viertel des 5. Jahrhunderts mit den medizinischen Abhandlungen, den historischen Berichten, den Verteidigungsreden der Redner und den philosophischen Traktaten durch. In diesen verschiedenen Arten der Erörterungen ist *logos* gleichbedeutend mit der rationalen Beweisführung geworden und behauptet sich gerade gegen den Mythos, um im klassischen Athen seinen Triumph zu feiern. Für Thukydides ist *mythodes* das Märchenhafte, das der gewissenhafte Historiker gegenüber allem Wahren zurückweist (2, 22, 4). Denselben Gegensatz zwischen *mythodes*, dem «Wunderbaren», das der Dichtung zugehört, und dem *alethinos logos*, der «wahrhaften Rede», findet man auch bei Platon wieder (*Staat* 522a 8).

Doch zugleich haben die mythischen Erzählungen, die Gegenstand mündlicher Überlieferung gewesen sind, ihrerseits Eingang in die

144   *Die Systeme der Darstellung des Göttlichen*

Literatur gefunden. Homer und Hesiod halten als erste eine Art «kanonischen Vorrat an mythischen Erzählungen» fest, «der die Mächte des Jenseits auftreten läßt» (J.-P. Vernant, *Raison du mythe*, in: ders., *Mythe et société en Grèce ancienne*, Paris 1974, S. 203). Es ist dieser Vorrat, aus dem elegische, lyrische und tragische Dichter nach Belieben schöpfen, indem sie der traditionellen Erzählung eine neue Aufgabe und Bedeutung geben, wie Pindar, der der mythischen Erzählung den Wert eines «Paradigmas» zuweist, im Verhältnis zu dem man die in seinen Oden gefeierten Erfolge einordnen und verstehen kann. Was andererseits die Tragiker betrifft, so geht es ihnen darum, wenn sie die mythische Vergangenheit benutzen, diese mit der Gegenwart zu vergleichen und so auf dem Umweg über die Hauptpersonen auf der Bühne des Theaters den Anstoß zu einer Debatte zu geben, die die Stadt führen soll. Jedes ihrer Dramen stellt in Form eines Problems den einen oder anderen Aspekt der menschlichen Existenz zur Diskussion. Die mythischen Helden sind nicht mehr «Modelle» wie noch bei Pindar, sondern werden zum Gegenstand des Widerstreits, zur Grundlage einer unaufhörlichen Befragung, die sich von Drama zu Drama erneuert. Da ist Ödipus, ein Mann, der in seiner zwiegespaltenen Persönlichkeit ein Abbild des Menschen ist, der sich selbst sucht (Sophokles, *König Ödipus*). Da ist die Auseinandersetzung über Recht und Gesetz, entwickelt an der Person des Orest, dessen Geschichte die alten und die neuen Gottheiten auf den Plan ruft und ihnen eine Stellungnahme abverlangt (Aischylos, *Orestie*); da ist die Auseinandersetzung über das Verhältnis von Macht und Recht in der *Antigone* des Sophokles.

Andere Erzählungen bieten zu derselben Zeit vielfältig verschiedene Versionen dieser von der mündlichen Überlieferung tradierten Mythen in einer Form, die sich als einfaches Aufschreiben präsentiert. Das ist eine Arbeit, die in hellenistischer Zeit mit der Abfassung richtiggehender mythographischer Sammlungen wie der *Bibliotheke* des Pseudo-Apollodor ihren Höhepunkt finden wird.

Was den Begriff der *Mythologie* angeht, so wird man ihn dazu benutzen, um über diese verschiedenen Formen der mythischen Erzählungen hinaus einen «einheitlichen narrativen Gesamtkomplex» zu bezeichnen, «der ein eigenständiges Wertesystem darstellt» (J.-P. Vernant, a. O.). Die *Theogonie* des Hesiod (s. den Text u. S. 153 ff.), die eine geordnete Gesamtschau der göttlichen und menschlichen Welt vorlegt, oder auch der *Weltaltermythos* (s. den Text u. S. 163 ff.) beispielsweise entsprechen dieser Definition. Die Untersuchung des erzählerischen

1. Mythen und Mythologie 145

Aufbaus der Schilderung und der semantischen und symbolischen Beziehungen, die sie ausmachen, sollte dem Mythologen ermöglichen, ihre Bedeutungen zu entschlüsseln. Die *Theogonie*, die zugleich in der mündlichen Dichtung verwurzelt ist und eine eigenständige und gelehrte Schöpfung darstellt, wird von Hesiod selbst als eine von den Musen inspirierte Offenbarung vorgestellt; das macht aus ihm eine Art Propheten und aus seinem Werk eine regelrechte «theologische Unterweisung» (vgl. u. S. 152 ff. und S. 160 ff. die Bemerkungen zu diesen Werken).

Es hat andere Theogonien als die des Hesiod in Griechenland gegeben, von denen uns nur einige Fragmente geblieben sind. Letztere erlauben es uns wenigstens, die Umrisse eines gewaltigen Corpus zu erahnen, das aus vielfältigen Versionen besteht, die sich entsprechen oder manchmal widersprechen und so eine Art von «Dialog des mythischen Denkens» begründen. Wir werden als Beispiel die orphische Theologie betrachten, die sowohl durch späte Erzählungen vom Ursprung der Götter und der Menschen belegt ist als auch durch einen Kommentar, der in der zweiten Hälfte des 4. Jahrhunderts verfaßt und in einem Grab in Derveni in Makedonien gefunden worden ist (s. u. S. 157).

Verschiedene Zugänge zur Mythologie

Eine philologische Betrachtungsweise dieser verschiedenen mythischen Erzählungen (man denke z. B. an die Schule der historischen Philologie, deren Position zu Beginn des Jahrhunderts durch das beachtliche Werk M. P. Nilssons repräsentiert wird) hat die Tendenz gefördert, darin eine Ansammlung disparater und unverbundener Elemente zu sehen, ein einfaches Reservoir an Erklärungen, um die Bedeutung des einen oder anderen Ritus im Zusammenhang mit historischen und geographischen Elementen zu erklären. In der Zwischenzeit hat sich das Bestreben durchgesetzt, Methoden der Entschlüsselung der Mythen zu entwickeln, die ihrem Gesamtzusammenhang Rechnung tragen und über die Betrachtung ihrer Varianten und ihres komplexen Aufbaus einen Zugang zu dem Netz der Bedeutungen eröffnen, deren Träger sie sind, und die das Denksystem erhellen, auf das sie zurückweisen. Um dieses Ziel haben sich Forscher verschiedenster fachlicher Herkunft während des gesamten 20. Jahrhunderts unter diversen Blickwinkeln bemüht. Wir wollen kurz ihren jeweiligen Beitrag erläutern

146   *Die Systeme der Darstellung des Göttlichen*

und zu zeigen versuchen, wie sich nach und nach durch ihre unterschiedlichen Ansätze eine eigene Technik der Analyse von Mythen herausgebildet hat.

An die Stelle des Entwurfs einer «Wissenschaft von den Mythen», die sich seit Ende des 18. Jahrhunderts zu verbreiten begonnen hat, treten zu Ende des 19. Jahrhunderts große mythologische Theorien mit universalem Anspruch. Im Umkreis der englischen anthropologischen Schule (etwa E. B. Tylor und Andrew Lang) schlägt J. G. Frazer eine Lesart vor, die sich auf den Vergleich mit den sogenannten primitiven Gesellschaften gründet und die darauf hinausläuft, die Mythen im Rückgriff auf die Naturkräfte wie das Wachsen und Vergehen der Vegetation zu erklären.

Als Antwort auf diese Verallgemeinerungen hat sich die Schule der historischen Philologie in Deutschland, die von L. Deubner und M. P. Nilsson beherrscht worden ist, zwischen den beiden Weltkriegen auf die Sammlung und Einordnung der Gegebenheiten konzentriert und mit dieser Sammelarbeit unverzichtbare Arbeitsinstrumente geschaffen, selbst wenn sie dazu neigt, die Mythologie auf eine Ansammlung verschiedener Erzählungen zu reduzieren. Eine andere Forschungsrichtung lenkt zur gleichen Zeit die Aufmerksamkeit auf die weit zurückliegenden Wurzeln der griechischen Mythologie und Religion. Diese Betrachtungsweise bestimmt heute die Arbeiten W. Burkerts, der sich mit den paläolithischen Ursprüngen der Mythen und Opferrituale beschäftigt, während andere Untersuchungen sich der ägäischen oder mykenischen Vergangenheit zuwenden, wie z. B. die Arbeiten P. Lévêques. Selbst wenn die griechische Mythologie und Religion einen Sonderfall darstellen, der in seinen wesentlichen Zügen am Rande des indoeuropäischen Gesamtbildes liegt, hat ihre Untersuchung doch von den Forschungen Georges Dumézils zur dreigeteilten Funktion profitiert (ein Beispiel bietet die Betrachtung des *Weltaltermythos* u. S. 161); er hat einige von ihren Elementen in bestimmten griechischen Zyklen und Mythen wiederentdeckt, wie z. B. in der Legende des Herakles und in der Theologie des Apollon (s. u. S. 184, 194 ff.).

In den letzten zwanzig Jahren hat sich das Interesse, sei es im Kreis um J.-P. Vernant und M. Detienne oder auf seiten von J. Rudhardt, auf die griechische Mythologie und Religion der historischen Epochen der archaischen und klassischen Zeit konzentriert. Diese Forschungen haben ihre Anregungen aus den Arbeiten der französischen Soziologie und der Anthropologie empfangen, für die insbesondere das Werk von M. Mauss zu nennen ist und, im griechischen Bereich, von L. Gernet.

1. Mythen und Mythologie   147

Auch hier ist der Beitrag von G. Dumézil auf jeden Fall entscheidend.
Er macht als Hintergrund der verschiedenen religiösen Systeme der
indoeuropäischen Völker tiefgreifende strukturelle Analogien sichtbar.
Seine vergleichende Methode läßt auf dem Wege über die Analyse der
Mythen gedankliche Strukturen deutlich werden, die die Arten der
Weltvorstellung und der gesellschaftlichen Organisation betreffen. Der
Mythos erscheint in diesem Zusammenhang als ein System von Symbolen, «das die Formen tradiert, in denen die Ereignisse eingeordnet
und aufeinander abgestimmt, in denen sie zusammen- und gegenein-
andergestellt werden; das zeigt, wie zugleich Ähnlichkeiten und Unterschiede empfunden werden, wie kurz gesagt die Erfahrung verarbeitet
wird» (J.-P. Vernant, *Raison du mythe*, in: ders., *Mythe et société en
Grèce ancienne*, S. 233). Indem er diese Untersuchungen ergänzt und
ausweitet, hat Cl. Lévi-Strauss eine neue Methode der Betrachtung
vorgeschlagen, die sich ursprünglich von der Linguistik ableitet und die
die «im Konkreten vorhandene Folgerichtigkeit» der Mythen herausstellt sowie zugleich die Beziehung der Mythen zu ihrem kulturellen
und ethnographischen Kontext (s. der Text unten). Die Anwendung
dieser Methoden auf den griechischen Bereich hat es ermöglicht, Wege
des Verständnisses zu entwickeln, die an die verschiedenen Formen der
mythischen Erzählung angepaßt sind; man kann so ein Corpus aufstellen, in dem alle auftauchenden Versionen und Varianten des Mythos
einander gegenübergestellt werden, was auch immer ihre Quelle und
ihr Ursprung sei, wobei man die aus anderen Bereichen der griechischen Kultur gewonnenen Hinweise einbringt. Auf diese Weise haben
J.-P. Vernant und M. Detienne durch ihre Untersuchungen zur *metis*,
der gedanklichen Kategorie der «listigen Klugheit», auf die Handlungsweisen einer bestimmten Art von Gottheiten aufmerksam gemacht
(*Les ruses de l'intelligence. La mètis des Grecs*, 1977). Ein anderes
Beispiel: Auf dem Wege über die Untersuchung der Rituale und der
Gestalt des Adonis hat M. Detienne Hauptstränge ausfindig gemacht,
die das mythische Universum der Griechen durchziehen, wie Ernährungsgewohnheiten, sexuelle Bräuche, landwirtschaftliche Technik,
Opfer, Heirat und Landwirtschaft ganz allgemein (*Les jardins d'Adonis. La mythologie des aromates en Grèce*, 1972). Auf einzelne literarische Werke angewendet, hat diese Methode dazu beigetragen, die
zugrundeliegenden mythischen Inhalte zu entschlüsseln. Dieser Aufgabe hat sich beispielsweise J.-P. Vernant in seiner Untersuchung zur
«Struktur der Mythen» (*Structures du mythe*, in: ders., *Mythe et
pensée chez les Grecs*, 1965) im Zusammenhang mit dem Weltaltermy-

148   *Die Systeme der Darstellung des Göttlichen*

thos bei Hesiod gewidmet. In seinem Aufsatz über «Jagd und Opfer in der *Orestie* des Aischylos» (*Chasse et sacrifice dans l'Orestie d'Eschyle,* in: ders., *Mythe et tragédie en Grèce ancienne*) untersucht P. Vidal-Naquet nach denselben Methoden die Bilder des entarteten Opfers.

Zugang zu Mythen

Ein Text von Claude Lévi-Strauss

Statt übereilte Vergleiche anzustellen und sich in Vermutungen über die Ursprünge zu stürzen, ist es besser, eine methodische Analyse der Mythen vorzunehmen, indem man einen jeden Mythos durch die Gesamtheit seiner belegten Varianten bestimmt und dabei alle vorgefaßten Meinungen beiseite läßt. Allein bei diesem Vorgehen kann man erhoffen, auf eine Untersuchungsstufe zu gelangen, auf der der Mensch und seine Handlungen den Rang von solchen Gegenständen einnehmen, über die eine positive Erkenntnis möglich ist. Aber um das zu erreichen, muß man eine sehr strenge Methode anwenden, die auf drei Grundregeln hinausläuft:

1. Ein Mythos darf niemals auf nur einer Ebene interpretiert werden. Es gibt keine privilegierte Auslegung, denn jeder Mythos besteht aus der Herstellung von Beziehungen auf mehreren Erklärungsebenen.

2. Ein Mythos darf niemals für sich alleinstehend, sondern nur in seiner Beziehung mit anderen Mythen interpretiert werden, die zusammengenommen eine Gruppe von Umsetzungen bilden.

3. Eine Gruppe von Mythen darf niemals für sich alleinstehend, sondern nur interpretiert werden unter Bezugnahme auf: a) andere Gruppen von Mythen; b) den ethnographischen Befund der Gesellschaften, aus denen sie stammen. Denn wenn die Mythen sich wechselseitig verändern, verbindet eine Beziehung der gleichen Art sie auf einer Querachse mit den verschiedenen Ebenen, auf denen das gesellschaftliche Leben sich verändert – von den Formen der technischen und wirtschaftlichen Tätigkeit über die des wirtschaftlichen Austauschs, der politischen und familiären Strukturen, der ästhetischen Ausdrucksformen, der rituellen Praktiken und der religiösen Glaubensvorstellungen bis hin zu den Systemen der Repräsentation.

1. Mythen und Mythologie

Man gelangt auf diesem Wege zu relativ einfachen Strukturen, deren Umsetzungen die Mythen verschiedener Art hervorbringen. Auf diesem Wege trägt die Anthropologie in bescheidenem Ausmaß zu der Ausarbeitung jener Folgerichtigkeit des Konkreten bei, die eine der Hauptsorgen des modernen Denkens zu sein scheint und die uns manchen Denkformen, die der unseren dem Anschein nach sehr fremd sind, eher näherbringt, als daß sie uns von ihnen entfernt.

Diese Denkformen können nicht als vorlogische bezeichnet werden. Sie sind auf andere Weise logisch, aber allein insofern, als das abendländische Denken für lange Zeit von einer zu eng gefaßten Vorstellung der Logik beherrscht worden ist.

Claude Lévi-Strauss, *Religions comparées des peuples sans écriture*, Annuaire de l'EPHE, Paris 1961, S. 5.

Ein Text von Marcel Detienne

Der zweifache Sinn der Mythologie.

Die «Mythologie» ist keine einfache Sache. In Griechenland und anderswo gibt die Odyssee die Stimmung wieder, wenn sie zu wissen meint, daß es sehr langweilig sei, immer dieselben Geschichten zu hören. Doch alle Meinungen finden darin Raum. Demosthenes kann unter dem Schutze der Gefallenenrede den Athenern verkünden, daß sie durch ihre Taten Eingang in den Mythos fänden, und allen gefällt das sehr. Ein Jahrhundert früher will Herodot im neuen Gewand des ionischen Forschers mit dem mythos aufräumen, aber er verzichtet auf keine einzige Erzählung aus der Überlieferung und ebensowenig auf die Genealogien der göttlichen Mächte. Aber es kommt noch stärker, und das spezifisch regionale Modell der zweifach bedeutsamen Mythologie führt dorthin: Seit Lévi-Strauss und Georges Dumézil (was immer an ihm ist) gibt es im wesentlichen zwei Arten, die Mythologie aufzufassen und dementsprechend zu untersuchen: entweder als eine Erzählgattung, d. h. ein Bereich, der von bestimmten Arten des Erzählens bestimmt wird, oder als ein System von Vorstellungen, das stets über die Erzählung eines einzelnen Aspekts der Mythologie hinausgreift. Kurz, Lévi-Strauss und Dumézil wählen dieselbe Auffassung wie Platon: Die Mythologie ist für sie im wesentlichen eine Struktur des Denkens, eine cosa mentale, die über ihre momentane erzählerische Gestalt hinausreicht. Es ist sogar wahrscheinlich, daß der Philosoph

150   *Die Systeme der Darstellung des Göttlichen*

und Verfasser des Timaios *sich für die stark linguistisch ausgerichtete Theorie von A.-J. Greimas interessiert hätte, für den die Mythologie ein semantischer Code ist, der in der Lage sei, die Gesamtheit der mythischen Erzählungen «hervorzubringen», welcher Form auch immer sie seien. Sicher ist, daß es in Griechenland, ganz unabhängig vom philosophischen Projekt Platons, zugleich eine Rahmenmythologie und eine Wissensmythologie gegeben hat. Auf der einen Seite steht ein System des Denkens, das als ein allumfassender Rahmen dient, der die griechische Kultur mehr oder weniger eng von allen Seiten umschließt. Dies veranlaßt, die Kultur mit ihren Glaubensvorstellungen, ihrem Wissen, ihren Bräuchen, ihren unterschiedlichen Arten der Erzählung als Ganzes zu sehen und zudem all diese Einzelheiten im Zusammenhang miteinander zu betrachten, was ihr Verhältnis zueinander anbelangt, ihre Kategorien, ihre Arten der logischen Organisation; man betrachte sie als Einheit, ohne sich von dem kurzzeitigen Ablauf und seinem häufig trügerischen Zwang beeindrucken zu lassen. Auf der anderen Seite – und man müßte sagen: innerhalb der Mythologie als Rahmen des Denkens – steht ein mythologisches Wissen mit den verschiedenen Orten, an denen es zum Tragen kommt: Odysseus, die Atthidographen, die Philosophen und die «Mythographen», und zwar die echten im wahren Sinne des Wortes, von denen der aus Sizilien stammende Diodor spricht. Das ist ein mythologisches Wissen, das lange Zeit von einer geschichtlichen Erinnerung in ihren erzählerischen Formen der «Archäologie» beansprucht wird – der Gefallenenrede, der Gründungsansprache – und das am Ende Leuten überlassen bleibt, die sich als Experten des «Aufschreibens von Mythen» ausgeben. Das ist also eine eingeborene Art, die Mythologie zu sehen. Mit dem einzigen Unterschied, daß die Eingeborenen in diesem Falle unsere Gewährsmänner sind. Eine griechische Gewohnheit, der die Analyse der Mythen, unsere Analyse der Mythen, pflichtgemäß Rechnung tragen und die sie in ihre eigene Betrachtung einbringen muß.*

M. Detienne, *La double écriture de la mythologie*, in: ders., *L'écriture d'Orphée*, Paris 1989, S. 185–186.

Dieses nach und nach entstandene methodologische Instrumentarium hat mit Gewinn über die Betrachtung der literarischen Texte hinaus Anwendung auf mehrere Themenkreise gefunden, die richtungweisend

1. Mythen und Mythologie

bei den Forschungen zum Mythos in den letzten Jahren sowohl in Frankreich wie im Ausland wirken. Eine breitangelegte Untersuchung, die sich sowohl auf die Mythen wie auf die griechischen Opferbräuche richtet, hat gezeigt, welch zentralen Platz das Opfer sowohl in der griechischen Polis wie in der Vorstellungswelt der Griechen einnimmt (J.-P. Vernant – M. Detienne [Hrsg.], *La cuisine du sacrifice en pays grec*, Paris 1979). In anderen Arbeiten, die wir nicht alle hier zitieren können (s. die Bibliographie am Schluß des Bandes), sind auf dem Wege über die Mythen die «Heirat» und die «Stellung der Frau» ebenso wie das Thema der Jungen und ihrer Möglichkeiten des Eintritts in das politische Leben des Bürgers oder auch das Thema des Todes untersucht worden. Ebenso gibt es viele Untersuchungen, die sich mit dem Zusammenhang von Mythos und Politik oder von Mythos und Geschichte beschäftigen; das sind wichtige Fragen, auf die wir hier nur hinweisen können. Andere Arbeiten sind dagegen der Untersuchung der Strukturen des polytheistischen Systems und der großen Gottheiten gewidmet, wobei man sich bemüht, für jede Gottheit aus der Gesamtheit der sie betreffenden Mythen die komplexe Struktur herauszulesen, die es erlaubt, ihre verschiedenen Handlungsweisen zu verstehen. Ein anderer Strang der Forschung schließlich verfolgt die Begriffe Mythos und Mythologie von ihren griechischen Ursprüngen bis zu den modernen Theorien, die die Vorstellungen darüber verändert haben.

Wir wollen als Abschluß dieser kurzen Übersicht einen Text von P. Ellinger (s. Bibliographie) vorstellen: «Im Fortschreiten all dieser Untersuchungen sollte der Mythos nicht länger jenes unverständliche Gebilde bleiben, das aus dem Urgrund der Zeiten herrührte oder mit einer geheimnisvollen Kraft behaftet war und das man manchmal gern heranzog, um die Kategorien und großen Linien einer Vorstellungswelt darzustellen, welche den Griechen erlaubte, die Realität im alltäglichen Leben und in den Ereignissen gedanklich aufzubereiten. . . . Man sollte aufhören, sich für die Mythen nur um ihrer selbst willen und als solche zu interessieren, . . . um sich den Problemen zuzuwenden, die sich durch sie stellen: den in ihnen enthaltenen und entwickelten Gedanken, ihrem Wesen als beherrschende Ausdrucksformen eines kollektiven Systems von Vorstellungen, das jenes sehr vielschichtige Bindemittel des Denkens darstellt, . . . welches sowohl die Gesamtheit sehr unterschiedlicher Erzählungen zusammenhält wie die gesellschaftlichen Phänomene.»

Kosmogonien und Theogonien

Die Griechen haben mehrere kosmogonische Mythen gekannt. In diesen Erzählungen von den Ursprüngen des *Kosmos*, d. h. der Welt, wird von der allmählichen Herausbildung ihrer Ordnung berichtet. Jedoch kennen wir die meisten dieser Mythen nur aus einer fragmentarischen Überlieferung. Einer dieser Mythen schreibt beispielsweise den Mächten des Wassers, dem Paar des Okeanos und der Thetis, die Rolle der ursprünglichen Gottheiten zu, die ganz am Anfang der Welt stehen. Ein anderer teilt Nyx, der Nacht, diese Rolle zu. In wieder einem anderen kosmogonischen Gedicht verbindet Alkman im 7. Jahrhundert das Motiv der uranfänglichen Fluten mit dem der ursprünglichen Nacht.

Die Theogonie des Hesiod

Der älteste vollständig erhaltene systematische Text über die Entstehung der Weltordnung, der uns überliefert ist, ist die Theogonie des Hesiod.

Hesiod hat in Böotien gelebt und um die Mitte des 7. Jahrhunderts zwei lange Gedichte geschrieben: die *Theogonie* und die *Werke und Tage*. Er gibt an, von den Musen inspiriert zu sein, die ihm die Wahrheit enthüllt hätten, d. h. «was da ist, was sein wird, was vorher gewesen».

Die *Theogonie:* Jener streng aufgebaute Text erzählt die Geschichte der Generationen der Götter und berichtet von ihren Kämpfen um die Herrschaft. Doch zu Beginn beschreibt das Gedicht die Zeit der Urgötter und ist insofern eine echte Kosmogonie.

1. Der erste Zeitabschnitt der Kosmogonie betrifft *Chaos* (den Schlund), *Gaia* (die Erde) und *Eros* (die Kraft der Erneuerung). Chaos und Gaia gebären beide göttliche Mächte, ohne daß eine Vereinigung beider stattgefunden hätte. Chaos gebiert beispielsweise *Erebos* (die Unterwelt) und *Nyx* (die Nacht), Gaia *Uranos* (den Himmel) und *Pontos* (das Meer). Der zweite Zeitabschnitt der Kosmogonie ist der einer Vereinigung von Uranos und Gaia, und aus dieser Vereinigung gehen die zwölf weiblichen und männlichen Titanen hervor (deren jüngster Kronos ist), dann die drei *Kyklopen* und die drei *Hunderthän-*

1. Mythen und Mythologie

der. Doch Uranos verhindert, daß seine Kinder das Tageslicht erblicken, denn er bedeckt Gaia ohne Unterlaß und zwingt sie, die Kinder in der Tiefe ihres Leibes zu verbergen. Gaia ersinnt darauf eine List und fertigt eine Sichel, die sie dem jüngsten der Titanen, Kronos, anvertraut; dieser entmannt seinen Vater. Von nun an steht Uranos, von Gaia getrennt, auf seinem Platz hoch über der Welt, die Entstehung der Urmächte ist abgeschlossen, und die Welt kann ihre Ordnung finden.

Die Tat des Kronos hat weitere Folgen:

– die Geburt der Aphrodite – die abgetrennten Geschlechtsteile des Uranos fallen in das Meer *(Pontos)* und vermischen sich mit dem Schaum des Meeres, aus dem Aphrodite geboren wird;

– die Blutstropfen des Uranos fallen auf Gaia, die Erde, und befruchten sie. Daraus entstehen drei Gruppen göttlicher Mächte: die *Erinyen* (Rachegottheiten), die *Giganten* und die *Eschen-Nymphen* (Meliai).

Mit der Verstümmelung des Uranos finden einerseits Kampf und Gewalt, andererseits Überredung und Liebe Platz in einer Welt, in der die Kräfte entfesselt sind und der Kampf um die Macht unter den Göttern beginnen kann.

Die Theogonie des Hesiod

Die ersten Götter

Wahrlich, zuallererst entstand die gähnende Leere (Chaos), alsdann aber die Erde (Gaia) mit ihrer breiten Brust, fort und fort sicherer Sitz von allen, und Eros (das Liebesbegehren), der der schönste ist unter den todfreien Göttern, der Gliederlösende, aller Götter und aller Menschen Sinn und verständige Absicht bezwingt er in ihrer Brust.

Aus der gähnenden Leere entstanden Erebos und dunkle Nacht (Nyx); aus der Nacht dann wieder entstanden Himmelshelle und Tag (Hemera), die sie gebar schwanger vom Erebos, in Liebe sich ihm vereinend. Die Erde (Gaia) aber brachte zuerst hervor gleich weit wie sie selber den Himmel (Uranos), den gestirnten, daß er sie überall einhülle, auf daß er sei den seligen Göttern fort und fort Sitz ohne Wanken. Und sie gebar die weiten Berge, der Göttinnen reizvolle Behausungen, der Nymphen, die in den schluchtenreichen Bergen wohnen. Sie gebar auch das unfruchtbare breite Wasser, das im Wogenschwall stürmt, das Meer (Pontos), ohne verlangende

Liebe. Aber darauf hielt sie Beilager mit dem Himmel und gebar den Okeanos, ihn mit seinen tiefen Wirbeln, und Koios und Kreios und Hyperion und Iapetos und (die Göttinnen) Theia und Rheia und Themis und Mnemosyne und Phoibe mit dem goldenen Kopfreif und Tethis, die liebliche. Nach diesen wurde als Jüngster geboren Kronos, er, der Krummes sinnt, der gewaltigste ihrer Kinder. Der haßte den kraftvollen Vater.

Sie gebar auch die Kyklopen, die ein überstarkes Herz zu eigen haben: Donner (Brontes) und Blitz (Steropes) und den Grellen (Arges), ihn mit dem gewalttätigen Sinn, die Zeus den Donner gaben und den Blitzkeil fertigten. Die waren sonst in allem den Göttern ähnlich, ein einziges Auge aber lag mitten in ihrem Gesicht. ... Stärke und Gewalt und Erfindung waren bei ihren Werken.

Auch andere noch stammten von Erde und Himmel ab, drei Söhne, riesig und gewalttätig, deren Namen man scheut, Kottos und Briareos und Gyges, übermächtige Kinder, bei ihnen schwangen einhundert Arme von den Schultern herab, Arme, im Bild nicht zu beschwören, und Häupter waren jedem fünfzig aus den Schultern gewachsen, über den mächtigen Gliedern. Unermeßlich war die gewaltige Stärke, riesig die Gestalt.

All die Söhne also, die Erde und Himmel entsprossen, waren die gewaltigsten Kinder, verhaßt waren sie ihrem eigenen Vater, von Anbeginn an. Und sogleich, wenn einer von ihnen geboren war, verbarg er sie einen um den andern und ließ sie nicht empor zum Licht, in der tiefen Höhlung der Erde, und es hatte seine Freude am schlimmen Tun der Himmel. Sie aber stöhnte in ihrem Innern, die ungeheure Erde, bedrängt; einen listigen, schlimmen Kunstgriff dachte sie sich aus. Und sogleich schuf sie die Sippschaft des grauen Adamas (Unbezwingbar), fertigte daraus eine riesige Sichel und wandte sich an ihre Kinder; und, ihren Mut zu erregen, sprach sie, unwillig in ihrem Herzen: «Ihr meine Kinder, Kinder eines ruchlosen Vaters, vielleicht, daß ihr gewillt seid, mir zu folgen, laßt uns vergelten des Vaters schlimme Schandtat, wenn er auch euer Vater ist; denn er hat begonnen und häßliche Taten erdacht.»

So sprach sie, aber die alle packte Furcht, und keiner von ihnen sprach. Mut aber faßte der große, Krummes sinnende Kronos, und alsbald sprach er zu seiner Mutter mit den Worten: «Mutter, ich bin es, der willens zu versprechen und so auch zu vollbringen dieses Werk, weil ich Rücksicht nicht kenne für einen Vater, dessen Name

1. Mythen und Mythologie 155

*zu verabscheuen ist, wenn er auch unser Vater ist. Denn er hat
begonnen und häßliche Taten erdacht.»*

*So sprach er; und es freute sich sehr im Herzen die ungeheure
Erde. Und sie verbarg ihn und stellte ihn in einen Hinterhalt, in
seine Hände gab sie die scharfgezähnte Sichel; ganz vertraute sie
ihm die List nun an. Und es kam, die Nacht heraufführend, der
riesige Himmel, in Verlangen nach Liebe hielt er die Erde umfangen
und breitete sich über sie, überall. Der aber langte aus dem Hinterhalt, der Sohn, mit seiner Linken, mit der Rechten aber faßte er fest
die ungeheure Sichel, lang, scharfgezahnt, schwang sie und schnitt
ab des eigenen Vaters Gemächte, und rückwärts warf er es, daß es
hinter ihn fiel. Es blieb aber nicht ohne Wirken, als es aus seiner
Hand dahinflog, denn all die blutigen Tropfen, die herabstürzten,
sie alle nahm die Erde auf, und wie das Jahr sich gerundet zum
Kreis, gebar sie die machtvollen Erinyen und die riesigen Giganten,
strahlend in Wehr, lange Lanzen im festen Griff ihrer Hände, und
die Nymphen, die sie die Eschenen nennen über die unendliche Erde
hin. Das Gemächte aber, als er die Tat gewagt und es mit der Sichel
abgeschnitten und von der Feste in die vielwogende See geworfen,
trieb so in der Weite dahin lange Zeit, ringsum aber erhob sich
weißer Schaum aus dem unvergänglichen Fleisch. Und in dem
wuchs ein Mädchen heran. Zuerst trieb es nahe an das hochheilige
Kythera, von da kam es dann zur ringsumbrandeten Kypros. Und
heraus schritt da die ehrwürdige, schöne Gottheit, unter dem Tritt
ihrer schlanken Füße schoß auf ringsum die Wiese. Sie nennen sie
Aphrodite, Götter wie auch Menschen, weil sie im Schaum heran-
wuchs; Kythereia aber, weil sie Kythera genaht war, ... Ihr gab
Eros das Geleite, und Himeros (die Sehnsucht), der Schöne, folgte
ihr, vom Anbeginn, wie sie erstanden war und wie sie zu der Götter
Schar schritt. Und das ist ihr Vorrecht, das ihr von Anbeginn
gehört, und das der Anteil, der ihr unter Menschen und todüberho-
benen Göttern zufiel durchs Los: Mädchengeflüster und Lachen
und Hintergehen und süßes Erfreuen und Lust und Kosen.*

*Denen aber gab der Vater den Beinamen Titanen, den Kindern
zur Schelte, er, der riesige Himmel, ihnen, die er doch selber
erzeugt; er sagte, sich reckend in Frevelmut hätten sie eine große
Tat getan, und für die werde dann künftig Buße zu zahlen sein.*

Hesiod, *Theogonie* 116–210 (Übers. W. Marg).

156   *Die Systeme der Darstellung des Göttlichen*

2. Es soll daran erinnert werden, daß zwischen der Schaffung der Urgötter und dem Aufstieg der letzten Generation der Götter eine Episode von erstrangiger Bedeutung liegt: das Erscheinen des Heros *Prometheus*, die Entstehung des blutigen Opfers und die Definition der menschlichen Existenz. Diese Erzählung ist sozusagen ein Eckstein im Gebäude des Textes (für seine Untersuchung s. u. S. 165 ff. den Abschnitt über die Opfermythen).

3. Der Kampf der Götter um die Macht. Die Kinder des Uranos und der Gaia erscheinen auf der Bühne des Geschehens. Sie bilden Paare von Brüdern und Schwestern, die ihrerseits von neuem göttliche Mächte hervorbringen. Unter diesen Paaren der Titanen sind es *Rheia* und *Kronos*, die über die anderen Götter gebieten. Um zu verhindern, daß eines seiner Kinder statt seiner König werde, verschlingt Kronos seine Kinder bei der Geburt. So geschieht es mit *Hestia, Demeter, Hera, Hades* und *Poseidon*, und nur das letzte Kind, *Zeus*, entrinnt ihm, weil Rheia ihm statt des Kindes einen Stein zu verschlingen gibt. Die listige Klugheit, *metis*, von der zunächst Rheia und dann Zeus in dieser Angelegenheit Zeugnis ablegen, ist eine wesentliche Voraussetzung des Erfolges. Zeus wird erwachsen und zwingt Kronos, seine Kinder auszuspeien.

Bevor er die Herrschaft endgültig erobert, müssen Zeus und seine «Brüder» gegen die Titanen kämpfen. Vom Blitz geschlagen, finden diese ihr Ende, während das Ungeheuer *Typhon* bald darauf in den Tartaros stürzt. Die olympischen Götter betrauen Zeus mit der Königsherrschaft, und er verteilt alle Ehrenstellungen unter sie und leitet eine Herrschaft des Friedens und der Gerechtigkeit ein. Überlieferungen, die aus späterer Zeit als der Text des Hesiod stammen, erzählen noch von weiteren Rückschlägen.

Zeus heiratet nun *Metis*, die zur Göttin gewordene listige Klugheit, und um zu verhindern, daß ein zukünftiger Sohn ihn vom Thron verdrängt, verschlingt er seine Frau, die mit Athena schwanger ist; er verfügt so über all die *metis*, die notwendig ist, um die Herrschaft auszuüben. Am Ende der *Theogonie* sind der Kosmos, die Welt der Götter und die Welt der Menschen endgültig eingerichtet.

Die *Theogonie* des Hesiod kann mit kosmogonischen Erzählungen des Vorderen Orients und deren entsprechenden Motiven in Zusammenhang gebracht werden. Eine der Besonderheiten der Dichtung ist es, daß sie ihre Aufmerksamkeit weniger auf die Entstehung der Welt richtet als auf die Etablierung einer Hierarchie der göttlichen Mächte. Man wird das im Zusammenhang mit den Kämpfen um die königliche

1. Mythen und Mythologie   157

Macht sehen, durch die die menschliche Gesellschaft in der Zeit der Abfassung dieser großen Erzählungen gekennzeichnet ist. Jede Untersuchung über die Schaffung eines symbolischen Systems, wie es Kosmogonien und Theogonien sind, muß selbstverständlich dem historischen Zusammenhang Rechnung tragen, der seine Ausarbeitung begleitet hat.

Die orphischen Theogonien stellen eine Sammlung von Erzählungen oder Bruchstücken von Erzählungen dar, unter denen die wichtigste auf einer Papyrusrolle steht, die 1962 in der Nähe eines Grabes in Derveni in der Umgebung von Thessaloniki gefunden worden ist; es handelt sich um einen langen philosophisch-religiösen Text, der aus der Zeit zu Beginn des 4. Jahrhunderts stammt. Aber den Ursprung der Elemente eines orphischen «Denkens» muß man mindestens auf das 6. Jahrhundert zurückführen, wie die Existenz von Anhängern des Orpheus belegt, die nach eigener Aussage ein Leben führten, das sie *bios orphikos* nennen, die orphische Lebensweise. Drei Täfelchen aus Knochen, die auf den Beginn des 5. Jahrhunderts datiert werden und im Jahre 1978 in Olbia, an der Schwarzmeerküste, gefunden worden sind, legen davon Zeugnis ab.

Die orphische Theologie entsteht im Widerspruch zur hesiodischen Erzählung und richtet sich gegen deren Anspruch, als allgemeine Grundlage zu gelten. Sie dient denen als Stütze, die Verzicht üben und sich dabei auf Orpheus berufen, um so gegen die politischen und religiösen Regeln der Polis zu protestieren und sie zurückzuweisen. Die orphischen Kosmogonien (denn es gibt mehrere Erzählungen mit mehr oder weniger wichtigen Varianten) erzählen die Ursprünge der Welt. Während die hesiodische Theogonie vom Chaos zur Ordnung fortschreitet, setzen die orphischen Erzählungen eine ursprüngliche Kraft an den Anfang, bei der es sich je nach Überlieferung um die Zeit oder die Nacht handeln kann, aus der ein Ei hervorgeht, und das wird seinerseits Phanes (den Leuchtenden) oder Eros (das Liebesverlangen) gebären. Die Geschichte der Welt, die mit diesem Ei als vollendetem Ganzen beginnt, besteht aus darauffolgenden Abspaltungen und Entartungen, die mit dem Auftauchen der geschlechtlichen Fortpflanzung in Verbindung stehen. Indem sie sich vermehren, trennen sich die Götterpaare und geraten in Gegensatz zueinander. Dieser Niedergang findet seinen Tiefpunkt in der Ermordung des Dionysos und dem Erscheinen des Menschengeschlechts (s. u. S. 177). Die Kosmogonie mündet in eine Anthropogonie, die die Aufgabe hat, den Mord zu brandmarken, den jede Tötung eines Lebewesens bedeutet. Allein die Verweigerung

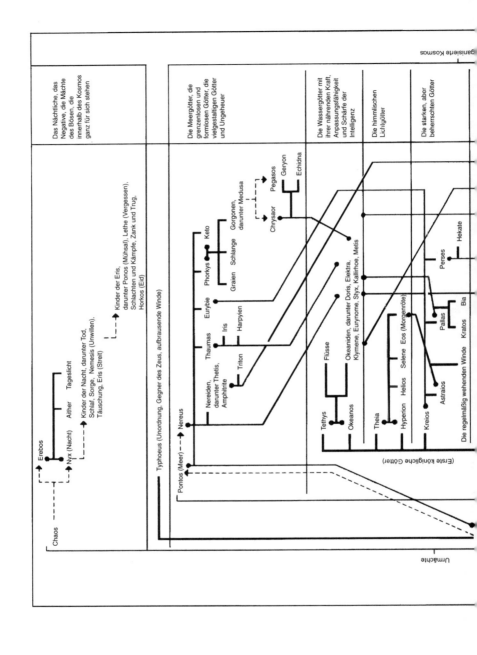

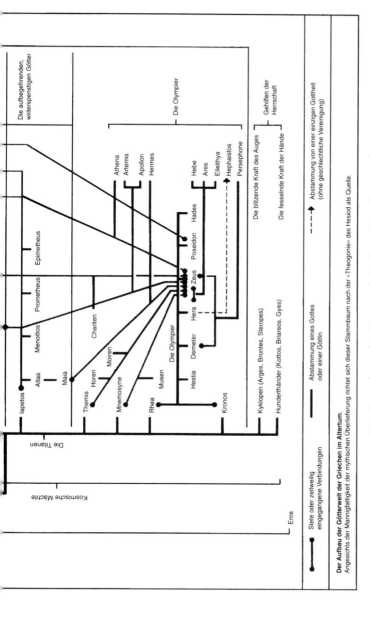

14. Der Stammbaum der Götter nach der Darstellung des Hesiod

Quelle: Auszug aus Thesaurus, Encyclopaedia Universalis

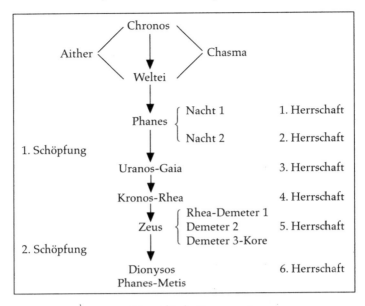

15. Die orphische Kosmogonie

des Mordes und somit des blutigen Opfers erlaubt jenen Menschen, die die orphische Lebensweise gewählt haben und damit gleichbedeutend die Reinheit und die Trennung von den Menschen der Polis, sich mit den Göttern zu versöhnen.

Der Weltaltermythos

Der Weltaltermythos, wie Hesiod ihn erzählt, erlaubt es, das lebendige mythische Denken am Werke zu sehen (wir folgen in dieser Analyse den großen Linien einer Untersuchung von J.-P. Vernant, *Le mythe hésiodique des races. Essai d'analyse structurale*, in: ders., *Mythe et pensée chez les Grecs*, Paris 1965).

Hesiod bedient sich – dies läßt uns die Struktur seiner Erzählung erkennen – eines alten Mythos, nämlich des Mythos der metallenen Zeitalter, um seine Gedanken über die Gesellschaft seiner Zeit zum Ausdruck zu bringen. Er verändert den Aufbau des Mythos dabei in geeigneter Weise, um seine Vision dessen einzubringen, was in seinen Augen das Menschengeschlecht bedroht.

Die traditionelle Version des Mythos schildert die Abfolge von Menschengeschlechtern, die vor unserer Zeit der Reihe nach die Welt

1. Mythen und Mythologie 161

bevölkert haben und dann verschwunden sind: das goldene Geschlecht, dann das silberne, schließlich das bronzene und zuletzt das eiserne. Sie folgen einer offensichtlichen Rangordnung des zunehmend deutlicher werdenden Verfalls. Doch dieser Fortschritt im Verfall wird durch ein Geschlecht der Heroen unterbrochen, das zwischen das bronzene Geschlecht und das eiserne, das das unsere ist, eingeschoben wird. Diese Abänderung des Aufbaus zieht eine wesentliche Veränderung der Bedeutung des Mythos nach sich. Die Geschlechter scheinen sich nun in Zweiergruppen so gegensätzlich gegenüberzustehen wie *dike* (die Gerechtigkeit) und *hybris* (die Maßlosigkeit): Das goldene Geschlecht steht im Gegensatz zum silbernen, das ihm folgt, das bronzene im Gegensatz zu dem der Heroen. Bei den beiden ersten trägt *dike* den Sieg davon, bei dem zweiten *hybris*. Es bleibt dann das eiserne Geschlecht, das seinerseits in zwei Abschnitte unterteilt ist: den einen, den Hesiod kennt und der eine Zeit der Mischung von *dike* und *hybris* und der Wahl zwischen beiden ist, und den anderen, der auf den Triumph der *hybris* und des Übels in einer verkehrten Welt zu folgen droht, in der nichts mehr so sein wird, «wie es früher gewesen» (*Werke und Tage* 184 ff.).

Man versteht jetzt den Sinn der Lehre, die Hesiod aus dem Mythos zieht, um sie an seinen Bruder Perses, aber über ihn auch an die Großen der Welt zu richten: «Höre aufs Recht, mehre nicht die maßlose Gewalt» (213).

In diesen drei Paaren, die aufeinanderfolgen, kann man andererseits auch das System der dreigeteilten Funktionen wiedererkennen, von dem G. Dumézil gezeigt hat, daß es das gesamte religiöse Denken der indoeuropäischen Völker durchdringt. Das goldene und das silberne Geschlecht zeigen die Eigenschaften des Königtums allein schon durch die Symbolik der Metalle, durch die sie gekennzeichnet sind. Auf den guten König, der Gerechtigkeit übt und sich als ein Abkömmling des Zeus betrachtet, folgen die frevelnden Könige (die des silbernen Zeitalters), die den Titanen gleichen. Die Menschen des ehernen Geschlechts sind ihrerseits durch ihr Auftreten als Krieger gekennzeichnet, das in den Sukzessionsmythen, die den Kampf der Götter um die Herrschaft schildern, seine Entsprechung in dem Verhalten der Giganten findet, die gegen Zeus aufbegehren und daraufhin von ihm besiegt werden. Dem ehernen Geschlecht steht das der Heroen gegenüber, die auch Kämpfer sind, jedoch gesamthaft eine Verkörperung des gerechten Kriegers, und als solche werden sie von Zeus zur Insel der Glückseligen geleitet. Das eiserne Geschlecht schließlich steht im Zeichen der Zwei-

162 Die Systeme der Darstellung des Göttlichen

deutigkeit. Das Gute und das Böse sind für dieses Geschlecht unauflösbar miteinander verbunden. Der Mensch kennt in diesem Zeitalter das Leiden und den Tod und die Notwendigkeit, sich abzumühen, um dem Boden seinen Unterhalt abzugewinnen. Pandora, die Frau, ist der Grund dieser Übel; sie ist es, die die Büchse geöffnet hat, die das Schlimme enthielt. Aber sie ist auch Symbol des «gemischten» Lebens der Menschheit. Als «schönes Übel», wie Hesiod sie bezeichnet, ist sie Verkörperung der Fruchtbarkeit: sowohl der Erzeugung der Nahrungsmittel, insofern sie als Wesen der Erde zugehört, wie der Reproduktion des Lebens. Der Mensch hat als Bauer im eisernen Zeitalter die Wahl, sich entweder der *dike* zu unterwerfen oder sich der *hybris* hinzugeben, die zu nichts anderem führen kann als zum Triumph des Übels.

Diese drei Funktionen der Herrschaft, der kriegerischen Tätigkeit und der Fruchtbarkeit, die jeweils durch den König, den Krieger und den Bauern verkörpert werden, unterliegen ihrerseits in der Erzählung Hesiods einer Spannung zwischen zwei Mächten, *Dike* und *Hybris*, die am Ende den gesamten hesiodischen Mythos bestimmen. Darin liegt der umwälzendste Beitrag und die tiefste Besonderheit. Der Platz, den Hesiod *Dike*, der Gerechtigkeit und Tochter des Zeus, zuweist, ist seine Antwort auf die Probleme, die sich durch die Veränderungen des gesellschaftlichen Lebens im 7. Jahrhundert stellen. Der Kleinbauer Perses, Bruder des Hesiod, an den das Gedicht gerichtet ist, und die Könige, deren Aufgabe es ist, der Gerechtigkeit Geltung zu verschaffen, sind gleichermaßen von dem Triumph der Dike über die Hybris betroffen. Was die kriegerische Tätigkeit angeht, so gehört sie weit zurückliegenden Zeiten an, deren Spur in dem Kampfgeist *(Eris)* gegenwärtig ist, der einen schlechten Kampf, einen Streit auszulösen vermag, wie die Auseinandersetzung, in der sich Perses und sein Bruder um ihr Vermögen gegenüberstehen und der zu Beginn des Gedichts erwähnt wird, oder einen guten Kampf, der den Triumph der Dike befördern kann.

Auf diese Weise gibt Hesiod einem alten Mythos, indem er ihn wieder aufleben läßt, neue Bedeutung und neuen Widerhall durch die Anpassung an die lebendige Gegenwart seiner Zeit. Man sieht an diesem Beispiel sowohl, wie eine strukturelle Analyse einem komplexen Gebilde Rechnung tragen kann, indem sie seine verschiedenen Ebenen erfaßt, aber auch, wie jeder Mythos eine lebendige und anpassungsfähige Schöpfung ist und seinerseits Bestandteil einer umfassenderen Ausarbeitung werden kann.

Der Weltaltermythos

Doch wenn du magst, umreiße ich dir eine andere Geschichte, wahr und nach Regel und Kunst, doch du nimm sie an und bewahr sie:
Golden haben zuerst das Geschlecht hinfälliger Menschen todfreie Götter geschaffen, die himmlische Häuser bewohnen. Das war zu Kronos' Zeit, als er noch König im Himmel. Und die lebten wie Götter und hatten nicht Kummer im Herzen, fern von Mühen und frei von Not, nicht drückte das schlimme Alter auf sie, sondern allzeit behend an Beinen und Armen lebten sie freudig in Festen, weitab von allen den Übeln; starben, als käme ein Schlaf über sie. Und all die Güter waren ihr Teil; Frucht brachte der nahrungsspendende Boden willig von selbst, vielfältig und reich. Vollbrachten in Ruhe gerne und froh ihre Werke, gesegnet mit Gütern in Fülle. Doch als dieses Geschlecht das Geschick dann mit Dunkel umfangen, sind sie Geister genannt, auf Erden wirkende, reine, gute, Beschützer vor Bösem, der sterblichen Menschen Bewacher; die geben acht aufs Sprechen des Rechts und frevelnde Taten, wandeln in Nebel gekleidet umher aller Orten auf Erden, Segenspender; sie haben dies Königsvorrecht zu eigen.
Darauf als zweites Geschlecht, als weit geringeres schufen dann das silberne sie, die himmlische Häuser bewohnen, dem aus Gold an Gestalt nicht gleich und nicht an Gedanken. Sondern es wuchs das Kind einhundert Jahre und spielte töricht herum bei der Mutter, der sorglichen, drinnen im Hause; war es dann aber gereift und zur Jugendfülle gekommen, währte nur kurz noch die Zeit ihres Lebens, eigene Torheit brachte das Weh; denn sie hatten nicht Kraft, maßlose Gewalttat untereinander zu bannen, und ewige Götter verehren mochten sie nicht und am hehren Altar den Seligen opfern, wie sichs für Menschen geziemt, je nach Wohnstatt. Diese hat schließlich Zeus der Kronide verborgen im Grimm, weil gebührende Ehren nie sie gegeben den Göttern, den Seligen oben im Himmel. Aber nachdem nun auch dieses Geschlecht die Erde umfangen, nennt man diese mit Namen die sterblichen Seligen drunten, minderen Rangs, aber dennoch erweist man Ehre auch ihnen.
Zeus der Vater erschuf hinfälliger Menschen ein drittes, andres Geschlecht, aus Erz, dem silbernen nirgendwo gleichend, eschenentstammt, so furchtbar wie stark; die trieben des Ares keuchend Geschäft und die Tat der Gewalt, und Kornfrucht vom Felde aßen sie

*nicht, stahlhart war ihr Herz im trotzigen Drängen, rüde Gesellen,
gewaltig die Kraft, unheimliche Arme wuchsen hervor aus den
Schultern am mächtigen Bau ihrer Leiber. Ehern waren bei ihnen
die Waffen, ehern die Häuser, ehern ihr Ackergerät: noch gabs kein
schwärzliches Eisen. Und dann gingen auch die, von den eigenen
Armen bezwungen, fort in das dumpfige Haus, zum frostigen
Hades hinunter, namenlos; und der Tod, so entsetzlich sie waren,
der schwarze, raffte sie fort, und sie ließen der Sonne strahlendes
Scheinen.*

*Aber nachdem auch dieses Geschlecht die Erde umfangen, hat
noch ein anderes dann auf der nährenden Erde, ein viertes Zeus der
Kronide geschaffen, gerechter und besser geartet, das der Heroen,
ein göttlich Geschlecht, man nennet mit Namen Halbgötter sie, das
Geschlecht vor uns auf der endlosen Erde. Nun hat auch diese der
böse, der Krieg und der grausige Schlachtruf teils im kadmeischen
Land, vorm siebentorigen Theben, hingemäht, wie sie kämpften im
Streit um des Ödipus Herden, teils vor Troja, wohin über dunkle
Tiefen des Meeres er sie auf Schiffen geführt, der haarschönen
Helena wegen. Dort hat die einen denn also umhüllt das Ende des
Todes, andern verlieh, weit fern von den Menschen, Nahrung und
Wohnstatt Zeus der Kronide, und hat sie gesetzt ans Ende der Erde.
Und die haben nun Wohnstatt, ein Herz ohne Sorgen im Busen,
dort auf den Seligen Inseln, an strudelnden Tiefen des Weltstroms,
selig Heroengeschlecht, dem süß wie Honig die Früchte dreimal im
Jahr gereift darbringt kornspendender Acker.*

*Müßte ich selber doch nicht danach hier unter den fünften
Menschen sein, nein wäre schon tot oder lebte erst später! Denn
von Eisen ist jetzt das Geschlecht. Und niemals bei Tage werden sie
ruhn von Mühsal und Weh, und niemals zur Nachtzeit sind sie
verschont, und die Götter verleihn dann quälende Sorgen. Dennoch
wird auch für sie zu den Übeln Gutes gemischt sein. Doch Zeus tilgt
dann auch dieses Geschlecht hinfälliger Menschen, wenn schon bei
der Geburt ihr Haar an den Schläfen ergraut ist. Dann wird fremd
sein der Vater den Kindern, Kinder dem Vater, nicht wird lieb sein
der Gast dem Wirt, der Freund seinem Freunde, nicht ist der eigene
Bruder mehr lieb, wie es früher gewesen. Bald mißachten sie dann
ihre altersgebeugten Erzeuger, mäkeln an ihnen und fahren sie an
mit häßlichen Worten rücksichtslos und scheun nicht die Götter;
geben dann auch nicht ihren greisen Erzeugern zurück den Entgelt
für die Aufzucht. Eidestreue wird nirgends gedankt und nie das*

1. Mythen und Mythologie

Gerechte, Redliches nie; wer Schlimmes vollbracht und Gewalttat verübte, der ist der Mann, den man ehrt. Das Recht sind die Fäuste. Die Ehrfurcht gibt es nicht mehr. Und der Schlechte gewinnt und schädigt den Beßren, deckt mit krummem Gerede den Trug und beschwörts mit dem Meineid. Scheelsucht wird allerorts die elenden Menschen begleiten, übeltönend, vom Schlimmen erfreut, mit schädlichen Blicken. Dann wird es sein, daß fort zum Olymp von den Straßen der Erde tief ins weiße Gewand ihr herrliches Aussehn verhüllend gehn zu der Sippe der Götter hinweg von den Menschen die beiden: Ehrfurcht und rechtes Vergelten. Doch bleiben die bitteren Schmerzen hier bei den sterblichen Menschen – und nirgends Rettung im Unheil.

Hesiod, *Werke und Tage* 106–202 (Übers. W. Marg).

Opfermythen

Da die Frage des Opfers eine bestimmende Rolle in der griechischen Religion einnimmt und im Zusammenhang mit dem zentralen Mythos des Prometheus dazu dient, die menschliche Existenz in ihrem Verhältnis zu den Göttern zu definieren, wollen wir zeigen, wie einige der Mythen, die vom Opfer handeln, aufgebaut sind, dessen wesentlichen Platz im Ritual wir im ersten Teil studiert haben.

Der Opfermythos des Prometheus

In einer Episode der *Theogonie* (535–617), die in den *Werken und Tagen* zum Teil wieder aufgenommen wird (der Mythos der Pandora 42–106), berichtet Hesiod von dem «Zweikampf der Listigkeit», in dem sich Prometheus und Zeus gegenübergestanden seien. Die Szene spielt zu jener Zeit, da sich die Art der Beziehungen zwischen Menschen Göttern entschieden habe. Auf der einen Seite steht Zeus, der Sieger über die Titanen, der mit den Olympiern die Ehrengaben geteilt hat, wobei ein jeder seinen Anteil erhalten hatte; auf der anderen finden wir Prometheus, der zwar nicht Feind des Zeus, aber doch Abkömmling des Titanen Iapetos ist. Es geht um die Verteilung der Anteile unter die Olympier und die Menschen.

Prometheus hat für die beiden Parteien zwei Teile des Rindes vorbereitet. Um Zeus zu täuschen, bedeckt er die nackten Knochen mit Fett,

166 *Die Systeme der Darstellung des Göttlichen*

während bei einem zweiten Anteil «die fettumgebenen inneren Teile in eine Rindshaut» gelegt sind. Der erste, verlockende Teil bietet unter dem Fett nichts Genießbares, der zweite verbirgt unter einem abstoßenden Äußeren alle guten Stücke. Unter diesen ungleichen Anteilen wählt Zeus absichtlich den in betrügerischer Absicht verhüllten, der in Wahrheit der richtige ist, denn indem sie sich lediglich von dem Rauch der auf dem Altar vom Feuer verzehrten Knochen ernähren, bekräftigen die Götter ihren unsterblichen Charakter. Sie stehen allem Verderblichen fern, und darunter insbesondere dem toten Fleisch der Tiere, ohne das die Menschen indes nicht auskommen können. Zeus kehrt also die List des Prometheus gegen die Menschen. Gleichzeitig denkt er daran, sich zu rächen.

In einem zweiten Abschnitt verweigert Zeus den Menschen das Feuer, das ihnen bisher frei zur Verfügung gestanden hatte. Er verbirgt es und untersagt ihnen, das in der Verteilung erlangte Fleisch zu kochen. Prometheus stiehlt daraufhin das Feuer, um es den Menschen zu geben. So hat er in der Tat eine doppelte Bedeutung für die Menschen. Durch die Flamme der Altäre (das Feuer des Opfers) verbindet er sie mit den Göttern, während er sie von den Tieren, mit denen sie das Schicksal der Sterblichkeit teilen, scheidet, indem er ihnen ermöglicht, ihre Nahrung zu kochen.

Doch durch dieses Geschenk erregt Prometheus ein zweites Mal den Zorn des Zeus, der sich an den Menschen rächen wird, indem er ihnen nun seinerseits ein «Danaergeschenk» macht: Der dritte Abschnitt des Mythos erzählt von der Erschaffung der ersten Frau durch Hephaistos. Aus Erde geformt und von Athena geschmückt, soll sie in der Fassung des Mythos, wie ihn die *Werke und Tage* bieten, als Pandora wiedererscheinen, als «Geschenk aller Götter». Sie ist ein vergiftetes Geschenk, ihre Schönheit und Verführungskraft verbergen den Lug und Trug in ihrem Inneren. Sie ist das «schöne Übel», wie Hesiod es nennt.

Der erste Akt des Dramas, die Vorbereitung der ungleichen Teile, die den Menschen alles verzehrbare Fleisch vorbehält, wird durch den Text selbst als Erklärung eines Teils des Opferrituals präsentiert: «Seit jenem Tage verbrennen die Völker der Menschen auf der Erde den Unsterblichen die weißen Knochen auf duftenden Altären» (*Theogonie* 556–57). Doch ist mit dem aitiologischen Wert des Mythos die Bedeutung der gesamten Erzählung noch nicht erschöpft. Ihr Zusammenhalt wird auf der Erzählebene durch die Verkettung der Episoden unterstrichen und auf der semantischen Ebene durch die symbolischen Entsprechungen innerhalb der verschiedenen Episoden. Am Ende der Untersu-

1. Mythen und Mythologie

chung ist festzustellen, daß es Natur und Funktion des Opfers nach Art des Prometheus sind, die die Erzählung bei Hesiod uns erklärt.

Das Opfer des Prometheus und die Erschaffung der Frau

Zu der Zeit nämlich, als sich Götter und sterbliche Menschen schieden, in Mekone, damals teilte er (Prometheus), gerne bereit, ein mächtiges Rind auf und legte es vor, gewillt, Zeus' Sinn zu hintergehen. Vor ihn nämlich legte er die Fleischstücke und die fettumgebenen inneren Teile in die Rindshaut und bedeckte sie mit dem Magen des Rinds, für die Menschen aber schichtete er, in listiger Kunst, die weißen Rindsknochen hoch und bedeckte sie mit glänzendem Fett. Damals sprach nun zu ihm der Vater der Menschen und Götter: «Sohn des Iapetos, ausgezeichneter unter all den Fürsten; Bester, wie parteiisch hast du die Teile verteilt.» So sprach tadelnd Zeus, er, der unvergängliche Ratschlüsse weiß.

Zu ihm sprach erwidernd Prometheus, der Krummes sinnende, leicht dabei lächelnd, und vergaß nicht seine listigen Künste: «Zeus, erlauchtester, größter der ewig seienden Götter, nimm von den beiden doch den Teil, den dein Herz in der Brust dich nehmen heißt.»

So sprach er mit listigem Sinn. Doch Zeus, der unvergängliche Ratschlüsse weiß, erkannte wohl und verkannte nicht den Trug; aber ahnend schaute er im Innern Übel für die sterblichen Menschen, die denn auch vollendet werden sollten. Ja, mit beiden Händen hob er hoch das weiße Fett. Und er ergrimmte drinnen am Zwerchfell, erbittert ward er im Sinn, als er sie sah, die weißen Knochen des Rindes, in listiger Kunst gelegt. Seit jenem Tag verbrennen die Völker der Menschen auf der Erde den Unsterblichen die weißen Knochen auf duftenden Altären. Und zu ihm sprach voller Unwillen Zeus, der Versammler der Wolken: «Sohn des Iapetos, der du von allen dich auskennst im Planen, so hast du, mein Bester, also auch jetzt nicht listiger Künste vergessen.»

So sprach voller Grimm Zeus, er, der unvergängliche Ratschlüsse weiß. Und seit dem Tag nun war er stets dieses Trugs gedenk und gab den Eschen nicht die Kraft des unermüdlichen Feuers zum Nutzen der sterblichen Menschen, die am Boden ihre Wohnstatt haben. Aber es hinterging ihn der treffliche Sohn des Iapetos und

stahl des unermüdlichen Feuers weitblickenden Schein drinnen im
Mark eines Narthexrohres. Es biß ihm drinnen den Sinn, dem
hochdonnernden Zeus, er ergrimmte in seinem Herzen, als er bei
den Menschen sah des Feuers weitblickenden Schein. Sogleich
bereitete er, das Feuer zu entgelten und aufzuwiegen, ein Übel für
die Menschen. Aus Erde nämlich formte der weitberühmte Hinkfuß
(Hephaistos), was einer achtbaren Jungfrau glich, nach des Kronos-
sohns Plänen. Es gürtete sie und ordnete ihr die Falten die Göttin,
die strahlenäugige Athene, am silberhellen Kleid, vom Haupt zog
herab die Göttin mit ihren Händen ein feines, kunstvoll verziertes
Tuch, ein Wunder zu schauen. Und einen goldenen Reif setzte sie
ihr aufs Haupt, den der weitberühmte Hinkfuß selber gefertigt, mit
kundigen Händen, Zeus dem Vater zu Gefallen. Auf ihm waren
viele Gebilde geformt, ein Wunder zu schauen, wilde Tiere, wie sie
viel die Feste nährt und das Meer. Solche setzte er viele darauf, und
Reiz umhauchte sie alle, staunenswert waren sie, lebenden, stimm-
begabten Wesen gleich.

Als nun, zum Vergelt für das Gut, Zeus das schöne Übel erschaffen hatte, führte er sie hinaus, wo die anderen waren, die Götter
und Menschen, sie, die prangte im Schmuck der strahlenäugigen
Tochter des Mächtigen. Staunen hielt gefangen die unsterblichen
Götter und sterblichen Menschen, wie sie erblickten den steilen
Trug, unüberwindbar den Menschen. Von ihr nämlich kommt das
verderbliche Geschlecht, die Stämme der Frauen, die, ein großes
Leid, unter den sterblichen Männern wohnen; nicht bei der verhaß-
ten Armut sind sie passende Begleiter, wohl aber beim Überfluß.
Wie wenn in den gewölbten Stöcken Bienen die Drohnen nähren,
die sich verschworen haben zu schlimmem Tun. Die Bienen mühen
sich den langen Tag über bis zum Untergang der Sonne, Tag um
Tag, und stapeln das helle Wachs; die Drohnen bleiben aber in den
gewölbten Körben und raffen fremde Mühe in ihrem Bauch. Ganz
so hat Zeus, der hochdonnernde, den sterblichen Männern als Übel
die Frauen bestimmt, die verschworen sind zu schlimmem Tun. Ein
weitere Übel setzte er fest, ein Übel gegen ein Gut: Wenn einer
die Ehe flieht und das schlimme Tun der Frauen und nicht heiraten möchte, zu einem schlimmen Alter kommt der, entbehrt der
Alterspflege; und mancher hat zwar an Unterhalt keinen Mangel,
solange er lebt, stirbt er aber, so teilen unter sich seinen Besitz
entfernte Erben; andererseits wem eine gute Ehe zuteil wurde, und
er besitzt eine rechte Gemahlin, die wohl gefügt ist in ihrem Sinn,

auch dem hält von eh und je das Übel dem Guten die Waage,
beständig; wer aber an die böse Art von Weib gerät, der lebt mit
unstillbarem Weh in der Brust, an Sinn und Herz, und nicht zu
heilen ist dies Übel.

So ist es nicht möglich, Zeus' Sinn zu hintergehen oder zu
überholen. Denn auch des Iapetos Sohn, der gewitzte Prometheus,
entkam des Herrn lastendem Grimm nicht, sondern mit Zwang hält
ihn, so vielkundig er ist, die mächtige Fessel gebunden.

Hesiod, Theogonie 535–616 (Übers. W. Marg).

Der Pandoramythos

Nämlich die Götter verbargen des Unterhalts Mittel den Menschen.
Mühelos würdest du sonst und an einem Tage erwerben, daß übers
Jahr hin genügend du hast, und später wärst du auch müßig.
Schleunigst hängtest du wohl das Steuer weg in den Rauchfang,
und was die Rinder beackern und zähen Mäuler, verkäme. Doch
Zeus hat es verborgen, ergrimmt in der Tiefe des Herzens, weil ihn
mit List herging Prometheus, wendig im Denken; darum also
ersann er den Menschen leidvolle Sorgen, und er verbarg das Feuer;
das wiederum stahl für die Menschen Iapetos wackerer Sproß dem
Zeus, dem planenden Walter, innen im Mark des Narthex, vor
Zeus, dem Blitz-Herrn, verborgen. Ihn aber redete an ergrimmt
Zeus, Herr der Gewitter: «Iapetos trefflicher Sohn, vor allen findig
im Planen, freust dich, daß du das Feuer entwandt und mich schlau
hintergangen, großes Leid für dich selber und auch für die kommenden Menschen. Denen werd ich für das Feuer verleihn ein Übel,
das allen Freude bereitet im Herz, wenn ihr eigenes Weib sie
umarmen.»

Sprachs, und lachte heraus, der Vater der Menschen und Götter.
Und er hieß den Hephaistos, den kunstberühmten, aufs schnellste
Erde benetzen mit Wasser und menschliche Stimme und Leben
dreintun, aber im Antlitz den todfreien Göttinnen ähnlich machen
die lockende Schönheit des Mädchens; aber Athene, Werke sie
lehren, zu weben am Künstliches wirkenden Webstuhl; und dann
Liebreiz schütten ums Haupt Aphrodite, die güldne, und auch
quälendes Sehnen und gliederverzehrendes Herzweh. Einzupflan-
zen scharwenzelnden Sinn und verschlagene Artung, gab er dem
Hermes Befehl, dem Geleiter, Töter des Argos.

170 *Die Systeme der Darstellung des Göttlichen*

*So sein Geheiß. Die folgten dem Kronossohn Zeus, dem Gebieter:
Alsbald formte er aus Erde, der weithin berühmte, der Klumpfuß,
was aussieht wie ein Mädchen voll Scham, nach dem Ratschluß
Kronions; Gürten und Ordnen des Kleides war Werk der Göttin
Athene; göttliche Grazien legten ihr an und die Herrin Beredung
Ketten von Gold, rings über die Haut. Und ringsum bekränzten
Horen, herrlich gelockte, mit Frühlingsblumen das Mädchen. Doch
in die Brust gab ihr ein der Geleiter, Töter des Argos, Täuschung
und schmeichelnder Worte Gewalt und verschlagene Artung, wie es
der Wille des Zeus, des Donnerers. Setzte die Stimme ihr auch ein,
der Bote der Götter; gab dann den Namen diesem Weib: Pandora;
weil all die Bewohner des Himmels ihr ihre Gabe gegeben, zum Leid
den geschäftigen Männern.*

*Als er die List nun vollendet, die unwiderstehliche, jähe, zu
Epimetheus entsandte der Vater den Töter des Argos mit dem
Geschenk, den Boten der Götter. Und Epimetheus dachte nicht
daran, was Prometheus geraten, nie eine Gabe anzunehmen von
Zeus dem Olympier, sondern sie wieder rückzusenden, daß ja kein
Übel käm zu den Menschen. Er nahm sie an, doch als er das Übel
besaß, da bemerkt' ers.*

*Nämlich zuvor da lebten der Menschen Stämme auf Erden frei
von allen den Übeln und frei von elender Mühsal und von quälen-
den Leiden, die Sterben bringen den Menschen. Doch als das Weib
von dem Tonfaß den mächtigen Deckel emporhob, ließ es sie los; es
brachte ihr Sinn viel Unheil den Menschen. Einzig die Hoffnung
blieb da in unzerstörbarer Wohnstatt, innen unter dem Rande des
Krugs, und flog nicht ins Freie auf und davon; denn vorher ergriff
sie der Deckel des Kruges, wie es der Träger der Aigis gewollt, Zeus,
Herr der Gewitter. Aber die andern durchschweifen, unzählbare
Plagen, die Menschheit; nämlich voll ist die Erde von Übeln, voll
auch die Salzflut; Krankheiten kommen bei Tag zu den Menschen,
andre zur Nachtzeit, wie sie wollen, von selbst, und bringen den
Sterblichen Schaden, schweigend, denn ihre Stimme nahm fort
Zeus' planender Wille. So ist's gänzlich unmöglich, dem Sinn des
Zeus zu entkommen.*

Hesiod, *Werke und Tage*, 43–106 (Übers. W. Marg).

1. Mythen und Mythologie 171

Ebenso wie Prometheus als erster Zeus durch die Zuteilung der Teile des Rindes hintergehen wollte, so hintergeht Zeus die Menschen durch das Geschenk der ersten Frau. Der Diebstahl des Feuers spielt eine Vermittlungsrolle zwischen den beiden Handlungen. Nachdem die Täuschung des Prometheus scheinbar triumphiert hat, zieht dieses Geschenk in Wahrheit den Zorn und die Rache des Zeus nach sich, die das menschliche Schicksal prägen soll. Das Feuer erweist sich so als ein ebenso unheilträchtiges Geschenk wie das der Frau, über das die Menschen sich zunächst gefreut haben. «Worum es bei dem Konflikt geht, in dem sich die durchtriebene List des Titanen und die unfehlbare Einsicht des Olympiers gegenüberstehen, das ist letztlich das Gesetz, das das menschliche Schicksal bestimmt und die Art, wie die Menschen heutzutage leben. Die Opferhandlung wird als die erste Folge und der unmittelbare Ausdruck des Grabens gesehen, der sich zwischen Menschen und Göttern an jenem Tage aufgetan hat, als Prometheus sich auf den Weg der Auflehnung begeben hatte. Der Mythos verbindet das Ritual des Opfers mit jenen ursprünglichen Ereignissen, die aus den Menschen gemacht haben, was sie sind, nämlich sterbliche Wesen, die auf der Erde inmitten unzähliger Übel leben, die gemeinsam mit ihren Frauen den Weizen der von ihnen bestellten Felder essen. Sie sind ein Geschlecht, das völlig getrennt von denjenigen lebt, denen sie doch vorher ganz nahe standen, als sie mit ihnen in Tischgemeinschaft lebten und sich niedersetzten, um dasselbe Mahl mit ihnen zu teilen: jene glückseligen Unsterblichen, die im Himmel wohnen und sich von Ambrosia ernähren, zu denen jetzt der Rauch der Opfergaben aufsteigt. Wie die einstige Nähe ihren mythischen Ausdruck in dem Bild einer Gemeinschaft von Tischgenossen findet, die in Gesellschaft speisen, so wird die gegenwärtige Trennung durch den Unterschied der beiden Ernährungsweisen kundgetan. Dieser Gegensatz ist in den Mittelpunkt des Rituals gerückt, das indes versucht, zwischen den beiden getrennten Geschlechtern eine Art von Verbindung und Beziehung herzustellen, und danach strebt, so gut es eben geht, eine Brücke zwischen Erde und Himmel zu schlagen» (J.-P. Vernant, *A la table des hommes*, in: *La cuisine du sacrifice en pays grec*, S. 41–43).

Im Zusammenhang mit diesem zentralen Mythos bekommen eine ganze Reihe anderer Erzählungen einen Sinn. Es dreht sich bei ihnen stets um das Problem des Opfers als Ausdruck der Beziehung zu den Göttern und um die Sterblichkeit des Menschen.

172   *Die Systeme der Darstellung des Göttlichen*

Von der Tötung der Tiere

Manche mythische Erzählungen bieten uns Detailinformationen darüber, welche Fragen die Griechen sich hinsichtlich der Probleme wie
etwa der Gewalttätigkeit bei der Tötung der Tiere stellen, und geben
uns auch Aufschluß über die Arten der Antworten, die sie darauf
finden. Bestimmte Überlieferungen, auf die sich Vegetariertum und
pythagoräisches Weltverständnis beziehen, stellen an den Anfang der
Zeiten eine Menschheit, die das blutige Opfer nicht kennt, sondern nur
pflanzliche Opfergaben. In diesen Zusammenhang gehören die Mythen, die das erste blutige Opfer erklären wollen.

Theophrast erzählt in einem langen, von Porphyrios in seiner Abhandlung «Über die Enthaltsamkeit» wiedergegebenen Zitat, wie Sopatros, ein Landmann in Attika, in den alten Zeiten, als die Menschen das
blutige Opfer noch nicht kannten, eines Tages im Zorn ein Rind getötet
habe, das die auf dem Altar niedergelegten Opfergaben berührt hatte.
Aus Scham über seine Tat geht Sopatros außer Landes, doch es kommt
zu einer Dürre, die das ganze Land bedroht. Nach Befragung des
Orakels in Delphi begründet man daraufhin ein Ritual, das vorbehalt-
lich der Einhaltung einer ganz bestimmten Prozedur die Tötung und
den Verzehr des Rindes erlaubt. Die gesamte Gemeinde vereint sich mit
Sopatros, um ein Rind zu töten und zu verzehren; danach «stellt man
das Rind wieder auf die Beine», stopft sein Fell mit Stroh aus und
spannt es vor einen Wagen. Schließlich urteilt ein Gericht der Reihenfolge nach über alle Teilnehmer an der rituellen Tötung, und am Ende
wird die Verantwortung dafür allein dem Messer zugesprochen. Das ist
der Ursprung des rituellen Festes der *Bouphonien* («der Rindermord»),
das in Athen jedes Jahr von neuem abgehalten wird.

Der Mythos von Sopatros

*Denn niemand darf durch Mord die Altäre der Götter beflecken,
noch sollen die Menschen eine solche Nahrung anrühren – ebensowenig wie die Körper ihrer eigenen Artgenossen. Man soll vielmehr
das zum Vorbild für jedes Leben machen, was noch in Athen als
Brauch gewahrt wird.*

*In alter Zeit nämlich, wie wir bereits gesagt haben, hatten die
Menschen den Göttern Feldfrüchte geopfert, aber keine Tiere, und*

1. Mythen und Mythologie

sie verwendeten sie auch nicht zur eigenen Ernährung; damals, so berichtet man, als ein öffentliches Opfer stattgefunden habe, und als ein gewisser Sopatros, der von der Herkunft her kein Einheimischer war, aber in Attika das Land bestellte, einen Opferkuchen und die Opfergaben sichtbar auf den Altar gelegt hatte, um sie den Göttern zu opfern, habe eines von den Rindern, die von der Arbeit zurückkamen, einen Teil davon aufgefressen und den anderen zertreten. Der habe sich über das Geschehen so sehr erregt, daß er, als jemand in der Nähe eine Axt schärfte, sie ihm entriß und das Rind tötete. Als das Rind tot war und er sich von seinem Zorn erholte, wurde er sich bewußt, welche Tat er vollbracht hatte; er begrub das Rind, wählte die freiwillige Verbannung wie einer, der einen Frevel begangen hatte, und floh nach Kreta. Als daraufhin eine anhaltende Dürre eintrat und eine schreckliche Unfruchtbarkeit herrschte, antwortete die Pythia denen, die den Gott von Staats wegen befragten, daß der nach Kreta Geflüchtete diesem ein Ende machen werde, und daß alles gut werde, nachdem sie den Mörder bestraft hätten und das tote Tier bei demselben Opfer, bei dem es getötet worden war, wieder auf die Beine gestellt hätten, und wenn sie das tote Tier verzehrten und sich nicht davor scheuten. Daher wurde eine Suche durchgeführt und der Urheber des Geschehens gefunden. Sopatros glaubte, fluchbeladen wie er war, daß er am ehesten von der Schwierigkeit befreit werde, wenn alle von Staats wegen dieselbe Handlung vollzögen. Er sagte zu denen, die zu ihm gekommen waren, daß von der Stadt ein Rind getötet werden müsse. Als sie keinen Rat wußten, wer derjenige sein solle, der es töten solle, sagte er ihnen zu, das zu tun, wenn sie ihn zunächst zum Bürger machten und dann an dem Mord teilnähmen. Diese stimmten zu, und als sie in die Stadt zurückkamen, ordneten sie das Verfahren in folgender Weise, wie es auch jetzt noch bei ihnen geregelt ist.

Sie wählten junge Mädchen als Wasserträgerinnen aus. Diese brachten Wasser, damit man die Axt und das Schlachtmesser schärfen konnte. Nachdem die Geräte geschärft waren, reichte einer die Axt, ein anderer tötete das Rind, ein weiterer stach es ab; nachdem man ihm dann das Fell abgezogen hatte, aßen alle von dem Rind. Nach all diesen Handlungen nähte man die Haut des Rindes wieder zusammen und stopfte es mit Stroh aus; dann stellte man es wieder auf die Beine, so daß es dieselbe Gestalt hatte wie vorher im Leben, und man spannte es vor einen Pflug wie zur

174 *Die Systeme der Darstellung des Göttlichen*

Arbeit. Man fällte eine gerichtliche Entscheidung über den Mord und rief alle an der Tat Beteiligten auf, sich zu rechtfertigen. Unter ihnen klagten die Wasserträgerinnen diejenigen, die die Geräte geschärft hatten, als stärker als sie selbst belastet an, und die, die die Geräte geschärft hatten, den, der die Axt geführt hatte, der aber denjenigen, der das Tier abgestochen hatte, und der, der das getan hatte, klagte wiederum das Messer an, das man, da es nichts sagen konnte, wegen Mordes verurteilte. Seitdem und bis heute verrichten die Genannten zu den Diopolien auf der Akropolis in Athen das Opfer des Rindes. Nachdem sie auf den ehernen Tisch einen Opferkuchen und Gerstenschrot gelegt haben, treiben sie die dazu bestimmten Rinder darum herum, und das unter ihnen, das davon frißt, wird erschlagen. Es sind jetzt bestimmte Familien, die das tun. Alle, die von Sopatros abstammen, der das Rind erschlagen hat, werden als Boutypoi bezeichnet, und die von dem abstammen, der das Rind herumtreibt, als Kentriadai; die schließlich, die von dem abstammen, der das Rind abgestochen hat, nennt man Daitroi wegen des nach der Verteilung des Fleisches stattfindenden Festmahls. Wenn sie die Haut ausgestopft haben und den Prozeß überstanden haben, werfen sie das Messer ins Meer.

So widersprach es in alten Zeiten dem göttlichen Gesetz, die Tiere zu töten, die zu unserem Lebensunterhalt beitragen, und auch jetzt muß man sich davor hüten, es zu tun.

Porphyrios, *De abstinentia* 2, 28 ff. (Übers. A. Wittenburg).

Auf den ersten Blick legt die Erzählung Zeugnis von der Reinheit der anfänglichen Opfer ab und von der Notwendigkeit, dahin zurückzukehren. Doch sie zeigt ebenso, wie die Polis ihre Ordnung im Bereich um das Speiseopfer entwickelt: Es erlaubt den Mitgliedern der Gemeinschaft, sich als solche wiederzuerkennen, indem sie alle gemeinsam die Stücke des Rindes verzehren, das die Polis dem Zeus dargebracht hat; und zugleich erlaubt es durch den Rückgriff auf das Rechtsverfahren (das Gericht, das über den Mord verhandelt), die Schuld auszuräumen, die dem Tötungsakt anhaften könnte.

Um diesen Mißklang richtig zu erkennen und zu verstehen, der zwischen der ausdrücklichen Absicht der Erzählung («So widersprach es in alten Zeiten dem göttlichen Gesetz, die Tiere zu töten, die zu unserem Lebensunterhalt beitragen, und auch jetzt muß man sich davor hüten, das zu tun.») und der grundlegenden Bedeutung des

1. Mythen und Mythologie

Mythos besteht, der die Beziehung zum Boden und dem Pflügen in den Mittelpunkt des Lebens der Polis stellt, muß man ihn in einem Zusammenhang mit anderen Mythen sehen, die die Werte sowohl des Opfers wie des Ackerbaus behandeln und in denen andere Rinder und Arbeitstiere geopfert werden.

Einige Erzählungen über das Opfer handeln von «Herakles». Neben anderen erzählen auch Apollodoros (*Bibliothek* 2, 5, 11–16) und Philostratos (*Imagines* 2, 24–28), jeder auf seine Weise, von der Begründung eines Opfers an Herakles in Lindos auf der Insel Rhodos. Am Beginn steht ein Rind, das vor den Pflug gespannt ist und von dem Helden, der gerade auf der Insel vorbeikommt, zum beträchtlichen Schaden des Besitzers, des Ackerbauern Theiodamas, getötet und verschlungen wird. Die Erzählung endet bei Philostratos folgendermaßen: «Und dieser Theiodamas wird bei den Lindiern als heilig verehrt; daher wird dem Herakles ein Ackerrind geopfert, aber man beginnt mit Verfluchungen, wie einst, wie ich meine, der Bauer. Herakles ist erfreut und gewährt den fluchenden Lindiern seine Wohltaten.» Zwei charakteristische Eigenschaften des Herakles werden in diesen Erzählungen deutlich: seine Gewalttätigkeit (er greift sich das Rind gegen den Willen des pflügenden Bauern) und sein legendärer Appetit (er verschlingt das ganze Tier völlig allein). Zugleich erscheint er gegenüber dem Ackerbauern, der auf einem Landstück seßhaft ist und sich dort abmüht, als ewiger Wanderer. Das von Herakles vollzogene Opfer ist insofern untypisch, als es in eine einsame Feier mündet, bei der im Heißhunger weder die Regeln der Aufteilung noch die Stufen der Zubereitung beachtet werden (er ißt alleine ein ganzes gebratenes Rind mitten auf dem Felde).

Dieses unerhörte Verhalten führt dazu, daß man ein Opfer zu Ehren des Herakles einführt, so als ob er, Außenseiter der er ist, indem er selbst ein Ackerrind opfert, die Menschen ermächtigt, ja sie sogar ermutigt hätte, dasselbe zu tun. Alles spielt sich so ab, als ob er durch dieses Opfer die Menschen darauf hinweisen wolle, daß das Opferrind dasselbe sei wie das vor den Pflug gespannte und daß die beiden Handlungen zusammengehören, wie andererseits der Anbau von Getreide und die fleischliche Ernährung.

176   *Die Systeme der Darstellung des Göttlichen*

Herakles in Lindos

Ein rauher Mann und, bei Zeus, ein rauhes Land. Denn diese Insel ist Rhodos, dessen rauhesten Teil die Lindier bewohnen, ein Land, das gut ist, Rosinen und Feigen zu tragen, aber nicht angenehm zu pflügen, und unwegsam, um im Wagen zu fahren. Man stelle sich einen mürrischen und frühzeitig gealterten Mann vor, den Lindier Theiodamas, wenn du von dem vielleicht schon irgendwo gehört hast. Aber welche Kühnheit! Theiodamas ereifert sich gegen Herakles, worauf dieser beim Pflügen zu ihm tritt und den einen seiner Ochsen schlachtet und kräftig davon ißt, an solche Speise gewöhnt. Über Herakles hast du wohl bei Pindar gefunden, wie er nach seiner Ankunft im Hause des Koronos ein ganzes Rind verspeist und nicht einmal die Knochen übrigläßt; zu Theiodamas kommt er zu der Stunde, da man die Tiere ausspannt, und kümmert sich um das Feuer – die Kuhfladen brennen auch gut; er brät das Rind und prüft das Fleisch, ob es schon gar sei, und fast tadelt er das Feuer, daß es seine Arbeit zu langsam mache. Die Einzelheiten des Bildes sind so, daß man das Aussehen der Erde nicht übersehen kann. Denn wo die Erde nach dem Pflügen noch so wenig gegeben hat, da erscheint sie, wenn ich es richtig sehe, nicht unergiebig. Herakles hat seine Sinne hauptsächlich auf das Rind gerichtet, den Flüchen des Theiodamas indes schenkt er keine Aufmerksamkeit, außer daß er sich darüber lustig macht, der Bauer aber wirft mit Steinen nach Herakles. Die Art der Kleidung ist dorisch, das Haar verwildert, und um das Gesicht ist er schmutzig, und Schenkel und Arm sind, wie die liebe Erde sie ihren Athleten macht. Das ist das Werk des Herakles. Und dieser Theiodamas wird bei den Lindiern als heilig verehrt; daher wird dem Herakles ein Ackerrind geopfert, aber man beginnt mit Verfluchungen, wie einst, wie ich meine, der Bauer. Herakles ist erfreut und gewährt den fluchenden Lindiern seine Wohltaten.

Philostratos, *Imagines* 2, 24 (unter Heranziehung der frz. Übers. in: J.-L. Durand, *Sacrifice et labour en Grèce ancienne*, Paris 1986; deutsch von A. Wittenburg).

Dionysos

Ferner kann man im Zusammenhang mit der zentralen Frage des Opfers und der Tötung des Tieres die *Verweigerung des blutigen Opfers* verstehen, wie sie von *den orphischen Mythen aus dem Themenkreis*

1. Mythen und Mythologie   177

zum Tode des Dionysos dargestellt wird. Sie erzählen, wie die Titanen den jungen Dionysos zu sich locken, indem sie ihm Spielzeuge zeigen, und sich daraufhin seiner bemächtigen und ihn töten, bevor sie ihn wie ein Opfertier behandeln: Seine Glieder werden zerteilt und in einem Kessel gekocht, bevor sie auf Spieße aufgespießt, dann gebraten und schließlich verschlungen werden. Zeus straft sie, indem er sie mit dem Blitz schlägt – aus ihrer Asche wird das Geschlecht der Menschen entstehen –, während Apollon mit der Aufgabe betraut wird, das von den Titanen verschonte Herz des Dionysos heimzuholen.

Wenn die Titanen mit Dionysos auch ein Opfer veranstalten, das an das reguläre Opfer erinnert, so kehren sie doch die Ordnung der «Opferküche» um (s. o. S. 35). Normalerweise brät man die *splanchna*, bevor man die anderen Fleischstücke im Kessel kocht. Diese doppelte Zubereitung entspricht einer Vorstellung, die in den beiden Arten, dem Braten und dem Kochen, zwei aufeinanderfolgende Stufen der Kulturgeschichte der Menschheit sieht: vom Rohen zum Gekochten, aber innerhalb des Bereichs des Gekochten vom Braten als einer oberflächlichen und primitiven Zubereitungart zum Sieden, das höhere kulinarische Künste voraussetzt. Die von den Titanen vorgenommene Umkehr zwischen dem Braten und dem Kochen unterstreicht, indem es diese Hierarchie durchbricht, den negativen Aspekt ihres Kochens und ihres Opfers. Ihres Verbrechens wegen ist der gesamte Ablauf des Opfers mit dem Zeichen des Mordes versehen. Durch die Verurteilung dieser fernen Vorfahren wird alles Verhalten der Menschen, die Lebewesen töten, um sich zu ernähren, stigmatisiert und zurückgewiesen.

In der Forderung nach einem reinen Leben, das nicht durch das Blut der Opfer befleckt wird, unterscheidet sich die Orphik grundlegend von dem *orgiastischen Dionysoskult*, zu dem sie absichtlich auf Distanz geht, wenn sie sich etwa die Überlieferung zu eigen macht, die von dem von thrakischen Frauen in Stücke gerissenen Orpheus handelt. Was auch immer ihre Beweggründe gewesen sein mögen (Rache für die Mißachtung, die ihnen Orpheus entgegenbringt, oder Rache für die Mißachtung gegenüber Dionysos, dem Orpheus Apollon vorzieht), ob sie nun Mänaden sind oder nur rasende Frauen, indem sie seinen Körper in Stücke reißen und verstreuen, machen sie aus ihm ein Opfer der dionysischen Wildheit.

Der typischste Ausdruck des Dionysoskultes, der *orgiastische Kult*, ist durch Erscheinungen des Wahns und der Besessenheit *(mania)* bei den Anhängern des Gottes gekennzeichnet. Diese werden als *Bacchan-*

tinnen und *Bacchanten* (Bakchos oder Bacchus ist einer der Namen des Dionysos) oder auch als *Mänaden* bezeichnet; letzteres ist ein Begriff, der für Frauen verwendet wird, die bevorzugt Angehörige im Gefolge des Gottes sind. Die Tragödie des Euripides mit dem Titel *Die Bacchantinnen* oder *Bakchen* stellt in einer mythischen Umsetzung die extremen Erscheinungsformen der Trance dar.

Von dem Gott erfüllt, laufen seine Anhängerinnen beim Lichte von Fackeln in ekstatischem Zustand durch die Berge, verlassen ihre Häuser und geben sich einer wilden Jagd hin. Das erlegte Wild wird bei lebendigem Leibe zerrissen *(diasparagmos)* und roh verschlungen *(omophagia)*. Man findet hier alle Züge einer Perversion und einer Umkehr des regulären Opfers und seiner Funktionen: wilde Natur statt des Raumes der Stadt, Jagd, Durchbrechung des Rituals der Tötung und Aufteilung, Abwesenheit des Feuers und des Kochens, das aus dem Fleisch einen Gegenstand kultivierter Ernährung macht. Das dionysische Opfer durchführen bedeutet, einen Weg zur Wildheit einzuschlagen, und stellt mithin eine Zurückweisung des staatlichen Opfers und der Werte dar, die dieses impliziert. Indem er die Grenze überschreitet, die den Menschen vom Tier trennt, eröffnet der dionysische Kult einen alternativen Weg, die menschliche Existenz zu erfahren, jenseits der vom prometheischen Opfer gezogenen Grenzen.

Das Studium dieser verschiedenen Mythen, von der Geschichte des Prometheus über die pythagoräischen Spekulationen zum Tod des Rindes bis hin zu den Schilderungen der dionysischen Omophagie, läßt einen Gesamtkomplex erkennen, der sich um die Ernährungsgewohnheiten, die Verfahren der Zubereitung und das blutige Opfer gebildet hat. Was deutlich wird, ist ein stillschweigender oder ausdrücklicher griechischer Diskurs über «die Existenz des Menschen in Hinsicht darauf, wie er sich gegenüber den Tieren und im Verhältnis zu den Göttern abgrenzt» (M. Detienne, *Dionysos mis à mort*, Paris 1977, S. 206).

2. Eine polytheistische Religion

Die göttlichen Mächte: Götter, Daimones, Heroen

Die Griechen haben sich selbst nicht als «Polytheisten» bezeichnet. Das Wort «Polytheismus» ist von Philon von Alexandria erfunden worden, dem Philosophen des 1. Jahrhunderts n. Chr., dessen angestammte Religion, der Judaismus, monotheistisch ist.

Eine polytheistische Religion ist durch die Vielfalt der göttlichen Mächte und der Kulte gekennzeichnet. Die Vielfältigkeit der Götter steht nicht im Widerspruch zum Gedanken an eine Einheit des Göttlichen; für die Griechen findet das Göttliche in zahlreichen verschiedenen Gestalten seinen Ausdruck: Darunter sind in erster Linie die Götter, die *daimones* und die Heroen zu nennen; innerhalb jeder Kategorie unterscheiden sie zwischen verschiedenen Einzelpersonen, und darüber hinaus kann jede Gottheit im Namen der mannigfaltigen Eigenschaften angerufen werden, die die kultischen Beiworte der Anrufung unterstreichen: Athena Apatouria (angerufen bei der Aufnahme der jungen Männer in die Phratrien), Athena Bouleia (bei der Ratsversammlung), Athena Chalkioikos (die im ehernen Hause wohnt), Athena Ergane (Meisterin), Athena Parthenos (die Jungfräuliche), Athena Polias (die Stadtschützerin) – das ist nur eine kleine Auswahl der über fünfzig Epitheta, die für die Göttin überliefert sind. Der Polytheismus ähnelt dem verschachtelten System der russischen Puppen. Wir wollen jede der genannten Erscheinungsformen des griechischen Polytheismus verfolgen.

Die Götter

Die Götter *(theoi)* werden als *athanatoi*, Unsterbliche, bezeichnet. Sie sind irgendwann einmal geboren worden, aber sie sterben nicht. Sie ernähren sich von Ambrosia und Nektar sowie von Rauch (dem Rauch, der von den Altären der Menschen aufsteigt, wenn sie opfern). In ihren Adern fließt kein Blut, sondern eine Flüssigkeit namens *ichor*. Man nennt sie auch die *makares*, d. h. die Glückseligen. Als Diomedes auf dem Schlachtfeld vor Troja Aphrodite erkennt, heißt es: «Und ansprin-

180   *Die Systeme der Darstellung des Göttlichen*

gend mit dem scharfen Speer stieß er ganz oben in die Hand, die zarte,
und gleich in die Haut fuhr der Speer durch das ambrosische Gewand,
das ihr die Anmutsgöttinnen selbst gefertigt, zuoberst über die Handfläche. Und es floß das ambrosische Blut des Gottes, Ichor, wie es fließt
in den seligen Göttern. Denn sie essen nicht Brot, nicht trinken sie
funkelnden Wein, daher sind sie blutlos und werden unsterblich genannt» (Homer, *Ilias* 5, 337–42; Übers. W. Schadewaldt).

    Die Götter sind Mächte und nicht Personen. Das religiöse Denken
ordnet diese Mächte ein und klassifiziert sie. Es unterscheidet zwischen
verschiedenen Arten übernatürlicher Kräfte, die jeweils eine eigene
Gewalt, eine eigene Art des Handelns und ihre eigenen Bereiche und
Grenzen haben. Jede Gottheit hat ihren Namen, ihre Attribute, ihre
Abenteuer, aber sie existiert allein durch die Bindungen, die sie in die
gesamte Götterwelt eingliedern.

    Die Vorstellung der Einzelgottheiten schließt die Existenz von kol-
lektiven, unteilbaren und untrennbar verbundenen Mächten, wie den
Chariten, nicht aus. Sie sind eine Gruppe von drei Göttinnen, die oft
unter ihrem Namen im Plural angerufen werden, auch wenn jede von
ihnen unter ihrem eigenen Einzelnamen auftauchen kann. Dasselbe
gilt für die Musen oder die Nymphen, die an bestimmten Orten in
einem kollektiven Kult verehrt werden.

    Die Beinamen der Götter. Die ganz für sich allein stehenden Götter
können ihrerseits eine Reihe von Rollen übernehmen, die durch ihren
kultischen Beinamen angezeigt sind; dieser entspricht dem jeweiligen
Ort, an dem sie einen Kult empfangen, oder der Funktion, die sie
erfüllen. So wird in Athen *Zeus Hypatos* (Zeus, der Oberste) verehrt,
der unblutige Opfergaben empfängt, dann, im Juni oder Juli (dem
Monat Skirophorion) zu den Diisoteria, ist es *Zeus Soter* (Zeus, der
Retter), *Zeus Polieus* (Zeus, der Stadtbeschützer) ist zu den Dipolien im
selben Monat an der Reihe, und zu den Diasien Anfang Oktober (im
Monat Anthesterion) *Zeus Meilichios* (Zeus, der zu Besänftigende). Im
Inneren des Hauses stößt man auf *Zeus Philios* (Zeus, Beschützer der
Freundschaft), den Gott des Banketts, des weiteren auf *Zeus Soter*, der
den dritten Becher des Trankopfers beim Bankett erhält, auf *Zeus
Ktesios*, der den Besitz schützt, *Zeus Herkeios*, den Beschützer des
häuslichen Bezirks, *Zeus Katabaites*, der vor dem Blitz bewahrt usw.

Die daimones

Neben den Göttern kennen die Griechen auch Arten geheimnisvoller göttlicher Mächte, die in wohltätiger oder schädlicher Weise in die menschlichen Angelegenheiten eingreifen. In dieser Bedeutung erscheint das Wort *daimon* bei Homer, wo es auch als verschwommener Begriff die Gottheit bezeichnen kann. Doch manchmal stellen die *daimones* auch eine Klasse von göttlichen Wesen dar, die zwischen Menschen und Göttern stehen. Platon unterscheidet an mehreren Stellen zwischen Göttern, Dämonen, Heroen und Verstorbenen, um sie dann alle den Menschen gegenüberzustellen. Eine Überlieferung macht aus Thales (6. Jahrhundert) den ersten Autor, der zwischen Göttern, Dämonen und Heroen differenziert. Später, seit Menander (4. Jahrhundert), entwickelt sich dann die Vorstellung, daß die *daimones* «Wächter der Sterblichen» sind, eine Art Beschützer und persönliche Dämonen. Auf philosophischer Ebene entwickeln das Wort wie der Begriff eine große Bedeutung, die mit der stoischen Vorstellung des inneren Dämons in Zusammenhang steht.

Im Kult ist das Wort in Wahrheit selten, während eine andere Art von Mächten, die Heroen, allenthalben gegenwärtig sind.

Die Heroen

Ein Toter und sein Kult. Der Heros ist ein namentlich bekannter oder anonym bleibender Toter, der einst der Gemeinschaft gedient hat und dessen Leben und ruhmreicher Tod einer vergangenen Zeit angehören. Man erkennt einen Heros an dem ihm zu Ehren entwickelten Kult, der sich von dem Kult für die gewöhnlichen Toten durch seine Langlebigkeit unterscheidet und sich durch die Häufigkeit und Bedeutung der Kulthandlungen sowie schließlich durch die ihn vollziehende Gemeinschaft auszeichnet. Mittelpunkt des Kultes ist das Grab, das *heroon*, oder bei Fehlen einer Grabstätte der Ort, an dem man die sterblichen Überreste vermutet.

Die Mehrzahl der Heroen sind von lokaler Bedeutung und sind jenseits des Tales oder des Dorfes, in dem sie verehrt werden, unbekannt. Jeder attische Demos etwa hat einen oder sogar mehrere Heroen. Bestimmte Heroen hingegen, wie beispielsweise Herakles, sind in der ganzen griechischen Welt bekannt.

Der die Heroen ehrende Kult unterscheidet sich nicht immer von jenem, den man für die Götter vollzieht (abweichend von der lange Zeit aufrechterhaltenen Meinung, die einen den Heroen vorbehaltenen «chthonischen Kult» [irdischen Kult] im Gegensatz zu dem «olympischen Kult» sieht): Die Rituale und Feste sind manchmal dieselben, und ihr Glanz richtet sich nach dem mehr oder weniger großen Ansehen des Heros und nach der Bedeutung der Gemeinschaft, die sie feiert. Die Feierlichkeiten zu Ehren des Theseus in Athen, die Theseia, sind in jeder Hinsicht mit den Festen zu Ehren der Athena vergleichbar. Auch erwartet man von den Heroen dasselbe, was man auch von den Göttern erwartet: Ihr Wirkungsbereich ist ebenso umfangreich und vielfältig, sie erteilen Orakelsprüche, heilen, beschützen und bestrafen. Sie sind nicht Vermittler zwischen der Welt der Götter und der der Menschen, sondern sie sind ganz und gar göttliche Mächte und verfügen häufig über eigenes Kultpersonal, blühende Heiligtümer und natürlich über eine eigene Mythologie.

Eine Mythologie. Die Taten (die Abfolge der Abenteuer) der Heroen sind ihrem Wesen und ihrer Bedeutung nach mehr oder weniger großartig; die des Herakles, des Theseus, des Kadmos, des Jason oder des Perseus sind schier endlos, und um sie im einzelnen zu schildern, müßte man dieses Buch in einen Katalog verwandeln. Man findet dort allgemeinverbreitete Motive, aber man kann auch auf lokale Überlieferungen und auf Varianten stoßen. Die Mythologie der Heroen ist ebensowenig wie die der Götter einheitlich und statisch; sie paßt sich an, ist in Bewegung, bis sie zum Roman wird wie die *Argonautika* des Apollonius von Rhodos.

Kann man die Heroen klassifizieren? Die große Zahl und die Vielfalt der Heroen hat die Forschung veranlaßt, eine Klassifizierung zu versuchen, um in einem solchen Durcheinander «ein wenig Ordnung zu schaffen». Diese Einteilungen sind interessant, weil sie die verschiedenen Entwicklungsstufen der Geschichte der Religionen widerspiegeln. Bisweilen legt man die Betonung auf die «Natur» der Heroen und teilt sie in gefallene Götter, in Vegetationsheroen, epische Heroen, historische Heroen usw. ein; dann wieder geht es um die Funktion, die der Heros zu erfüllen scheint, wenn der Wirkungsbereich etwa der Krieg ist oder der Wettkampf, die Initiation, die Verwandtschaft usw.

Neuere Untersuchungen wollen den Heroenkult eher in einem historischen Zusammenhang sehen und betonen die Verbindung zwischen dem Auftauchen dieser Kulte und den Veränderungen, die die griechische Polis am Ende des 8. Jahrhunderts erfahren hat. Zwischen 750 und 700 werden Grabstellen aus mykenischer Zeit (aus dem 15. bis

2. Eine polytheistische Religion 183

12. Jahrhundert) zu Kultplätzen, und Toten wird eine heroische Identität verliehen, die manchmal mit ihrer tatsächlichen Identität in keiner Beziehung steht. Die Ausbreitung dieser Kulte geht Hand in Hand mit der Inbesitznahme eines Territoriums durch die Stadtstaaten – denn der Kult eines Heroen verleiht dem Besitz des Bodens religiöse Legitimität – und wird so zu einem Indikator dieses Prozesses.

Die enge Verbindung zwischen Heroenkult und Entwicklung der staatlichen Gemeinschaft ist im Falle der Kulte für die Gründungsheroen überdeutlich: Mehrere Heroen dienen in ein und derselben Stadt jeweils zur Erklärung der Geschichtsentwicklung von primitiver menschlicher Existenz zur Zivilisation und schließlich zur Geburt der Polis. Dabei kann die Kenntnis des Systems der Heroenkulte und der heroischen Mythen einer Stadt verstehen helfen, wie die Griechen selbst ihre Geschichte sehen. – Jede Stadt sieht sie natürlich in je eigener Weise.

Athen zwischen Erichthonios und Theseus. So knüpft Athen die Erzählungen seiner Ursprünge an die Gestalten des Erichthonios und des Theseus. *Erichthonios* ist das Urwesen, das von *Gaia*, der Erde, geboren wird, doch Frucht des Verlangens des Hephaistos nach Athena ist. Dieses autochthone (erdentsprossene) Wesen wird der erste König der Athener und wird einst unter dem Namen Poseidon-Erechtheus kultische Ehren empfangen. *Theseus* ist der Sohn des Aigeus (oder des Poseidon) und der Aithra, der Tochter des Königs von Troizen; nach zahlreichen Heldentaten wird er von seinem Vater Aigeus anerkannt und folgt ihm auf dem Thron von Athen nach. Sobald er König ist, verwirklicht er den *Synoikismos* (Zusammenschluß) der Bewohner Attikas und gründet damit die eigentliche Polis Athen, bevor er gegen die Amazonen und andere Gegner kämpft, dann in die Unterwelt hinabsteigt und schließlich in Skyros stirbt. Diese beiden Heroen stehen, ein jeder auf seine Weise, für einen wichtigen Schritt in der Frühzeit der Stadt Athen.

In Erichthonios erkennen sich die Athener als «autochthon» wieder, d. h. aus der Erde geboren, und demnach als Bewohner dieses Landstrichs seit ewigen Zeiten. Das ist ein Mythos, der in der politischen Ideologie Athens der klassischen Zeit eine beträchtliche Rolle spielt. Mit Theseus finden sie einen Zivilisationsheros vom Schlage des Herakles (dessen Ruhm vor allem der Peloponnes zugehört), der es erlaubt, den Führungsanspruch Athens in der klassischen Zeit zu stützen. Doch die Geschichte seines Kultes in Athen ist bewegt; bisweilen wird Theseus verehrt, dann wieder vergessen, und man muß

184   *Die Systeme der Darstellung des Göttlichen*

bis zum Ende des 5. Jahrhunderts warten, bis sich sein Bild zu dem des Gründerkönigs einer gemäßigten Demokratie wandelt.

Die Taten eines Heros

Ein Text des Pausanias, in dem die Geschichten der Taten des Theseus und jene des Herakles sich miteinander verbinden.

Unter den Geschichten, die in Troizen über Theseus erzählt wurden, ist die, wie Herakles nach Troizen kam zu Pittheus und beim Mahl das Löwenfell ablegte und troizenische Knaben zu ihm hereinkamen und unter ihnen der siebenjährige Theseus. Wie die anderen Knaben das Fell sahen, seien sie fortgelaufen, Theseus aber sei nur fast ohne Furcht etwas zurückgewichen, habe sich von den Dienern eine Axt geholt und sei dann darauf losgegangen, da er die Haut für einen Löwen hielt. Das ist die erste Geschichte der Troizener über ihn; die andere ist die, Aigeus habe Sandalen und Schwert unter einen Stein gelegt als Erkennungszeichen für seinen Sohn und sei dann nach Athen fortgefahren, und wie Theseus sechzehn Jahre alt geworden sei, habe er den Stein aufgehoben und sei mit dem von Aigeus Hinterlegten fortgegangen. Von dieser Geschichte ist eine Darstellung auf der Akropolis aufgestellt, ganz in Bronze außer dem Stein. Sie haben auch noch eine andere Tat des Theseus geweiht, mit der es folgende Bewandtnis hat. Den Kretern verwüstete einst ein Stier das Land, besonders am Fluß Tethris. Von alters her waren die wilden Tiere den Menschen furchtbar, wie der Löwe in Nemea und der am Parnaß und Schlangen allerorten in Griechenland und der kalydonische Eber und die Sau von Krommyon im korinthischen Lande. Daher ging auch die Sage, die einen habe die Erde hervorgebracht, die anderen seien den Göttern heilig, andere wiederum seien den Menschen zur Strafe geschickt. Hinsichtlich dieses Stieres sagen die Kreter, Poseidon habe ihn ihnen ins Land geschickt, weil Minos als Beherrscher des hellenischen Meeres den Poseidon nicht mehr verehrt habe als irgendeinen anderen Gott. Dieser Stier soll also von Kreta in die Peloponnes gebracht worden sein, und das soll eine der sogenannten zwölf Taten des Herakles gewesen sein. Als er nun in die argivische Ebene kam, floh er durch die korinthische Enge in das attische Land und in den attischen Demos Marathon. Er brachte um, wem er begegnete,

2. Eine polytheistische Religion 185

darunter auch den Androgeon, den Sohn des Minos. Minos aber segelte mit seiner Flotte nach Athen, denn er war nicht überzeugt, daß sie am Tod des Androgeon unschuldig seien. Er fügte ihnen so lange Schaden zu, bis sie sich einverstanden erklärten, sieben Mädchen und ebensoviel Knaben nach Kreta zum sogenannten Stier Minotauros zu schicken, der dort in Knossos im Labyrinth hauste. Den marathonischen Stier soll später Theseus auf die Akropolis getrieben und der Göttin geopfert haben, und das Weihgeschenk stammt von der Gemeinde Marathon.

Pausanias, 1, 27, 7–10 (Beschreibung Attikas) (Übers. E. Meyer).

Theben, Kadmos und Ödipus. Auch andere Städte haben umfangreiche Zyklen heroischer Legenden, wie etwa die um den Ursprung Thebens und die Taten des Kadmos: seine Suche nach Europa, sein Sieg über den Drachen, die Geburt der Sparten (die aus den ausgesäten Drachenzähnen Herausgewachsenen), die Gründung Thebens, die Heirat des Kadmos mit Harmonia, die Nachkommenschaft der beiden Eheleute, die ersten, legendären Könige der Stadt und die Konflikte um die Nachfolge bis zur Geschichte des Ödipus und seiner Nachkommen.

Auch *Argos* soll noch erwähnt werden, wo Phoroneus, der erste Mensch, der auf Erden als König herrschen soll, eine erste Form des gemeinschaftlichen Zusammenlebens einführt, das Feuer erfindet, das erste Opfer darbringt und Waffen schmiedet. Danach folgt die Dürre und die Geschichte des Danaos und seiner Töchter. Für eine von ihnen, *Amymone,* läßt Poseidon eine Quelle entspringen und trägt ihr die Ehe an. Von da an kann Argos sich eine wahre Polis nennen.

Betrachtungen zum Pantheon

Verschiedene Formen des Pantheon

Der überraschendste Zug des Polytheismus ist die Existenz verschiedener Pantheons, d. h. von Göttergruppen, innerhalb derer jede Gottheit einen Namen, eine Identität und eigene Aufgaben hat. Pantheons – man muß auf diesem Plural bestehen. Die Griechen haben nämlich mehrere mögliche Zusammenstellungen der Gottheiten erfunden und erdacht und ebenso mehrere Hierarchien, die sich nicht allein nach der jeweiligen Polis richten oder der jeweiligen Epoche, sondern auch nach

186   *Die Systeme der Darstellung des Göttlichen*

den Systemen, in denen die eine oder andere Gruppe die Welt für sich ordnet. Die Orphiker haben beispielsweise ein eigenes Pantheon. Die Liste der zwölf olympischen Gottheiten hat nur den Wert einer bequemen Zusammenstellung, sie ist keine «kanonische» Liste der Götter, denen man gezwungenermaßen einen Kult einrichten muß. Diese zwölf Götter sind allen Griechen bekannt, aber sie haben nicht in allen Städten einen Kult.

Die zwölf Olympier sind folgende: Zeus, Poseidon, Demeter, Hera, Ares, Aphrodite, Artemis, Apollon, Athena, Hermes, Dionysos, Hephaistos. Das ist die Liste der Gottheiten auf dem Parthenonfries, aber sie erfährt Änderungen: Hestia und Hades werden häufig statt Ares und Dionysos unter die zwölf aufgenommen. Man kann sagen, daß die Zahl Zwölf zwar konstant bleibt, daß dies aber nicht für die Namen der Gottheiten gilt.

Ein methodisches Problem ergibt sich, sobald man einmal diese Namen aufgezählt hat: Wie soll man diese Götter studieren? Die verbreitetste Tendenz ist, einen Katalog aufzustellen. Dank der Arbeit der Philologen, die für einen jeden Gott die ihn betreffenden Texte gesammelt, gesichtet und untersucht haben, dank der Arbeit der Archäologen, die Heiligtümer und Kultplätze eines jeden aufgespürt haben, kann man «die Geschichte» und «die Geographie» jedes einzelnen Gottes schreiben, indem man die jeweiligen ihn betreffenden und verstreuten Einzelheiten der Riten, Mythen und Kultplätze zusammenstellt. Doch dann erscheint das Pantheon, wie J.-P. Vernant gesagt hat, als «eine einfache Anhäufung von Göttern, eine Sammlung einzigartiger Persönlichkeiten verschiedenen Ursprungs, die nach Belieben der Umstände durch Vereinigung, Angleichung und Teilung entstanden sind und eher durch die Zufälle der Geschichte zueinandergebracht worden sind als durch den Zwang innerer Notwendigkeit». Man kann z. B. die zahlreichen Bücher lesen, die Cook über Zeus geschrieben hat, und alles über seine Beinamen und die Kultplätze wissen, ohne daß man wirklich versteht, welchen Platz dieser Gott im griechischen Pantheon einnimmt. Das «Warum?» des Pantheons bleibt dann immer noch ein Rätsel.

Nach den Arbeiten von G. Dumézil (insbesondere nach seinem Buch über die römische Religion der archaischen Zeit *La Religion romaine archaïque*) zeichnet sich eine andere Art ab, wie man das Studium des Pantheons beginnen kann. Sie besteht darin, sich eher an die *Strukturen* des Pantheons zu halten als an die isolierte Betrachtung der einzelnen Götter. Man untersucht beispielsweise nicht mehr Hestia

2. Eine polytheistische Religion

und Hermes oder Athena und Poseidon getrennt, sondern man sucht zu erkunden, inwiefern die Funktionen, die Arten des Eingreifens, die Mythen oder die Rituale dieser Gottheiten sich ähneln oder im Gegensatz zueinander stehen, wo die Grenzen ihres jeweiligen Betätigungsfeldes liegen, in welchen wechselseitigen Beziehungen sie stehen und welche Absicht bei ihrer Anrufung vorherrscht. Dasselbe gilt für Apollon und Dionysos oder auch für alle Gottheiten, die mit der Heirat zu tun haben, wie wir später noch sehen werden.

Auf diese Weise wird der besondere Charakter eines jeden Gottes sehr viel deutlicher, und man sieht, wie sehr das Pantheon – weit entfernt davon, eine unzusammenhängende Anhäufung von Göttern zu sein oder ein Wust, in dem sich allein die Spezialisten zurechtfinden – in Wahrheit eine lebendige gedankliche Konstruktion ist, voller Logik und wirksam in der und für die Gesellschaft, die sie hervorgebracht hat. Das polytheistische System der Griechen ist eine streng aufgebaute Klasseneinteilung der Gewalten und Mächte, das sehr fest in den organisierten Ablauf des Geschehens in den Städten eingefügt ist.

Eine strukturelle Analyse des Pantheons

Ein Text von Georges Dumézil

Wir müssen hier an eine methodische Regel erinnern, die man häufig vergißt und dann Gefahr läuft, in große Verwirrung zu geraten. Für das Verständnis einer Gottheit ist es hilfreicher, ihre Handlungsweise zu beschreiben, als eine Liste anzulegen, auf der die Orte ihrer Aktivitäten oder die Gelegenheiten ihrer Hilfeleistung verzeichnet sind. Bei einer wichtigen Gottheit ist es unvermeidlich, daß sie von allen und für alles zu Hilfe gerufen wird, manchmal auch auf unerwarteten Gebieten, die ihrer Hauptaufgabe fernstehen: Dennoch wird sie auch dort tätig, und wenn sich jemand darauf beschränkt, den außergewöhnlichen Charakter dieses Eingreifens festzustellen, wird mancher es doch gleichwohl den anderen, im Mittelpunkt stehenden Aktivitäten beiordnen und dann sagen, daß die Gottheit sich einer enggefaßten Beschreibung entziehe, daß sie vielmehr «allwirksam» und «unbeschränkt» sei. Wenn man indes im Gegensatz dazu nicht betrachtet, wo sie eingreift, sondern wie, so wird man fast immer feststellen, daß sie

188 Die Systeme der Darstellung des Göttlichen

auch in ihren abwegigsten Interventionen stets auf die gleiche Art verfährt und stets gleiche Mittel verwendet. Das Ziel dieser Untersuchung ist, diese Art und diese Mittel zu bestimmen.

G. Dumézil, *La Religion romaine archaïque*, Paris 1966, S. 179–180.

Ein Text von Jean-Pierre Vernant

Wir müssen im Pantheon vielfältige Strukturen erkennen und alle Formen von Gruppenbildungen aufspüren, in denen sich die Götter regelmäßig entweder zusammengestellt oder in Gegensatz gebracht sehen. So entsteht ein komplexes Gesamtbild, in dem ein jeder Gott in ein vielmaschiges Netz von Kombinationen mit den anderen Göttern eingebunden ist; das Ganze ist als System der Klassifizierung von Bedeutung, das auf die Realität insgesamt, auf die Natur, auf die menschliche Gesellschaft und ebenso auch auf die übernatürliche Welt Anwendung findet. Doch ist es ein System, dessen verschiedene Rahmen nicht völlig deckungsgleich sind und bei dessen Studium man eine Vielzahl von Querverbindungen verfolgen muß, wie man das bei einer Tabelle tut, die mehrere Kolonnen und viele Eintragungen umfaßt. Diese Strukturen des Pantheons – und nicht die einzelnen Gottheiten – sind Gegenstand der Untersuchung. Ihre Vielseitigkeit erhöht die Zahl der Vergleichsmöglichkeiten um so mehr, als jede Gottheit auf mehreren Ebenen angesiedelt ist und operiert. Das Paar Hestia-Hermes beispielsweise vermittelt nicht allein den Eindruck des komplementären Charakters der beiden göttlichen Mächte, indem es sich um die Göttin des an einem festen Platz befindlichen Herdfeuers handelt und den beweglichen Gott der Übergänge, des Austauschs und der Weitergabe. Diese theologische Struktur ist zugleich eine intellektuelle Struktur, eine Art, sich die Dinge in ihrem Gegensatz und ihrer notwendigen Zusammengehörigkeit vorzustellen – wie etwa den Raum als Zentrum und Abschluß oder die Bewegung als möglichen Übergang von einem jeden Punkt zu einem anderen. Doch das göttliche Paar und die Denkkategorien verlieren sich nicht im Reich der Ideen. Sie sind im Spiel der Institutionen gegenwärtig und bestimmen und ordnen die Hochzeitsfeiern und die Ehe, die Riten hinsichtlich der Nachkommenschaft, den Gegensatz männlicher und weiblicher Aufgaben, den Unterschied der zwei wichtigen Arten wirtschaftlichen Besitzes: einerseits dessen, der angehäuft in der Schatzkammer im geschlossenen Raum des Hauses bei Hestia lagert, und

2. Eine polytheistische Religion 189

andererseits dessen, der das weite, offene Land hinter Hermes
bedeckt. Jeder Bereich einer Untersuchung, in dem religiöse Struk-
turen, Denkkategorien und gesellschaftliches Handeln eng mitein-
ander verschränkt sind, ist geeignet, einen Weg des Vergleichs
aufzuzeigen.

J.-P. Vernant, *Religion grecque, religions antiques*, Paris 1976, S. 25–26.

Wir wollen hier weder einen Katalog der Götter aufstellen, noch
werden wir die Gesamtheit der göttlichen Gestalten in der Weise
behandeln, wie man heute dazu in der Lage ist. Wir wollen lediglich
einige Beispiele geben und folgende sich ergänzende Wege aufzeigen,
wie man die Untersuchung des Pantheons angehen kann:
– der komplementäre Charakter der göttlichen Mächte wird deutlich,
wenn man etwa ihren Platz bei der Hochzeit oder ihre Rolle in bezug
auf handwerklich-technische Fertigkeiten untersucht;
– die Betrachtung des Apollon im Vergleich zu seinen «Brüdern»
Hermes und Dionysos zeigt die Folgerichtigkeit, die bei der Schaffung jeder göttlichen Figur vorherrscht;
– der besondere Fall des Pantheons einer Stadt, nämlich Mantineias, so
wie ihn Pausanias schildert, erweist die Unterschiedlichkeit der
lokalen Situationen und belegt, wie fruchtbar die Untersuchung der
polytheistischen Religionen sein kann.

Die bei der Hochzeit waltenden Gottheiten

Das Hochzeitsritual schreibt, wie wir gesehen haben, vor, daß man dem
Zeus Teleios, der Hera Teleia, Aphrodite, Peitho und Artemis Opfer
darbringt, aber je nach Stadt sieht man auch, wie die Nymphen,
Demeter, die Chariten, Hermes, die Moiren oder Athena angerufen
werden. Wenn man sich damit zufriedengibt zu sagen, daß jede dieser
Gottheiten «eine Hochzeitsgottheit» sei, dann erklärt man damit nicht,
aus welchem Grunde es notwendig ist, mehrere von ihnen anzurufen.
Nun sind diese Gottheiten aber keineswegs austauschbar.
Hera, Tochter der Rheia, Schwester und Gattin des Zeus, trägt in
diesem Falle den Beinamen *Teleia*, was soviel bedeutet wie *die Vollkom-*
mene oder *die Vollendete*. Indem sie *Hera Teleia* ehren, zeigen die
Griechen, daß die Heirat für die griechische Frau im allgemeinen das
Ende des Heranwachsens bedeutet und das Kennzeichen der Reife ist.
Die Hochzeit feiern die Athener gern im Monat Gamelion (Januar-

190   *Die Systeme der Darstellung des Göttlichen*

Februar), in dem das Fest der *Theogamien* zu Ehren der Verbindung des
Zeus und der Hera stattfindet. Hera ist Beschützerin all dessen innerhalb einer Ehe, was Vertrag und Verpflichtung ist, was also aus der Frau
eine legitime Ehefrau macht. Von daher gesehen ist sie eine göttliche
Gestalt von größter Wichtigkeit, denn das Fortleben der griechischen
Polis hängt von der Hervorbringung legitimer Kinder ab, die als einzige
den Bürgerstatus besitzen. Doch erscheint Hera, die gern als eine
zurückhaltend-strenge Göttin dargestellt wird, in manchen Erzählungen als Verführerin, etwa wenn sie sich mit Zeus vereint, oder auch als
eine völlig unabhängige Macht, wenn sie, ohne dafür des männlichen
Samens zu bedürfen, Kinder hervorbringt. Die Personalität der Hera ist
ebenso vielschichtig wie die der legitimen Ehefrau.

Artemis wird in dem ihr gewidmeten Homerischen Hymnos folgendermaßen dargestellt: «Artemis, dich, die lärmende Göttin mit golde-
ner Spindel, züchtige Jungfrau, Meistrin der Hirschjagd, fröhliche
Schützin sing ich, leibliche Schwester Apollons, des golden Bewehrten,
die in schattigen Bergen, auf windigen, zackigen Höhen ihren Bogen
spannt, der ganz aus Gold ist, und Pfeile jauchzend vor Jagdlust schießt,
die Seufzer erregen» (*Homerische Hymnen* 27 [An Artemis], 1–6;
Übers. A. Weiher). Ihre Anwesenheit beim Hochzeitsritual verdankt
sie ihrer Aufgabe als Beschützerin des ungezähmten Lebens, d. h. all
jener Lebewesen, die noch nicht in die zivilisierte Welt Eingang gefunden haben, und darunter auch der jungen Menschen männlichen wie
weiblichen Geschlechts. Die Artemis dargebrachten Opfer kennzeichnen das Verlassen des kindlichen Bereichs für beide Geschlechter,
obwohl man sich am ehesten an die Gaben erinnert, die die jungen
Mädchen weihen: Haarsträhnen, Spielzeug und Puppen. Doch auch die
jungen Männer müssen den Bereich der Artemis verlassen, nicht allein
indem sie Bürgersoldaten (Hopliten) werden, sondern ebenfalls, indem
sie heiraten. Manche rituellen Handlungen, wie die, die auf Samos im
Heiligtum der Artemis stattfinden, betonen die für beide Geschlechter
bestehende Verpflichtung, sich Artemis vor der Heirat geneigt zu
machen. Auch ist es gefährlich zu vergessen, sich bei Artemis zu
bedanken, wenn man ihre Welt verläßt (wie es Admetos tat) – ebenso
gefährlich, wie wenn man sich weigert, ihre Welt zu verlassen; in
letzterem Falle beleidigt man Aphrodite, eine andere Gottheit der
Heirat.

Aphrodite fällt eine reizvolle Aufgabe zu, von ihr wird gesagt:
«Süßes Verlangen weckt sie den Göttern, überwältigt der sterblichen
Menschen Geschlechter, die Vögel hoch in den Lüften, die Scharen der

2. Eine polytheistische Religion

Tiere, aller zusammen, mag sie das Festland, mag sie das Weltmeer zahllos ernähren, . . . Drei nur konnte sie nicht verlocken, . . . (nämlich Artemis, Athena und Hestia). . . . Niemand anderer sonst ist Aphrodite entronnen, keiner der seligen Götter und keiner der sterblichen Menschen.» Daran erinnert der *Hymnos* zu ihren Ehren (*Homerische Hymnen* 5 [An Aphrodite], 2–36; Übers. A. Weiher). Das Verlangen und das Vergnügen sind durch das Wirken der Aphrodite bei der Heirat gegenwärtig, und diese Kräfte sind es, denen sowohl Hippolytos wie Atalante ohne jeden Erfolg zu entgehen suchen. Die Gaben der Aphrodite, die im Mittelpunkt der Heirat stehen, erlauben eine fruchtbare Vereinigung, indes kann ihr ungezügelter Gebrauch in Gefahr bringen, was diese Vereinigung an ordnender Kraft für die Polis in sich birgt. Die Welt, in der Aphrodite herrscht, ist eine Welt außerhalb der Ehe, die Welt der Kurtisanen; im Ritual der Hochzeit hat sie nur einen bescheidenen Platz.

Peitho, die Überredung, ist die Gefährtin der Aphrodite. Ihre Kunst ist auch die des Hermes.

Hermes, der Gott, der den Raum eingrenzt und die Übergänge erleichtert, weist den Weg, der die junge Frau vom Hause ihres Vaters zu dem ihres Ehemannes führt, und er wacht über das gute Gelingen dieses Übergangs. Er setzt bei der Hochzeit auch seine Überredungskunst ein, indem er der *nymphe* (Braut) die täuschenden Worte eingibt, die ihren Mann berücken sollen.

Demeter. Indem sie die Ehe eingeht, tritt die junge Frau in den Bereich des kultivierten Lebens ein, das für die Griechen durch den Anbau des Getreides symbolisiert wird. Demeter nun ist die Göttin des bestellten Feldes von der Aussaat bis zur Ernte, und im menschlichen Bereich läßt sie die Kinder wachsen. Das Ritual der Hochzeit ist, wie wir gesehen haben, voller Anspielungen auf die Vorbereitung und das Kochen des Getreides. Die Frau wird also mit einem Feld verglichen, das, von dem Ehemann gepflügt und gesät, legitimen Nachwuchs hervorbringen wird. Die verheirateten Frauen verehren Demeter weiterhin, vor allem während des Festes der *Thesmophorien*, bei dem es in erster Linie um die Fruchtbarkeit des Leibes bei den Frauen der Bürger geht.

Athena steht insofern in mittelbarer Verbindung mit der Heirat, als sie es ist, die das junge Mädchen in jener Arbeit des Spinnens der Wolle und des Webens unterweist, die der wichtigste Beitrag der Ehefrau zur Wirtschaft des *oikos* sein wird. In einer Stadt, nämlich Troizen, scheint sie unter dem Namen *Athena Apatouria* mit dem Zeitpunkt des

192   *Die Systeme der Darstellung des Göttlichen*

Übergangs vom Status des jungen Mädchens zu dem der Ehefrau in Verbindung zu stehen, wobei sie allen Listenreichtum, zu dem sie fähig ist, einsetzt, um zum Gelingen dieses delikaten und für die Zukunft der Stadt so wichtigen Moments beizutragen.

Zum Abschluß dieser kurzen Übersicht über die Gottheiten, die sich im Bereich um die Hochzeit zeigen, wollen wir noch auf die Erschaffung der Pandora hinweisen, wie sie im Text der *Werke und Tage* des Hesiod beschrieben wird. Pandora ist die erste Frau, die von den Göttern nach dem Willen des Zeus und als Abbild der Göttin erschaffen wird. Die Beschreibung, die Hesiod von ihr gibt (s. den Text S. 169 f.), ist die eines jungen Mädchens am Vorabend ihrer Hochzeit.

Die Götter der handwerklich-technischen Fertigkeiten

Wenn man als Orientierungshilfe für eine Untersuchung des griechischen Pantheons einen besonderen Wirkungsbereich wählen will wie etwa die handwerklich-technischen Fertigkeiten, so stößt man auf eine Reihe von Gottheiten, die von Heroen bis zu olympischen Göttern reichen und von denen jeder einen Aspekt dieser Aufgabe abdeckt.

Ursprünglich, in der Theogonie des Alkman, ist *Thetis* die Figur des Demiurgen, der das Metallhandwerk erfunden hat. In der hesiodeischen Theogonie hat sie, wie wir gesehen haben, nicht dieselbe Bedeutung. Weitere Göttergestalten sind die *Telchinen*, die aus dem Meer geboren sind und mit schwarzen Brauen ihren stechenden Blick verbergen; diese altertümlichen Wesen sind Erfinder im guten wie im schlechten Sinne. Sie sind im Besitze nützlichen Wissens und gelten beispielsweise als diejenigen, die die ersten Götterstandbilder geschaffen haben. Ihre Böswilligkeit tritt hingegen zutage, wenn sie magische Arzneien zubereiten, die in der Lage sind, die Pflanzen verdorren zu lassen, oder wenn sie die Erde unfruchtbar machen, indem sie sie mit den Wassern des Styx überschwemmen. Zeus beschließt daraufhin, sie mit dem Blitz zu schlagen.

Die *Kabiren*, die aus der Vereinigung des Hephaistos mit Kabiro, der Tochter des Proteus, des Königs der Phoker, hervorgegangen sind, haben keine so böswillige Seite. Sie kennen die Künste, die im Zusammenhang mit dem Feuer stehen, und die Griechen bringen den Taschenkrebs mit ihnen in Verbindung, dessen Zangen an ihr Handwerk als Schmiede erinnern. Die *Daktylen* (5 Männer und 5 Frauen) wohnen im Ida-Gebirge auf Kreta, haben das Eisen entdeckt und verarbeiten es geschickt zu Geräten für Krieg und Ackerbau.

2. Eine polytheistische Religion

Telchinen, Kabiren und Daktylen sind kollektiv auftretende, schwer voneinander zu unterscheidende Gestalten. Manche Handwerkerfiguren haben eine individueller gestaltete Geschichte, wie die Heroen Prometheus und Daidalos. *Prometheus,* der Sohn des Iapetos und Bruder des Epimetheus, ist ohne Zweifel die am besten bekannte Gestalt. Seine Rolle bei der Einrichtung des Opfers ist bereits beschrieben worden. Wenn er das Feuer auch nicht erfunden hat (der Erfinder ist Hermes), so stellt er es doch den Menschen zur Verfügung, indem er es den Göttern stiehlt, und die Folgen hat man in der *Theogonie* des Hesiod gesehen. Prometheus erscheint, besonders bei Aischylos, auch als der Erfinder aller Künste und Fertigkeiten *(technai),* und das bezieht sich nicht nur auf die Bearbeitung des Holzes, auf das Joch oder die Schrift, sondern auch auf die Medizin und die Weissagekunst.

Daidalos, der Sohn des *Metion,* «des Mannes mit der *metis»* (Klugheit), ist ein Heros und von Herkunft Athener, doch sein abenteuerliches Lebens führt ihn nach Kreta und Sizilien. Er gilt als Erfinder vieler Gegenstände (von Statuen, des Labyrinths, eines Damms) und zugleich der zu ihrer Herstellung notwendigen Geräte (vom Senkblei bis zum Leim). Diese zwiespältige Persönlichkeit, abwechselnd Wohltäter und Mörder, läßt erkennen, welches Bild sich die Griechen von den Handwerkern und der *techne* machten; auch letztere hatte immer zwei Seiten, eine gute und eine böse.

Unter den Göttern, die in Beziehung mit den Aufgaben des Handwerks stehen, wollen wir schließlich noch die beiden wichtigsten erwähnen: Hephaistos und Athena.

Hephaistos, der krummbeinige mit dem schiefen Sinn, erregt den Spott der Götter. Hera hat ihn einst allein gebären sollen, «ohne Vereinigung in Liebe – in Groll und Streit war sie mit ihrem Gatten» (Hesiod, *Theogonie* 927–28; Übers. W. Marg); kaum ist er geboren, wirft sie ihn vom Himmel ins Meer. Von unangenehmem Äußeren, verfügt er über jene listige Klugheit *(metis),* die so vielen Göttern fehlt, und über technische Kenntnisse; insbesondere gebietet er über das Feuer und ist der Meister der Schmiedekunst und des Metallhandwerks. Er verarbeitet Edelmetalle wie Gold, Silber und Kupfer, schafft daraus glänzenden Schmuck und Statuen, von denen man sagen würde, daß sie lebten, oder treffliche Waffen. Er schmiedet die Doppelaxt, mit der er dem Haupt des Zeus einen Schlag versetzt, damit Athena geboren werden kann. Seine Klugheit verleiht ihm die Fähigkeit, unsprengbare Ketten zu schmieden, mit denen er beispielsweise Hera an ihren Thron fesselt oder Aphrodite und Ares bei ihrer ehebrecheri-

194   *Die Systeme der Darstellung des Göttlichen*

schen Bettgeschichte eine Falle stellt. Seinerseits ist er in Leidenschaft
zu Athena entflammt, an die viele seiner Züge erinnern. Der Samen,
den er vergießt, befruchtet die Erde (Gaia), und daraus entsteht Erichthonios, der erste Athener.

Athena steht, wie wir gesehen haben, häufig mit Hephaistos in
Verbindung. Das gilt auch für den Kult. Ein Beispiel: In Athen teilen
die beiden Gottheiten sich die Tempel des Erechtheion auf der Akropolis, des Hephaisteion in der Nähe des Kerameikos und außerdem das
Fest der Chalkeia. Unter den unzähligen Aufgaben der Athena haben
all die, die den technisch-handwerklichen Bereich betreffen, als gemeinsamen Nenner den Einsatz der kennzeichnenden Eigenschaft der
Göttin und Tochter der Metis: die *metis*, die hier die technische
Klugheit bedeutet. Sie ist wirksam in der Art, wie Athena das holzver-
arbeitende Handwerk beschützt (Tischler, Hersteller von Wagen und
von Schiffen), den Schiffslotsen Rat erteilt und den Töpfern und
Webern hilft. Es handelt sich stets darum zu «weben», «einzurichten»,
zu «bauen», d. h. um Handlungen, die ein praktisches Wissen erfordern, das nicht von derselben Art ist wie das des Hephaistos. Wenn die
beiden Götter mit den Handwerkern und den technischen Aufgaben zu
tun haben, so liegt der Grund dafür in ganz verschiedenen Eigenschaften.

Die unterschiedliche Art des Eingreifens in Bereiche, die sich auf den
ersten Blick zu decken scheinen, erklärt diese Häufung der Gottheiten
im Umkreis um die technischen Aufgaben – ebenso wie bei der
Hochzeit. Wenn man die Besonderheit jeder göttlichen Macht auf
einem bestimmten Gebiet ganz genau betrachtet, kann man am Ende
Ähnlichkeiten in ihren verschiedenen Aufgabenbereichen feststellen.
Ob Athena nun in Gestalt einer Kriegerin auftritt, ob als Athena Polias
oder als Athena Ergane, die Göttin bewahrt doch stets ihre Identität als
polymetis (Erfindungsreiche).

Apollon, die Lyra und der Bogen

Um einerseits die Vielschichtigkeit der göttlichen Gestalten und andererseits das Wirken des Pantheons zu illustrieren, wollen wir von
einem zugleich gegensätzlichen und sich ergänzenden Paar ausgehen:
Apollon und Dionysos, beides Söhne des Zeus. Zwischen sie wird ein
dritter Bruder treten, nämlich Hermes, der wie Apollon Gott des
Wortes ist, doch anders als er ein Gott, der bei der Überschreitung der
Grenzen hilft, wenn auch auf andere Weise als Dionysos.

2. Eine polytheistische Religion 195

Welche Gemeinsamkeiten sind in den verschiedenen Erscheinungsformen des Apollon zu finden, dessen Kulte und Beinamen sich
entsprechen, ohne daß sie sich von einer Stadt zur anderen genau
wiederholen? Wir wollen unter den bekanntesten Formen den lakoni-
schen Apollon von Amyklai nennen, der sich mit dem Heroen Hyakinthos verbindet, und zwar bei den nach letzterem benannten Festen (den
Hyakinthia), die Gelegenheit zur *panegyris* (Volksfest) bieten sowie
zur Weihung eines neuen Peplos und die die gesamte Bevölkerung der
Umgegend zusammenführen. Zu nennen ist auch der Apollon der
Thargelien (Erstlingsfest) und der Pyanopsien (Bohnenfest), der in
Athen über komplexe Kulte gebietet, bei denen pflanzliche Opfergaben
mit rituellen Waschungen verbunden werden. Dann ist da der doppelte
Apollon von Delos, der mit *Hekatomben* (große Festopfer) gefeiert
wird, die auf dem ihm geweihten Altar «der Hörner» dargebracht
werden (der so heißt, weil er nach einer von Kallimachos berichteten
Überlieferung aus Hörnern von Ziegen errichtet war, die von Artemis
auf den Höhen des Kynthos getötet worden waren); zugleich, aber nur
in zweiter Linie, empfängt er unter dem Namen *Genetor* (Erzeuger)
noch unblutige Opfergaben auf dem benachbarten Altar, der weder
Feuer noch Blut kennt. Der Pythische Apollon, der in Delphi durch den
Mund der Pythia spricht, wird auch alle neun Jahre durch ein eigenartiges Fest namens *Strepterion* geehrt, das den Sieg über Python (Drache,
den Apollon tötete) und die Reinigung von seiner Tötung feiert.

Die Mythen bieten uns einen Schlüssel, sie zu verstehen, indem sie
uns Elemente der Struktur erkennen lassen, die die verschiedenen
Aufgaben, auf die der eine oder andere Kult hinweist, miteinander
verbindet. Der *Homerische Hymnos an Apollon* (s. u. der Text) teilt
sich in zwei Abschnitte, die zu verschiedenen Zeiten verfaßt wurden.
Der erste Abschnitt schildert die Geburt und das Heranwachsen des
Gottes von Delos. Der zweite Teil, die «pythische Folge», ist später
entstanden und der Schilderung der Ankunft des Apollon in Delphi und
der Einrichtung seines Kultes gewidmet. Nun scheint der delische
Hymnos in seinen Ausführungen aber auch die wichtigsten Arten des
Eingreifens des Gottes auch über Delphi und Delos hinaus zu charakte-
risieren: «Mein sei die liebe Leier und mein der gekrümmte Bogen!
Künden doch werd ich den Menschen des Zeus untrüglichen
Ratschluß» (Vers 131-32; Übers. A. Weiher). So spricht Apollon, der
endlich das Licht der Welt erblickt hat. Georges Dumézil erkennt in
dieser Formulierung zwei der drei Funktionen, die die indoeuropäische
Ideologie bestimmen. Die priesterliche Funktion der Vermittlung zwi-

196   *Die Systeme der Darstellung des Göttlichen*

schen Menschen und Göttern, die in der Lyra zum Ausdruck kommt,
und die kriegerische Gewalt, die durch den Bogen angedeutet wird. Was
den Wohlstand betrifft, der auf die dritte Funktion hinweist, die den
Überfluß beschert, so würde er durch das Gold symbolisch dargestellt,
von dem Delos bei der Geburt des Gottes strotzt und an dessen Stelle
die Weihgaben jener Menschen treten sollen, die Güter nach Delos und
Delphi bringen, die dort wegen der Kargheit des Bodens fehlen. Doch
das einheitliche Wirkungsprinzip dieser Struktur, das G. Dumézil auch
außerhalb von Delos und Delphi am Werke sieht, ist die deutlich
vernehmbare Stimme, die sich auf drei Ebenen bemerkbar macht: als
Gebet und Orakel, als Kriegsgeschrei und als Austausch in den alltäglichen Beziehungen zwischen den Menschen.

Die Geburt des Apollon

Die Darstellung im *Homerischen Hymnos an Apollon*

*Eileithya, die Wehen Gebärenden sendet, betrat jetzt Delos – da
kam die Geburt und Leto wollte gebären. Um den Palmbaum
schlang sie die Arme, sie stemmte die Kniee fest in das Polster der
Wiese – die Erde unter ihr lachte –, er aber sprang ans Licht und die
Göttinnen jubelten alle.*

*Gütiger Phoibos, von Göttinnen wardst du in herrlichem Wasser
heilig und rein nun gebadet. In neu gewobene, feine weiße Laken
gewindelt; sie legten darum eine Goldschnur. Nicht aber reichte die
Mutter dem goldenbewehrten Apollon selbst ihre Brust; denn zarte
Ambrosia gab ihm und Nektar Themis mit göttlichen Händen
zuerst; doch freute sich Leto, daß sie den starken Sohn, den
Bogenträger, geboren.*

*Phoibos, da hattest du kaum die unsterbliche Speise genossen,
nicht mehr hielten dich dann die goldenen Schnüre, dich Zappler,
auch nicht die Windeln vermochten's; es löste sich jeglicher Knoten.
Gleich sagt den unsterblichen Fraun jetzt Phoibos Apollon:*

*Mein sei die liebe Leier und mein der gekrümmte Bogen! Künden
doch werd ich den Menschen des Zeus untrüglichen Ratschluß.*

*Sprachs und verließ im Schreiten die breiten Straßen der Erde,
Phoibos im wallenden Haar, der Schütze ins Weite. Und alle
Göttinnen staunten. Ganz Delos strotzte von goldenem Gepränge,*

2. Eine polytheistische Religion

sah sie doch vor sich den Sohn des Zeus und der Leto; da ward sie
freudig bewegt, daß der Gott sie erkoren vor Inseln und Festland,
Heimstatt ihm zu sein.

Homerische Hymnen 3 (An Apollon), 115–138 (Übers. A. Weiher).

Die Darstellung im *Hymnos auf Delos* des Kallimachos

Da sprang er heraus (aus dem Mutterleib). Und des alten Flusses
Geschlecht, die Nymphen von Delos, stimmten die heilge Hymne
an für die Göttin der Wehen (Eileithya), weithin, und der ehrne
Äther tönte zurück das allerschütternde Jauchzen. Hera zürnte
nicht mehr, da Zeus den Groll ihr genommen.
    Golden aber wurde da rings dein Boden, o Delos. Golden flossen
den ganzen Tag im See die Gewässer. Goldenes Laub bedeckte die
Ranken und Zweige des Ölbaums, und von Gold überfloß im Bette
der tiefe Inopos. Und du selber hobst vom goldenen Grunde das
Knäblein, nahmst es an deine Brust und redetest also die Worte:
«Göttin, große, so reich an Städten, Altären, an allem! Fruchtbare
Länder und ihr, die mich alle umgeben, ihr Inseln, sehet mich hier!
Ich bin arm. Doch seinen Namen ‹der Delier› wird Apoll erhalten
von mir. Und kein anderes Land wird jemals so wie ich von
anderem Gotte geliebt sein, Kerchnis nicht von Poseidon, der über
Lechaion gebietet, nicht der kyllenische Berg von Hermes und Kreta
von Zeus nicht, wie von Apollon ich; und ich irre nicht länger im
Wasser.»

Kallimachos, Hymne 4, 255–275 (Übers. E. Howald-E. Staiger).

Die Lyra und der Bogen, die Symbole der beiden wesentlichen Arten
des Handelns des Gottes sind, scheinen alle anderen zu bestimmen und
deren folgerichtiges Verständnis zu ermöglichen; sie verdeutlichen
auch die Ambivalenz seines Wesens, die M. Detienne hinter seinem
Beinamen *Phoibos* erkennt, nämlich den leuchtenden Gott, aber auch
den, der Schrecken bringt. Diese Ambivalenz würde es zu verstehen
erlauben, wie derselbe Gott, der mit seinen Pfeilen tötet (vgl. *Ilias* 5,
40–55) oder der zur gerechten Rache ermutigt (zu der Rache Orests
gegen Klytaimnestra oder zu dem Mord an Pyrrhos, der des Frevels
schuldig war), zugleich derjenige ist, der die Sühne bringt, so daß er für
die orphischen Sekten sogar der eigentliche Gott der Reinheit wird, den
sie mit ausschließlich pflanzlichen Opfergaben ehren.

Die Systeme der Darstellung des Göttlichen

Auf kleinasiatischem Boden in Didyma und Klaros, aber mehr noch in seinem vornehmlichen und eigentlichen Heiligtum in Delphi, ist Apollon in erster Linie der Gott der Weissagung. Er ist derjenige Gott, der durch die Stimme seiner Priesterinnen den Menschen das Wort seines Vaters Zeus mitteilt. Diese Funktion des Orakelgottes gehört mit der der Lyra zusammen, die für die heilige Kunst des Gesanges und der Musik steht. Im einen Fall wie im anderen handelt es sich darum, eine Verbindung herzustellen und die Welt der Götter und die der Menschen in Harmonie miteinander zu bringen. Diese Vorherrschaft der Harmonie erstreckt sich dank des Eingreifens des Gottes auch auf die Menschen untereinander. Apollon ist ein panhellenischer Gott, und die Feste in Delphi vereinen Griechen, die aus der ganzen Welt gekommen sind. Dieses Bild, das durch eine Überlieferung verbreitet wird, die auf Pindar zurückgeht, wird im Laufe der Jahrhunderte und auf Betreiben der Philosophen aus dem Heiligtum das Zentrum jener Moral machen, die das Maß in den Mittelpunkt allen Strebens stellt.

Doch Apollon, der Gott der Lyra, ist auch der Gott des Bogens, des bedrohlichen Kriegsgeräts. Unter diesem furchterregenden Aspekt erscheint er zu Beginn der *Ilias*, um seinen Priester Chryses zu rächen, den die Griechen schlecht behandelt haben. Von dem Priester angerufen, schlägt er gnadenlos zu. Ebenfalls mit dem Bogen bewaffnet tritt er vor die Versammlung der Götter, um seinen schuldigen Anteil zu fordern, und der Dichter des *Homerischen Hymnos* sagt von dem Schützen Apollon: «Götter zittern vor ihm im Palaste des Zeus, wenn er schreitet. Alle springen empor von den Sitzen, wenn er sich nähert, wenn seinen strahlenden Bogen er spannt» (Vers 2–3; Übers. A. Weiher). Aus diesem Grunde sprechen die Menschen gerade ihm die Verantwortung für die Landplagen *(loimoi)* zu, die die Herden und Städte aufreiben, und er ist es auch, den sie anrufen, um zu erreichen, daß die Übel ein Ende finden. Denn sie rühren von einer Befleckung her, und Apollon ist der Herr über alle Sühne. Der Bogen ist schließlich auch das Gerät, das aus ihm einen Schutzgott macht: Er ist, um zwei seiner Beiworte aufzunehmen, *alexikakos* oder *apotropaios*, d. h. der, «der das Übel abwendet»; dies vollbringt er mit Hilfe seiner Pfeile, so wie er den Drachen Python getötet hat, der das Land von Delphi verwüstete, bevor der Gott sich dort niederließ. In Athen hat eine Statue des Apollon diesen Namen getragen zum Dank für sein Eingreifen zur Beendigung der Pest des Jahres 430. In Elis, auf der Peloponnes, trägt er den Namen *Akesios*, der das gleiche bedeutet. Als Gott der Medizin und Vater des Asklepios greift er weniger zum Zwecke der

2. Eine polytheistische Religion

Heilung ein, als vielmehr zur Beseitigung der Übel bei Menschen, Tieren und der Ernte. In derselben Eigenschaft ist er Schützer der Städte und Häuser, deren Tore er durch den Zweig der *eiresione* geschmückt sieht – ein Zweig voller Weihgaben, die daran hängen und für Apollon bestimmt sind, um ihn sich zu verpflichten.

Es sind gleichfalls die Lyra und der Bogen, mit denen der *archegetes* ausgerüstet ist, der «Gründer der Städte», der als Schutzherr über die griechischen Koloniegründungen wacht. Die Lyra als harmonisches Instrument, die als Symbol über der guten Gesetzgebung steht, welcher Delphi seine Billigung ausspricht, und dazu der Bogen mit seiner gespannten Saite sind im übrigen, wie J. Carlier bemerkt hat (*Dictionnaire des mythologies* s. v. Apollon), Ausdruck einer doppelten Metapher, die die enge Verbindung der beiden in Apollon vorhandenen Kräfte unterstreicht. Die gespannten Saiten der Lyra verweisen bisweilen auf das Bild des Bogens, und daher kann Pindar vom «Bogen der Musen» sprechen (*Olympische Oden* 9, 5–12), während der Bogen (in diesem Falle der des Odysseus) manchmal mit einer Lyra verglichen wird (*Odyssee* 21, 405 f.). Auf diese Weise, als Gott der beherrschten Spannung, rührt Apollon wohl an die beiden extremen Grenzen, die einerseits durch Schrecken und Tod und andererseits durch die unantastbare Reinheit gekennzeichnet sind.

Aber Apollon definieren zu wollen heißt auch, ihn in Beziehung zu den anderen Mächten zu setzen, deren Aufgaben sich mit seinen überschneiden. Indem wir seinen Handlungsbereich abgrenzen, sehen wir, welchen Raum die anderer Gottheiten einnehmen. Das Pantheon besteht nicht aus Gottheiten, die einfach nebeneinander stehen, sondern ist ein strukturiertes Ganzes, innerhalb dessen ein jeder Gott durch sein Verhältnis zu den anderen Göttern definiert ist.

In hierarchischer Hinsicht haben wir Apollon als den Lieblingssohn des Zeus kennengelernt; wir haben gesehen, wie er diesen in die Versammlung der Götter geleitet und dessen Stimme in die Heiligtümer trägt. Seine herausgehobene Stellung wird noch deutlicher, wenn man sie im Vergleich zu zweien seiner Brüder betrachtet, zu Hermes und Dionysos.

Die Stellung des *Hermes* läßt die Besonderheiten des einen wie des anderen sehr deutlich zutage treten. Der *Homerische Hymnos an Hermes* erzählt von der Geburt des Gottes und davon, wie er die Rinder seines Bruders stiehlt und versteckt. Vor Zeus gerufen, wird er am Anfang leugnen und lügen, bis er seinen Diebstahl dazu benutzt, um die Stellung eines vollgültigen Gottes und einen Platz unter den

200 Die Systeme der Darstellung des Göttlichen

Unsterblichen zu erlangen. Wie Apollon ist Hermes Sohn des Zeus, wie dieser Gott der Kommunikation und des Wortes und darüber hinaus Erfinder der Lyra, aber er nimmt doch einen ganz anderen Platz ein. Die Lyra macht aus ihm nicht etwa einen Gott der Musik. Sie ist das Produkt einer *techne*, einer Fertigkeit, das zum Tauschobjekt wird und unter die übrigen Gegenstände gehört, die von Hermes zu verschiedenen Zwecken gefertigt werden. Indem er Apollon die Lyra als Ersatz für die Rinder anbietet, die er ihm gestohlen hat, erlangt Hermes die Aussöhnung mit seinem Bruder und zugleich den Platz auf dem Olymp, den er so sehr begehrt. Ebensowenig führt er das Wort wie Apollon, nämlich als Mittel der Offenbarung oder der Wahrheit, sondern als Kunstgriff, als Mittel zur Überredung, das sogar Zeus verführt und ihm erlauben wird, seine Verhandlung vor ihm zu gewinnen. Hermes an der Seite Apollons bedeutet also das Eindringen des listigen Wortes unter die Götter, ja sogar des Meineids an der Seite des wahr gesprochenen Wortes. Zwei Seiten der Kommunikation werden von den beiden Brüdern repräsentiert: Der Vermittler, der listenreiche Hermes, neben dem rechten Wort, das sein Ziel erreicht wie der Pfeil.

Die Beziehungen des Apollon zu seinem anderen Bruder, zu *Dionysos*, der Zeus ebenso lieb ist, sind anderer Art. Eine umfangreiche Überlieferung stellt sie in Gegensatz zueinander und setzt gegen einen nächtlichen, von seinen Mänaden umgebenen Dionysos (s. o. S. 177 f.) die Lichtgestalt Apollon, Herr der Musik und der Reinheit. Andere Elemente aber sprechen für eine auf Überschneidungen und Zusammenarbeit gegründete Beziehung. Zu allererst ist da die doppelte Herrschaft von Apollon und Dionysos über das Heiligtum in Delphi (s. o. S. 199 ff.). Dem dionysischen Gottesdienst sind die Wintermonate vorbehalten, wenn Apollon bei den Hyperboreern weilt. Zu jener Zeit herrscht der *Dithyrambos*, der Hymnos, der zu Dionysos gehört. Mit der Rückkehr des Apollon nach Delphi erschallt dort von neuem sein Triumphgesang, der *Paian*. Die Anwesenheit des Dionysos in Delphi hat sich im übrigen geradezu in den Boden des Heiligtums eingegraben, da man dort im Herzen des Tempels des Apollon, neben dem Dreifuß, auf dem die Pythia weissagte, das Grab des Dionysos ansiedelte. Wir wissen auch von Pausanias, daß seit dem Wiederaufbau im 4. Jahrhundert auf dem Giebel des Tempels auf der einen Seite Apollon und die Musen abgebildet waren und auf der anderen Dionysos und die *Thyiaden*, die so etwas ähnliches wie die zu seinem Gefolge gehörigen Mänaden sind.

2. Eine polytheistische Religion

Dionysos, der Gott der Begeisterung und der Besessenheit

Dionysos ist der «zweimal Geborene». Sohn des Zeus und der Semele, die in ihrer Unbedachtheit ihren Liebhaber in seinem Glanz betrachten wollte und vom Blitz getroffen stirbt, wird Dionysos von seinem Vater in seinen Schenkel eingepflanzt und erfährt von dort aus eine zweite Geburt, diesmal eine göttliche. Ino, die Schwester der Semele, nimmt ihn auf und erzieht ihn; er wird als Mädchen verkleidet, damit er den Nachstellungen der Hera entgehen kann, die ihn nach manchen Überlieferungen bis zum Wahnsinn treiben. Von seinen Verfolgern gejagt (man vergleiche etwa die Geschichte des thrakischen Königs Lykurgos), durchstreift er Griechenland und den Osten. Doch der gejagte Gott kehrt zurück, und seine Ankunft, seine Rückkehr steht häufig im Mittelpunkt lokaler Kulte, die aus ihm den aus der Fremde gekommenen Gott machen. Diese Mythen sind die Quelle einer ganzen Forschungstradition des 19. Jahrhunderts, die in Dionysos einen nichtgriechischen Gott hat sehen wollen, der aus Thrakien oder dem Osten gekommen sei und sich mit Gewalt durchgesetzt habe. Das hieße, die Erzählungen wörtlich zu nehmen, während sie doch eher die wesentliche Funktion des Gottes beschreiben: einem jeden das Fremde zu offenbaren, das er in sich trägt und das ihn die Kulte des Gottes auf dem Umweg über die Maske oder die Trance zu entdecken lehren.

Im Unterschied zu Hermes, der den Wechsel zwischen den Gegensätzen ermöglicht und der übersetzende Fährmann und geleitende Gott ist, verwischt Dionysos die Grenzen, nimmt die Gegensätze in sich auf, verkörpert sie und bringt die Kategorien durcheinander: die Kategorien der Menschen und der Tiere etwa, wenn man sich sein Gefolge von Satyrn ansieht, oder die Kategorien der Männer und Frauen, denn er selbst zeigt ein weibliches Aussehen und trägt den Peplos. Zu dem Fest der Anthesterien (Blumenfest zu Ehren des Dionysos), bei dessen Gelegenheit die Toten sich unter die Lebenden mischen, ist Dionysos der einzige Gott, dessen Tempel geöffnet bleibt. Er leitet die Verkleidungen und Maskeraden, die diese Zeit der Unruhe und der verwirrten und verwirrenden Fröhlichkeit begleiten. Bei Gelegenheit der Oschophorien (Weinfest), im Monat Oktober, sind die jungen Männer, die die Trauben tragen und in einer *pompe* zu Ehren des Dionysos vorbeiziehen, als Mädchen verkleidet. Ebenso tragen die Teilnehmer an den *komoi* (Festumzüge) der Großen Dionysien Frauenkleider.

All diese Feste sind im übrigen eine Gelegenheit zu öffentlichen Zusammenkünften und Umzügen, die alle Bewohner der Polis zusam-

202 *Die Systeme der Darstellung des Göttlichen*

menführen, die Sklaven und Kinder eingeschlossen (vor allem am Tag der *Choes*). Die Verwischung der Grenzen erfolgt also im Rahmen der Polis und wird von ihr in die Hand genommen.

Während wir gesehen haben, wie der Mythos insbesondere die Entfesselung des dionysischen Wahns herausstellt (s. o. S. 177 f.), nimmt der Zug des Gottes in den Straßen der Stadt eine geordnetere Gestalt an, und die dionysischen Orgien zeigen eine geregelte Form. Inschriftlich erhaltene Dokumente bezeugen die offizielle Existenz von mänadischen Thiasoi und belegen den öffentlichen Rahmen der Einweihung in die Mysterien. Die als *Thiasoi* bezeichneten Kultvereine, deren Zahl sich in hellenistischer Zeit vervielfacht hat, nehmen unter ihre Mitglieder viele von denen auf, die die offizielle Religion in der Regel vernachlässigt, und darunter insbesondere die Frauen. Ein Gesetz aus Milet aus der ersten Hälfte des 3. Jahrhunderts legt die Einzelheiten des Ablaufs der Mysterien und die Rolle der Priesterin fest. An den Ritus der Omophagie wird durch ein Stück rohen Fleisches erinnert, das die Priesterin in den Korb legen muß. Das Rennen über die Berge wird zur Prozession, und die Trance gehorcht genauen Vorschriften.

Die attischen Vasen des 5. Jahrhunderts zeigen zwei Bilder von den Feiern zu Ehren des Dionysos in der Stadt: den *komos*, den Umzug der Männer, der im Zeichen des Weines, des Tanzes und der Musik (Flöte und das der Lyra ähnliche Saiteninstrument, die *barbitos*) steht, und die Darbietungen der *Mainaden*, der «Verehrerinnen» des Dionysos mit ihren Thyrsoi, mit den Kränzen aus Efeu und den *Kantharoi* (für den Dionysos-Kult typischen Trinkbechern). Sie sind bisweilen ernst und sittsam, und dann wieder dem Wahn und der Trance verfallen.

In Boiotien (bei den *Agrionien* – einem wilden und blutigen nächtlichen Fest zu Ehren des Dionysos – in Chaironeia), in Sparta, wo zwei Frauenvereine, die der Leukippiden und der Dionysiaden, an den Dionysien teilnehmen, in Alea (in Arkadien), in Elis und an noch anderen Orten kennzeichnen Verfolgungen, Geißelungen, ekstatische Tänze, geheime Opfer und Feiern *(orgia)* die dionysischen Kulte, deren Handelnde vorrangig die Frauen sind. Sie sind es auch, die sich bei den *Anthesterien* im Mittelpunkt der Feiern der *Theoinia* und der *Iobakcheia* (alle drei sind Feste zur Ehren des Dionysos) befinden, anläßlich deren die *Basilinna*, die Ehefrau des Archon Basileus, von vierzehn Priesterinnen umgeben die geheimen Riten vollführt, bei denen sie sich mit dem Gott vereinigt *(hieros gamos)*, um der Stadt größtmögliches Wohlergehen zu sichern.

2. Eine polytheistische Religion   203

In diesem Zusammenhang müssen die Erscheinungen der Trance, die bestimmte Züge des dionysischen Kults kennzeichnen, als ritualisierte soziale Verhaltensweisen aufgefaßt werden, die dazu dienen sollen, eine Veränderung des Seins- und Bewußtseinsstatuts zu erreichen und ein anderer zu werden, indem man eine Form des Andersseins erlangt, die durch genaue Normen und Werte festgelegt ist. Die zwei Aspekte der Trance können nicht voneinander getrennt werden: Sie ist kollektiv und entfaltet sich gruppenweise im Rahmen des Thiasos (Verein zur Verehrung des Gottes), und zugleich betrifft sie jeden einzelnen der Dazugehörigen, der dem Gott von Angesicht zu Angesicht gegenübersteht. Man kann daraus nicht eine Krisensituation machen, die das Individuum angeblich in seiner inneren Erfahrung isoliert (eine Interpretation, die man etwa bei Erwin Rohde, *Psyche*, 1893, findet; darin ist die Tendenz enthalten, in dem dionysischen Kult einen Schritt in Richtung auf die Entdeckung eines unsterblichen inneren Lebens und des Mystizismus zu sehen).

Die lydischen Frauen, die Dionysos zu Beginn der *Bakchen* des Euripides bei seiner Rückkehr nach Theben begleiten und die seinen *thiasos* repräsentieren, geben ein gutes Bild von diesem Zustand. Ihr «Wahn» ist ein kontrolliertes, soziales Verhalten, das im Gegensatz zur Wut *(lyssa)* steht, die sich im Laufe des Stücks mancher Frauen bemächtigt, die sich geweigert haben, den Gott anzuerkennen: der Frauen von Theben um Agaue und Pentheus.

Die Ankunft des Dionysos in Theben

Euripides' Tragödie «Die Bakchen» beginnt mit der Rede eines als lydischer Priester verkleideten Dionysos, der mit der Autorität seiner hohen Stellung als Theologe seine eigene göttliche Natur verkündet. Der aus den Mänaden bestehende Chor folgt ihm.

Dionysos
Ins Land von Theben kam ich hier, der Sohn des Zeus, Dionysos,
den einst Kadmos Tochter Semele, umflammt von heller Blitze Glut,
geboren hat. In Menschenbildung wandelte ich die Gottgestalt und
weile nun an Dirkes und Ismenos Flut. Hier seh ich nah dem Haus
das Grab der Mutter, die der Blitz erschlug, und des Palastes
Trümmerfeld, wo rauchend noch des Götterfeuers Flamme lebt, ein
ewig Denkmal, welche Rach' einst Hera nahm. Ich lobe Kadmos,

204   *Die Systeme der Darstellung des Göttlichen*

*daß er diesen Raum geweiht, der Tochter unnahbare Gruft: ich habe
selbst ihn rings umhüllt mit traubenreichem Rebenlaub.*

*Der Lyder Fluren, reich an Gold, und Phrygien verließ ich, kam
zu sonnenhellen Persergaun, den Mauern Baktras und dem sturm-
durchwehten Land der Meder, dann zum Segensland Arabien, dem
ganzen Asien, das am salzigen Meere liegt, wo der Hellene mit
Barbarenvolk gemischt zahlreich im Schutze schön umtürmter
Städte wohnt. Nun endlich zieh ich ein in dies Hellenenland,
nachdem ich unter Tänzen dort mein Fest geweiht und allen Menschen meine Göttlichkeit erzeigt.*

*Als erste Stadt in Hellas rief ich Theben auf zum Jubel, hüllt es in
der Rehe Fell, und gab in seine Hand des Thyrsos efeugrünen Stab.
Der Mutter Schwestern, denen dies am wenigsten geziemt, behaupten, Bakchos sei nicht Sohn des Zeus: Semele sei von eines Menschen Trug verführt und wälz die Schuld dem höchsten Himmels-
gotte zu durch List des Kadmos; darum auch erschlug sie Zeus – so
prahlen sie –, weil sie den Liebesbund erlog. Zur Strafe jagt ich sie
in wildem Wahn zur Stadt hinaus: auf Berghöhn hausen nun die
Rasenden und müssen tragen meiner wilden Feste Kleid. Auch alle
Frauen aus der Kadmosstadt, so viel volljährig waren, scheuchte ich
aus den Häusern auf, und zugesellt des Kadmos Töchtern lagern sie
in dunkler Tannen Grün, auf Felsen ohne Dach. Denn diese Stadt
soll fühlen, widerstrebt sie auch, daß sie für meinen Bakchosdienst
noch ungeweiht, und ich die Mutter Semele verteidige, der Welt als
Gott mich zeigend, den sie Zeus gebar.*

*Der König Kadmos übergab der Tochter Sohn Pentheus des
Königs Ehrenamt und Herrschergewalt – ihm, welcher Krieg führt
wider mich, den Gott, und mich ausschließt vom Opfer, im Gebet
nie mein gedenkt. Drum will ich ihm und allem Volke Thebens mich
als Gott bewähren. Und sobald ich dieses wohl vollendet, wend ich
meinen Schritt in ein andres Land, auch da mich zeigend. Doch
wenn Theben voller Grimm mit Waffenmacht die Bakchen auszu-
treiben sucht, führ ich Mainaden wider sie zur Schlacht hinaus.
Deswegen nahm ich Erdenbildung an und schuf aus einem Him-
melsgotte mich zum Menschen um. Du, das den Tmolos, Lydiens
Schutzwehr, verließ, mein Festgeleit, ihr Frauen, die vom Fremd-
lingsvolk ich als Gefährten meines Zugs hierhergeführt, ergreift die
Pauken, heimisch längst im Phrygerland, die Rhea, der Götter
Mutter, und ich selbst erfand, schlagt sie, umtanzt des Pentheus
königliches Haus mit hellem Schalle, daß die Kadmosstadt es hört!*

2. Eine polytheistische Religion 205

*Ich eile auf die Höhen des Kithairon, wo die Bakchen sind, und tret
in ihre Reigen ein.*

Chor

*Von Asiens Ländern, vom heiligen Tmolos zog ich fort und übe
Dionysos süße Mühe, beseligende Mühsal, den bakchischen Gott
umjubelnd. Wer weilt noch auf den Wegen? Wer? Entweicht in eure
Häuser! Ein jeder wahre in Ehrfurcht heiliges Schweigen: nach
altem Brauch will ich Dionysos preisen.*

*Selig, wer, den Göttern Freund um die Weihn der Unsterblichen
wissend, sein Leben dem heiligen Dienst weiht und seine Seele
läutert, in den Bergen ringsum schwärmend zur geheiligten Entsühnung, wer sich der Satzung Kybeles, der Großen Mutter, geweiht hat und emporschwingend den Thyrsos mit dem Efeu sich das
Haupt kränzt als Jünger des Dionysos. Macht euch auf, Bakchen,
ihr Bakchen: Bromios, den Gott und Gottessohn, Dionysos führt
herab von den Bergeshöhn der Phryger in die weiten Reigenplätze
und die Straßen der Hellenen!*

*Ihn, den einst im Schmerzenskampf in den Wehn erzwungenen
Gebärens, da Kronions Blitzstrahl herabfuhr, die Mutter aus dem
Schoße sterbend entlassen mußte, von des Donners Schlag getroffen. Doch sogleich gab der Kronide die Ruhestatt dem Gebornen: Er
verbarg ihn in dem Schenkel von Goldspangen umschlossen, versteckt vor der Rache Heras. Als die Moiren ihn vollendet, gebar er
den stiergehörnten Gott, und er kränzt ihm seine Stirn mit Schlangen: seither flechten die Mainaden Schlangenbeute sich jauchzend
in ihre Locken.*

*O Semeles Amme Theben: O bekränze dich mit Efeu, grüne,
grün im frischen, im blühenden Laub der Winde! Schwärme im
Jubel des Bakchos mit den Zweigen von Eiche und Tanne! Schmücke
das scheckige Fell des Rehs mit dem Weiß der wollenen Binden!
Weihe heiligem Brauch des Narthex mutwilligen Stab! Bald hebt
sich das ganze Land zu wirbelndem Tanz – Bromios ist's, der die
Reigen führt! – auf das Gebirg, das Gebirge, wo der schwärmenden
Frauen Schar harrt, von Gewebe und Webstuhl von Dionysos
verscheucht.*

*O alter Sitz der Kureten, o heilge Höhlen Kretas, die den Zeus
genährt einst! Dort rundeten mir aus Stierhaut Tympana die
Korybanten in den dreifach bebuschten Helmen, süßen phrygischen
Flötenhauch mischten sie mit bakchischem Jubel. Und der Mutter,
der Rhea, legten sie's in die Hände: die Pauke, die zu der Mainaden*

206 *Die Systeme der Darstellung des Göttlichen*

Jauchzen schallt. Rasende Satyrn erflehten sich's, nahmen von Rhea das Tympanon, das im Reigentanze erdröhnt in dreijährlichen Festen, deren Bakchos sich freut.

Süß ist's anzusehn, wenn er in den Bergen nach rasendem Tanze zur Erde sinkt, in das heilige Fell des Rehs gehüllt, nach dem Blute des Bockes verlangend, dem Genuß des rohen Mahles, jagend auf lydische, phrygische Berge – Bromios unser Führer: Euoi! Euoi! Von Milch trieft das Gefilde und vom Wein und vom Nektar der Bienen. Wie eine Wolke syrischen Weihrauchs läßt Bakchos aus dem Narthex des Fichtenharzes lohende Flamm aufschießen, zu Wettlauf und zu Tanz und zu Jubel die Schweifenden erregend, das üppige Haar zum Himmel schüttelnd. Zugleich dröhnt er laut in den Jubelruf: «Auf ihr Bakchen, Zierde des Gold verströmenden Tmolos: preiset den Gott Dionysos bei dumpf hallender Pauken Schall, jauchzend erhebt den jauchzenden Gott in Rufen und Weisen der Phryger, wenn liebliche Flöten heilig die heiligen Weisen spielen, welche die schweifenden Bakchen auf die Berge die Berge geleiten.» Freudig erregt wie das Fohlen zur Seite der weidenden Mutter regt die Bakchantin die hurtigen Glieder in hüpfenden Sprüngen.

Euripides, *Die Bakchen* 1–167 (Übers. J. J. Donner-R. Kannicht).

Derselbe Gegensatz zwischen rituellem Wahn und mörderischem und bestialischem Wahn findet sich auch in anderen Mythen im Umkreis um Dionysos und sein Auftreten wieder. Da gibt es beispielsweise die Geschichte der Minyaden, der königlichen Prinzessinnen von Orchomenos (wo der Gott aufgezogen worden ist), die sich weigern, dem Ruf des Dionysos zu folgen, und im Palast beim Webstuhl bleiben, während die anderen Frauen ihre üblichen Tätigkeiten beiseite legen und sich auf dem Lande und in den Bergen ergehen, mit den Fellen von Hirschkälbern, Efeukränzen, Thyrsoi, Tamburinen und Flöten als Bakchen ausgerüstet. Im Palast bringen Efeu und Wein auf wunderbare Weise die Webstühle zum Stillstand. Die Prinzessinnen, die sich zu spät bekehrt haben und von einem mörderischen Wahn ergriffen werden, reißen eines ihrer Kinder in Stücke, um es zu verschlingen. Als sie sich mit den anderen Mainaden vereinigen wollen, stoßen diese sie mit Abscheu zurück. Der Wahnsinn und der Tod stehen zwar bei Dionysos durchaus am Horizont, aber sie sind der Preis, den derjenige zahlen muß, der dem Gott nicht ins Gesicht zu blicken vermochte, um sich durch das

2. Eine polytheistische Religion 207

leere Gesicht der Maske hindurch selbst zu entdecken: Sie sind der Preis für denjenigen, der ihn mißachten oder zurückweisen wollte.

Unter den kultischen Formen, die die Gestalt des Dionysos einnimmt, ist die Maske, wie sie auf bestimmten attischen Vasen erscheint (eine Reihe von Vasen, die als die *lenäischen* bezeichnet werden), besonders bezeichnend. Von einem in den Boden getriebenen Pfahl getragen oder von einer Art Säulenstumpf, sieht man sie zusammen mit einem Faltengewand in der Art des weiblichen Peplos, mit dem Fell des Hirschkalbs und einem Gürtel: Das ist genau die Bekleidung der Mainaden. Durch das leere Gewand zugleich abwesend und gegenwärtig, bietet Dionysos denen, die es zu erkennen vermögen, ein Bild des anderen und ein Bild dessen, der andersartig macht.

Die Art und Weise, wie seine Macht über die Weinrebe zum Ausdruck kommt, ist noch ein weiterer Beleg für die gefährliche Anziehungskraft, die er auf diejenigen ausübt, die keinen richtigen Gebrauch von seinen Gaben zu machen wissen. Als Gott der üppigen Vegetation und der Feuchtigkeit ist Dionysos nämlich auch derjenige, der den Weinstock nach Attika bringt. Aber bevor die Bewohner der Landschaft nicht den rechten Gebrauch des Weines durch die rituelle Handhabung gelernt haben, die aus ihm ein Mittel der Geselligkeit macht, muß es geschehen, daß Ikarios, der den vom Gott empfangenen reinen Wein mit den Hirten geteilt hat, von diesen unter dem Einfluß der Trunkenheit getötet wird und daß seine Tochter Erigone sich in ihrer Verzweiflung aufhängt und die Mädchen Attikas daraufhin vom Wahnsinn ergriffen werden.

Dionysos bedeutet in gewisser Weise die rechte Art des Wahns. Wie Apollon zugleich das Übel senden kann und es heilen, so ist Dionysos derjenige, der jemanden wahnsinnig macht und ihn vom Wahn zu heilen versteht. Die dionysischen Rituale, die die verschiedenen Formen der Überschreitung durchspielen, vom «rohen Essen» über den maßvollen Genuß des Weines bis zur Hingabe an die Trance, scheinen einem jeden die Möglichkeit zu bieten, in einem zugleich individuellen wie kollektiven Spiel das zu erkunden, was in ihm «anders» ist. Ein Versuch, der bis zum Wahnsinn gehen kann, wenn er nicht geregelt wird von jenem doppelten Gott, der zugleich Mann und Frau ist, wie Euripides an einer Stelle sagt. Man versteht, daß das Theater, das es auch ihm erlaubt, ein anderer zu sein oder sich anders zu sehen, daß der Zeitpunkt einer Darbietung auch eine Welt des Dionysos ist. Das ist außerdem eine Gelegenheit für ihn, sich im Herzen der Stadt und unter den Augen aller zu zeigen. Denn Dionysos gibt sich nicht mit der

208   *Die Systeme der Darstellung des Göttlichen*

Anerkennung durch am Rande stehende Sekten zufrieden. Er fordert seinen Platz als ein vollberechtigter Gott desselben Ranges, wie ihn die Gottheiten der staatlichen Gemeinschaft haben.

Als er in Delphi auf Apollon trifft, hofiert Dionysos, der Gott der Begeisterung und Besessenheit, den «mit der Stimme begabten» Apollon, den Gott des deutlichen Sprechens, in jenem Heiligtum, wo die Griechen den Nabel der Welt lokalisierten. Da scheint es so, als ob diese zwei Arten der Kommunikation mit dem Heiligen, von denen die eine auf der Übermittlung des deutlich gesprochenen Wortes beruht und die andere auf einem verzauberten Blick, dort einen Ort gefunden hätten, an dem sie Wurzeln schlagen.

Das Pantheon im besonderen: das Beispiel der Stadt Mantineia

Wir wir festgestellt haben, ehrt jede griechische Polis eine bestimmte Anzahl von Göttern und Heroen mit Heiligtümern und Kulten, stellt eine Hierarchie unter ihnen auf und erzählt seinen Bürgern besondere Geschichten. Das Pantheon ist von einer Stadt zur anderen unterschiedlich, und das gleiche gilt für die Mythologie. Darüber hinaus sind die Anlagen der Heiligtümer und die Kulte der besonderen Gottheiten einer Stadt nicht von der Zeit ihrer Gründung bis zum Ende der antiken Welt ohne Veränderungen geblieben. Das Pantheon einer jeden Stadt hat eine Geschichte, die zu verfolgen oder gar zu interpretieren manchmal schwierig ist. Um die Breite und Vielfalt des griechischen Polytheismus zu verdeutlichen, scheint es uns nützlich, sie am Beispiel einer Stadt herauszuarbeiten. Die Wahl von Mantineia ist willkürlich. Doch erscheint uns diese Stadt ihres Zuschnitts halber und wegen der Rolle, die sie spielt und die nicht von erstrangiger Bedeutung in der Geschichte ist, sowie schließlich wegen der verfügbaren Quellen als typisch für eine größere Zahl von Städten – allemal typischer als etwa das zu vielschichtige Beispiel Athen.

Mantineia befindet sich auf der Peloponnes in der Landschaft Arkadien (im Osten Arkadiens und an der Grenze zur Argolis). Das Territorium der Polis (13 km von Norden nach Süden, 4 bis 7 km von Ost nach West) wird begrenzt durch die Gebiete der Städte Alea, Orchomenos, Megalopolis, Tegea und Argos.

Der Text der *Periegesis* (Reisebeschreibung) des Pausanias zählt die Heiligtümer und Kulte auf, von denen ein Reisender des 2. Jahrhunderts n. Chr. noch Spuren finden konnte, wenn er Mantineia besuchte. Das ist unsere hauptsächliche Quelle. Man bemerkt sofort die beträcht-

2. Eine polytheistische Religion

liche Zahl der verschiedenen Kultplätze, des weiteren die Existenz
mehrerer Kulte für bestimmte Gottheiten und schließlich die verschiedenen Daten der Entstehung der Kulte.

Die Kulte und Heiligtümer in Mantineia

In der Stadt:

*In Mantineia gibt es einen Doppeltempel, der etwa in der Mitte
durch eine Mauer geteilt ist. In dem einen Teil des Tempels befindet
sich ein Kultbild des* Asklepios, *ein Werk des Alkamenes, der andere
ist* Leto *und ihren Kindern heilig. Praxiteles schuf die Statuen in der
dritten Generation nach Alkamenes. An deren Basis sind die Musen
dargestellt und Marsyas flötenblasend. (...) Die Mantineer haben
aber auch noch andere Heiligtümer, so eins des* Zeus *Soter («Retter») und eines mit dem Beinamen* Epidotes *(«der Förderer»); er
gebe nämlich den Menschen Gutes. Es gibt auch ein Heiligtum der*
Dioskouroi *und an anderer Stelle eines der* Demeter *und* Kore*; hier
unterhalten sie ein Feuer und achten darauf, daß es ihnen nicht
unversehens ausgehe. Auch für* Hera *sah ich einen Tempel am
Theater. Praxiteles hat die Statuen geschaffen, sie selbst sitzend auf
einem Thron und daneben stehend* Athena *und* Hebe*, die Tochter
der Hera. Beim Altar der Hera befindet sich auch das Grab des*
Arkas*, des Sohnes der Kallisto. (...) Diesen Platz, wo sich das Grab
des Arkas befindet, nennen sie Altäre des* Helios*. Nicht weit vom
Theater liegen berühmte Denkmäler, das eine von runder Form, das
«Gemeinsamer Herd» (Hestia koine) heißt. Hier sollte* Antinoe*, die
Tochter des Kepheus, begraben liegen. (...) Hinter dem Theater
waren noch Reste eines Tempels der* Aphrodite *mit Beinamen*
Symmachia *(«die Beistehende») und ein Kultbild übrig. Die In-
schrift auf der Basis besagte, daß die Stifterin des Kultbildes Paseas
Tochter Nikippe sei. Dieses Heiligtum errichteten die Mantineer zur
Erinnerung für die Nachkommenden an die gemeinsam mit den
Römern geschlagene Seeschlacht von Actium. Sie verehren auch die*
Athena Alea *und haben ein Heiligtum und ein Kultbild der* Athena
Alea*. Auch* Antinoos *wurde bei ihnen als Gott anerkannt. Von den
Tempeln in Mantineia ist der des Antinoos der jüngste. Dieser
wurde vom Kaiser Hadrian ganz außerordentlich verehrt. (...) Die*

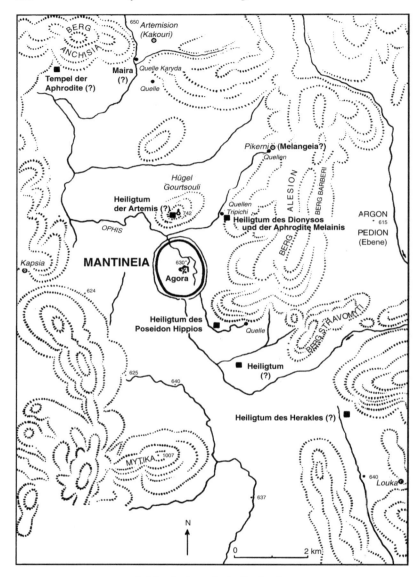

16. Mantineia und sein Territorium

2. Eine polytheistische Religion

Mantineer haben auf dem Markt eine Bronzestatue einer Frau, die sie Diomeneia, die Tochter des Arkas, nennen, und ein Heroon des Podares; er soll in der Schlacht gegen Epameinondas und die Thebaner gefallen sein.

Auf dem Lande:

Über dem Stadion befindet sich der Berg Alesion, so genannt, wie man sagt, wegen des Herumirrens der Rhea, und ein Hain der Demeter auf dem Berge. An den Ausläufern des Berges liegt das Heiligtum des Poseidon Hippios («des Pferdegestaltigen») nicht weit vom Stadion von Mantineia. Über dieses Heiligtum schreibe ich vom Hörensagen und was andere bereits darüber berichtet haben. Das jetzige Heiligtum baute der Kaiser Hadrian, indem er Aufseher über die Arbeiter bestellte, daß niemand in das alte Heiligtum hineinsehe und von seinen Resten nichts fortbewegt werde; den neuen Tempel befahl er ihnen darum herum zu bauen. Ursprünglich sollen dem Poseidon dieses Heiligtum Agamedes und Trophonios gebaut haben, indem sie Baumstämme zubereiteten und aneinanderfügten. Um den Menschen den Eintritt zu verwehren, legten sie keine Schutzwehr vor den Eingang, sondern spannten nur einen Wollfaden aus, wohl in der Meinung, daß schon das den damaligen Menschen, die das Göttliche noch ehrten, Furcht einflößen würde, oder vielleicht wohnte auch dem Faden irgendeine Kraft inne.

Die übrigen Heiligtümer der Chora sind nur Gegenstand einer kurzen Übersicht bei Pausanias. Es handelt sich um folgende:
- im Norden der Ebene ein Heiligtum der Artemis und das Grab der Penelope sowie die Quelle der Meliasten. – «Diese Meliasten versehen den Kult des Dionysos, und an dem Brunnen befindet sich ein Kultraum des Dionysos und ein Heiligtum der Aphrodite Melainis» (8, 6, 5). – Schließlich findet man dort noch die Quelle Alalkomenia (ein Epitheton der Athena als Helferin);
- im Süden der Ebene, «etwa eine Stadienlänge vom Grab des Epameinondas entfernt, ist das Heiligtum des Zeus mit dem Beinamen Charmon»; später stößt man auf das Grab der Töchter des Pelias und das steinerne Grabmal des Areithoos an einem Ort namens Phoizon;
- in Umgebung «nach den Trümmern von Nestone kommt ein heilig gehaltenes Heiligtum der Demeter; die Mantineer feiern

212   *Die Systeme der Darstellung des Göttlichen*

> *ihr auch jedes Jahr ein Fest». Schließlich befindet sich an der*
> *Straße nach Orchomenos noch «der Berg Anchisia und das*
> *Grabmal des* Anchises *am Fuß des Berges». (...) «Bei dem Grab*
> *des Anchises liegen Reste eines* Aphroditeheiligtums».
>
> Pausanias 8 (Arkadien), 9 ff. (Übers. E. Meyer).
>
> Über das Pantheon und die Kulte Mantineias s. M. Jost, *Sanctuaires et cultes*
> *d'Arcadie* (Études Péloponnésiennes Bd. 9), Paris 1985.

Die Karte «Mantineia und sein Territorium» zeigt die Punkte der
archäologischen Entdeckungen und die vermutliche Lage der Heiligtümer.

Wie stellt sich nun das Pantheon von Mantineia dar, wenn wir von
der topographischen Reihenfolge der Aufzählung bei Pausanias einmal
absehen wollen?

Poseidon Hippios ist die Stadtgottheit und der Beschützer der Stadt.
Die Münzprägung der Stadt stellt ihn mit einem Dreizack oder einem
Delphin dar, sein Priester ist der eponyme Amtsträger, d. h. daß nach
dessen Name das Jahr benannt und in öffentlichen Verzeichnissen
geführt wird. Sein Heiligtum vor den Toren der Stadt darf nicht
betreten werden, ist also ein *abaton:* Wer immer dort eindringt, wird
mit dem Tode bestraft. Während des Festes zu seinen Ehren, den
Poseidaia, finden sportliche Wettkämpfe statt. Er ist Gott der Polis und
zugleich Herr der unterirdischen Quellen und der Pferde; das sind zwei
Aufgabenbereiche von größter Bedeutung in einer Stadt, in der die
Trockenlegung des Gebiets ein ständiges Problem ist und die Pferde-
zucht die wichtigste wirtschaftliche Tätigkeit darstellt. Der Kult des
Poseidon geht bis in die Zeit der Ursprünge der Stadt zurück (die
Gründung des ersten Heiligtums wird den boiotischen Heroen Agame-
dos und Trophonios im 8. und 7. Jahrhundert zugeschrieben) und bleibt
bis in die Kaiserzeit lebendig: Der Kaiser Hadrian übernimmt es, das
Heiligtum wiederherzurichten.

Zeus ist in Mantineia mit fünf Beinamen bekannt, d. h. in fünf
Funktionen und mit fünf verschiedenen Kultplätzen. *Zeus Keraunos*
oder der Gott des Blitzes wird mit dem Naturphänomen identifiziert,
Zeus Soter, der auf der Agora verehrt wird, ist der Beschützer und
Garant des Wiederaufbaus der Stadt (Mantineia ist im Jahre 385
aufgegeben worden und erst nach 371 wieder als Stadt besiedelt
worden). *Zeus Charmon* ist «der, der sich freut», oder genauer vielleicht «der, der sich am Krieg erfreut». *Zeus Euboulos*, der «gute

2. Eine polytheistische Religion　213

Berater», und *Zeus Epidotes* (der Schenkende) fördern das Wohlergehen der Stadt.

Demeter verfügt in der Chora über ein Heiligtum und einen heiligen
Hain sowie in der Stadt über ein gemeinsames Heiligtum mit Kore, in
dem ein ewiges Feuer brennt. Der Kult der Demeter wird von Priesterinnen vollzogen. Der Kult der *Kore* gibt Anlaß zu Feiern, den *Koragia*,
die eine Prozession, ein Opfer, ein Mahl mit anschließenden Mysterien
umfassen, zudem das Herumtragen der Statue der Göttin in der Stadt
und ihre Rückführung in das Heiligtum. Es scheint, daß die in Mantineia verehrte Kore anfänglich eine unabhängige Göttin gewesen ist,
deren Kult neben dem der Demeter bestanden hat, wie es auch bei dem
panhellenischen Kult der Demeter und der Kore der Fall ist.

Athena taucht mit zwei Beinamen auf, dem der *Alea* und dem der
Alalkomenia, d. h. «die, die eine Gefahr bannt». Alea (was sowohl den
«Zufluchtsort» bedeuten kann wie «die Wärme») ist eine auch anderswo in Arkadien bekannte eigenständige Gottheit, und sie wird als
solche in archaischer Zeit in der Eigenschaft einer die Befruchtung und
die Fruchtbarkeit begünstigenden Göttin verehrt. In der Folgezeit
vermischt sich ihr Kult allmählich mit dem der Athena.

Über *Dionysos*, dessen Heiligtum sich in der Nähe der Quelle der
Meliasten befindet, erfährt man, daß zu seinem Kult *orgia* gehört
haben, d. h. geheime Riten, über die wir indes nichts weiter wissen.

Aphrodite hat drei Gesichter. Als *Melainis*, die Schwarze, ist sie eine
unterirdische Macht. Ihr Heiligtum am Fuße des Berges Anchisia
verbindet sich mit der späten, von den Römern berichteten Legende
von ihrer Verbindung mit Anchises (dem Vater des Aineas). Als
Symmachia, Göttin der Kampfgenossenschaft, erinnert sie ebenfalls an
ein jüngeres Ereignis: das Bündnis Mantineias mit den Römern in der
Schlacht bei Actium.

Antinoos verdankt seinen Kult der Anregung des Hadrian. Der Kult
hat Mysterien umfaßt, und der junge Mann ist als Dionysos dargestellt
worden. Alle fünf Jahre haben Wettkämpfe stattgefunden, die nach
dem Vorbild der olympischen Wettbewerbe gestalteten *Antinoeia*.

Unter den Heroenkulten ist der des *Podares* besonders lebendig;
Podares ist im Jahre 362 in der Schlacht bei Mantineia gefallen; sein
Heroon befindet sich auf dem zentralen öffentlichen Platz.

Von anderen erwähnten Gottheiten wie *Artemis, Apollon, Leto,
Asklepios, Hera* und *Hebe*, den *Anakes* (den Helfern) oder *die Dioskuren* kennen wir aus Mantineia weder besondere Attribute noch Einzelheiten ihres Kultes. Man wird ihnen daher gezwungenermaßen die

Die Systeme der Darstellung des Göttlichen

Eigenschaften zusprechen, die ihnen anderswo in der griechischen Welt zuerkannt werden. Was indes bei der Betrachtung des Pantheons einer Stadt wie Mantineia auffällt, ist seine lokale Prägung und Besonderheit sowie der Einfluß der Stadtgeschichte auf seine Zusammensetzung.

Lokale Prägung und Besonderheit: Man findet beispielsweise in Mantineia Gestalten weiblicher Göttinnen wie die der Athena Alea oder der Kore, die sich von dem «kanonischen» Bild der Athena oder der Kore stark unterscheiden, die aber ihren Schwestern in anderen Städten Arkadiens sehr ähneln. Der Einfluß der Geschichte zeigt sich einerseits in der fortschreitenden Veränderung der Göttergestalten (archaische Figuren wie die der Alea oder der Kore verbinden sich mit panhellenischen Göttern oder bleiben neben ihnen bestehen, wie die Beispiele der Athena oder der Demeter, Mutter der Kore, gezeigt haben). Andererseits zeigt sich der Einfluß historischer Umstände in der Aufnahme neuer Gottheiten und der Schaffung von Kulten: Aphrodite Symmachia nach Actium oder Antinoos zur Zeit des Hadrian sind Beispiele dafür. Das Pantheon, wie es in Mantineia erscheint, ist weder stereotyp noch statisch. Es ist ein hervorragendes Beispiel für die Anpassungsfähigkeit und die Entwicklung einer polytheistischen Religion.

3. Die Formen der bildlichen Vorstellung

Die verschiedenen Darstellungen des Göttlichen

Die Griechen kennen nicht etwa nur eine einzige und einheitliche Form der Darstellung des Göttlichen (die anthropomorphe Statue), sondern verschiedene Formen, die in den jeweiligen Epochen nebeneinander bestehen. Welche Formen gibt es und was können wir von ihnen über die griechische Vorstellung des Göttlichen lernen?

Zunächst einige allgemeine Bemerkungen:

– Kennzeichen des religiösen Bildwerkes ist es, daß es den dargestellten Gott vergegenwärtigen soll, zugleich aber zu verstehen gibt, daß er nicht da ist. So muß das Kultbild sehr konkret sein (so daß man es berühren, es bewegen und handhaben kann) und zudem ganz deutlich machen, daß es auf etwas zurückverweist, das nicht anwesend ist.

– Die Bedeutung des Bildes in der griechischen Kultur und in unserer heutigen Welt ist nicht dieselbe. Die Vorstellung von Ähnlichkeit und Nachahmung eines Modells sind für unsere Definition des Bildes entscheidend, nicht aber für die Griechen. Mindestens bis zum Beginn des 5. Jahrhunderts hat keine der plastischen Darstellungsformen des Göttlichen etwas mit der Kategorie der Ähnlichkeit oder der Nachahmung zu tun. Die Darstellungen verleihen dem, was man nicht hat, eine Gestalt, aber sie ahmen nichts nach.

Die Griechen kennen eine große Zahl von Wörtern, um die Abbildungen des Göttlichen zu bezeichnen (*xoanon, bretas, andrias, palladion, agalma, kolossos, eikon, eidolon* usw.). Diese Vielzahl spiegelt die Vielfalt der Darstellungsformen des Göttlichen durch die Figuren wider.

Wir wollen einige Beispiele der Arten der bildlichen Darstellung vorstellen:

Bretas und *xoanon* sind kaum geformte Statuen, auf die die Kategorie des Ähnlichen nicht anzuwenden ist; sie können zu verschiedenen Kulthandlungen dienen. Man meint von ihnen, sie seien vom Himmel gefallen, wie etwa das *xoanon* der Athena Polias, das im Tempel des Erechtheion auf der Akropolis in Athen aufbewahrt wird. Gelegentlich

216 *Die Systeme der Darstellung des Göttlichen*

trägt man diese Statuen durch die Stadt, man badet sie auch und bekleidet sie mit Gewändern, die man mit größter Sorgfalt angefertigt hat (wie beispielsweise den Peplos, der in Athen von den *Arrephoren* [zwei Jungfrauen mit kultischen Funktionen] und den *Ergastinen* [die «Wirkerinnen» des Peplos] für die Statue der Athena gewebt wird). Doch die meiste Zeit verbleiben diese Statuen im Inneren der Tempel. Bei der Gründung einer Stadt werden diese Statuen, die vielleicht ursprünglich einer Familie gehört haben, zu öffentlichem Besitz, und man bringt sie in einem Tempel unter.

Die *Hermen.* Dabei handelt es sich um Pfeiler, die im unteren Bereich ein männliches Glied (Phallos) haben und oben eine Büste tragen. Man findet Hermen fast überall in der Stadtlandschaft, sei es an den Eingängen zu den Heiligtümern, an den Kreuzungen oder längs der Straßen. Hipparch, ein athenischer Tyrann der archaischen Zeit, soll angeblich einhundertfünfzig solche Hermen an den Straßen Attikas aufgestellt haben – eine jede mit einem Sinnspruch. Funktion der Hermen ist es, den Raum zu gliedern und die untrennbare Verbundenheit der menschlichen und der göttlichen Unternehmungen im Stadtgebiet deutlich zu machen. Die Hermen sind, wie man gesehen hat, Gegenstand von Ritualen, und sie anzutasten oder sie gar zu verstümmeln, ist ein furchtbarer Frevel.

Die *kouroi.* So nennen die Altertumswissenschaftler die Statuen junger Männer aus archaischer Zeit, die meist nackt dargestellt sind. Manche Kouroi sind dem Totenkult zugedacht und stehen über dem Grab eines Toten, andere sind Weihgaben, die man einem Gott in seinem Heiligtum aufgestellt hat. Sie sollen keineswegs Ähnlichkeit mit dem Toten, dem Weihenden oder dem Gott zeigen. Sie übertragen vielmehr die Attribute und Werte des Göttlichen in die Gestalt eines menschlichen Körpers. So bringt etwa ein von einem Athleten geweihter Kouros das zum Ausdruck, was der Gott dem Sieger geschenkt hat: Leben, Jugend, Schnelligkeit, Kraft, Männlichkeit, Schönheit. Grundsätzlich gilt von den *korai* genannten weiblichen Statuen das gleiche.

Diese Beispiele der Kouroi und Korai erlauben es, die Bedeutung der anthropomorphen Statue (der Götterstatue in der Gestalt eines Menschen) besser zu verstehen. Daß die Griechen solche Statuen angefertigt haben, soll nicht bedeuten, daß sie etwa geglaubt hätten, die Götter seien den Menschen ähnlich und besäßen einen in jeder Hinsicht «menschlichen» Körper; es bedeutet vielmehr, daß der menschliche Körper, insofern er schön, jung und vollkommen ist, die göttlichen Werte darstellen kann.

3. Die Formen der bildlichen Vorstellung   217

Die Gedanken zum griechischen Anthropomorphismus verbinden sich mit der allgemeineren Frage nach den Körpern der Götter, die J.-P. Vernant auf folgende Weise formuliert: «Wenn man die Frage nach dem Körper der Götter stellt, heißt das nicht, daß man sich fragt, wie die Griechen ihre Götter in einen menschlichen Körper haben stecken können, sondern es bedeutet, daß man untersucht, wie dieses symbolische System funktionierte, wie der durch den Körper ausgedrückte Code es erlaubt, das Verhältnis von Menschen und Göttern zu denken» (*Le temps de la réflexion 7*, 1986, S. 23–24).

Die Maske. Die Maske wird sehr häufig bei den Griechen gebraucht, um das Übernatürliche auszudrücken. Die Maske ist Darstellung eines Gesichtes, deren ikonographischer Typus in archaischer Zeit sehr selten vorkommt. Sie bindet den Betrachter in eine von Faszination gekennzeichnete Beziehung ein.

Manche Gottheiten sind, wie *Dionysos*, in den Ritualen durch ihre Maske dargestellt. In zahlreichen Szenen auf Vasen sieht man die Masken des Dionysos an einem Pfosten hängen, der außerdem in Kleider gehüllt ist, während um ihn herum die Kulthandlungen vollzogen werden.

Die Teilnehmer an den Kulthandlungen tragen bisweilen Masken. Bei den Ritualen der *Artemis Orthia* (die Aufgerichtete Artemis) in Sparta vollführen die jungen Leute in Masken einen Tanz, bevor sie in die Welt der Erwachsenen aufgenommen werden. Diese Masken zeigen schreckenerregende Gesichter und sind die Symbole der wilden, unzivilisierten Welt, die die jungen Männer verlassen, indem sie Bürger werden. In den dionysischen Ritualen findet man die Masken der Satyrn. Das Tragen einer Maske ermöglicht es einem Menschen, nicht mehr er selbst zu sein und für eine Zeitspanne, nämlich während des Rituals, die Kraft des Göttlichen zu verkörpern.

Die Gegenstände, die das Göttliche abbilden, sind also vielfältig, und die Griechen kennen mehrere Arten der Darstellung des Göttlichen in ein und derselben Epoche. Im 5. Jahrhundert etwa erweist ein Athener den *Hermen* auf der Agora kultische Ehrerbietung, nimmt an Ritualen vor der *Maske* des Dionysos teil, begleitet das *xoanon* der Athena während der Panathenäen und verehrt auch die Goldelfenbeinstatue derselben Göttin im Parthenon. Dieses Beispiel und noch viele andere zeigen, daß die verschiedenen Formen der Darstellung des Göttlichen nicht aufeinanderfolgenden Entwicklungsstufen des griechischen religiösen Denkens entsprechen. Es ist unzutreffend zu behaupten, daß die Entwicklung von einer formlosen Darstellung zu einer am Ende dem

17. Hephaistos

Berlin 2273. Rotfigurige Schale des Ambrosios-Malers, um 500 v. Chr. (Zeichnung F. Lissarrague)

18. Poseidon

Münze: Stater aus Poseidonia (Paestum), um 530–510 v. Chr. (Zeichnung F. Lissarrague)

19. Dionysos

München 2344. Rotfigurige Amphore (Ausschnitt). Kleophrades-Maler, um 500 v. Chr. (Zeichnung F. Lissarrague)

Menschen ähnlichen Gestalt gelangt sei. Bei Homer sind die Götter völlig anthropomorph, während in klassischer Zeit Pfosten oder Steine eine sehr starke symbolische Funktion haben und im Mittelpunkt des Rituals stehen können.

Die anthropomorphen Götterfiguren

Die einzelnen Götter. Wir wollen die allgemeinen Probleme, die die Darstellung des Göttlichen in Griechenland aufgibt, nun verlassen und uns fragen, woran ein Grieche einen bestimmten Gott erkennt. Das Zusammenwirken von Attributen und Haltungen im Bildwerk erlaubt es, die Identität des jeweiligen Gottes mit Sicherheit zu bestimmen, auch wenn es, wie es ja auch im allgemeinen für das Pantheon gilt, lokale Varianten der Darstellung des betreffenden Gottes gibt. Die nebenstehenden Zeichnungen zeigen die Darstellung einiger Gottheiten in der Vasenmalerei. Im allgemeinen erkennt man Zeus sofort an dem Blitz, den er schleudert, Poseidon an seinem Dreizack, Dionysos am Thyrsos, Athena an der Aigis (wundermächtiger Umhang), Artemis am Bogen, ihrem Köcher und den Pfeilen, Demeter an der Kornähre usw. Doch wenn die Darstellungen ein und desselben Gottes

20. Apollon

Rom, Vatikanisches Museum. Rotfigurige Hydria, um 490–480 v. Chr.
(Zeichnung F. Lissarrague)

gewisse einheitliche Grundzüge zeigen, so unterliegen sie zugleich doch auch Veränderungen und Manipulationen, die stets eine Bedeutung haben. Wir wollen als Beispiel die Darstellung des Dionysos in der Vasenmalerei betrachten.

Dionysos. Zunächst einmal hat er einen anthropomorphen Körper und ist mit einem langen Faltengewand bekleidet. Als Herr über den Wein, den er unvermischt genießen kann, ist er dargestellt, wie er eines seiner Attribute, einen Kantharos (ein Gefäß in der Form eines sich nach oben ausweitenden Trinkbechers auf hohem Fuß und mit vertikalen Schlaufenhenkeln) oder ein Trinkhorn, in der Hand hält. Weinreben oder Efeuzweige umgeben und krönen ihn, und seine Begleiter tragen einen Stab, an dessen Ende sich ein Knauf aus Efeulaub befindet, den sogenannten Thyrsos. Die Tiere, die ihn begleiten, sind Löwe,

3. Die Formen der bildlichen Vorstellung   221

Panther und Schlange, die alle für ihre Wildheit bekannt sind, sowie
Esel und Bock als Zeichen der Lüsternheit. Er ist zwar bisweilen allein,
aber häufig umgibt ihn ein ganzer Schwarm von Satyrn und Mänaden.

Er wird auch durch einen Pfosten dargestellt, der mit einem langen
Gewand bekleidet ist und von einer Maske gekrönt wird oder lediglich
die Maske des Gottes in Vorder- oder Seitenansicht trägt. Um diesen
Pfosten herum spielt sich das Ritual ab. Am Ende erscheint nur noch
das Gesicht des Gottes in Vorderansicht, und es kann beispielsweise
zwischen den beiden «Augen» stehen, die wir häufig auf den Trinkschalen und den Amphoren finden. Daran erinnert F. Frontisi: «Wenn
aber zwischen diesen beiden Augen das Antlitz des Dionysos mit
seinem verwirrenden Blick erscheint, kann keine Rede von Kontrolle
oder Vorsicht mehr sein. Man muß dem Einfluß des Gottes erliegen. In
der Maske, die an der Wandung einer Amphore wacht, wie in derjeni-
gen, in deren nahe Augen der Zecher beim Trinken blickt, nimmt der
Wein Gestalt an, Wein für die Augen und zugleich für den Gaumen, im
Feuer der göttlichen Flüssigkeit ist der Gott selbst. Diese nahe Begegnung des Trinkenden mit Dionysos durch die Schale, die er in der Hand
hält, ermöglicht gewissermaßen eine direkte Vereinigung, eine Einweihung in Geheimnisse; die Flüssigkeit ist der Spiegel des Dionysos, der
so dem Menschen ein Abbild seiner Göttlichkeit vermittelt» (Cl.
Bérard-J.-P. Vernant (Hrsg.), *Die Bilderwelt der Griechen*, Mainz
1985, S. 223–24). Dies letztere Beispiel der Abbildung des Gottes auf
einer Trinkschale, die der Trinkende Tag für Tag in die Hand nimmt,
zeigt sehr deutlich, in welchem Maße die Götterbilder die menschliche
Welt durchdringen und inwiefern die Griechen eine ganz andere Wahrnehmung des Göttlichen erfahren können, als sie in einer monotheistischen Religion wie dem Christentum möglich ist.

Gruppendarstellungen von Göttern. Die Götter sind entweder allein
(wie Dionysos in den gerade erwähnten Beispielen) oder auch in
Gruppen dargestellt. Die Art und Weise, wie diese Gruppen sich
zusammensetzen, die Anwesenheit bestimmter Gottheiten, das Fehlen
anderer, Hinweise auf eine Hierarchie unter den Göttern oder der
Kontext ihrer Zusammenstellung haben einen Sinn. Göttergruppen
finden sich in den Giebeln der Tempel; sie stehen häufig in Zusammenhang mit der hauptsächlich im Tempel verehrten Gottheit und mit
einer bekannten Episode aus ihrem Leben. Wir haben gesehen, wie in
Athen am Parthenon auf der einen Seite die Geburt der Athena
dargestellt wird, auf der anderen der Streit zwischen Athena und
Poseidon um die Schutzherrschaft über Attika und wie um Athena

222   *Die Systeme der Darstellung des Göttlichen*

herum die Götter und mythischen Personen angeordnet sind, die in diesen Erzählungen eine Rolle spielen. Die Darstellungen von Götterversammlungen (wie bei der Geburt der Athena) kommen im Bereich der Skulpturgruppen seltener vor als in der Vasenmalerei.

Auf attischer Keramik sind die Göttergruppen häufig eines Motivs wegen zusammengestellt und dienen als Rahmen einer bestimmten Handlung. Die Gelegenheiten für eine solche Art der Darstellung sind ganz besonders die Hochzeit der Thetis mit Peleus, die Geburt der Athena oder die Aufnahme des Herakles in den Olymp. Die Haltung der Götter und ihre Gesten sind in der Darstellung aufs sorgfältigste konstruiert. Die Szene kann eine zentrale Achse haben wie etwa einen auf dem Thron sitzenden Zeus oder einen Lyra spielenden Apollon, dem die Götter zuhören, oder sie kann ganz im Gegenteil die Gruppe der Götter in einem geschlossenen Kreis zeigen, so wie man die Reihe der Wagen der Götter sieht, die sich zur Hochzeit der Thetis begeben. Es kann hier keine ausführliche Erklärung dieser Szenen vorgenommen werden. Aber diese Beispiele zeigen die Verschiedenartigkeit, Vielschichtigkeit und Vielfalt der Formen griechischer Darstellungen des Göttlichen. Sie sollen den Leser dazu anregen, die Bilder in dem Bewußtsein zu betrachten, daß auch sie, ganz wie die Texte, notwendigerweise in eine Reihenfolge gebracht werden müssen, daß man sie zerlegen und in den Gesamtzusammenhang der symbolischen Vorstellungen der Griechen einordnen muß, um sie wirklich zu verstehen.

Die Darstellung der Rituale

Die Schöpfer der griechischen Bilder begnügen sich nicht damit, die Götter und Heroen darzustellen, sondern sie beschreiben auch die verschiedensten Rituale. Dabei treffen sie eine Auslese und wählen unter den Elementen des Rituals im einzelnen das aus, was sie darstellen wollen; wie bei den Götterbildern bieten sie eine ihnen eigene Konstruktion. Was im Bild unterstrichen wird, weist auf den Code der Gesten und des Verhaltens in der griechischen Kultur zurück. Die Darstellungen des Opfers, die man bereits sehr gründlich untersucht hat (s. u. die Bibliographie), können uns verdeutlichen, wie die bildliche Darstellung eines Rituals vorgeht.

Darstellungen des Opfers. In der Prozession werden die Menschen und Tiere zunächst zum Altar geführt. Die Menschen sind bekränzt und vollziehen meist aufrecht stehend die Riten. Die das Opfer vorbereitende Trankspende ist häufig dargestellt, selten indes die Tötung des

3. Die Formen der bildlichen Vorstellung

21. Opferszene

Boston MFA 95.25. Rotfiguriger Krater, um 440 v. Chr. (Zeichnung
F. Lissarrague)

Beiderseits eines würfelförmigen Altars stehen zwei Opfernde. Der eine, auf der rechten Seite, hält einen *kanoun* in der Hand, einen Opferkorb, der die Opfergerste und die *machaira*, das Opfermesser zum Abstechen des Opfertieres, enthält. Mit der rechten Hand hält er über dem Altar dem Opfernden auf der linken Seite ein Gefäß, eine *kernips*, entgegen, und dieser schickt sich an, die Hände hineinzutauchen. Von derselben Person gehalten, sind diese beiden Geräte als gleichwertig dargestellt: Sie enthalten die Körner, die auf das Opfertier gestreut werden, und das Wasser mit dem es besprengt wird, um seine Zustimmung zu dem Bevorstehenden zu erhalten. Das Opfertier steht friedlich auf der linken Seite des Altars und wird von einem Opferdiener festgehalten, hinter dem ein Flötenspieler steht. Auf der rechten Seite des Bildes wird die Symmetrie durch den Priester aufrechterhalten, der dort steht und unter dessen Blicken sich die gesamte Zeremonie abspielt, die keine Spur des Gewalttätigen zeigt.
Kommentar von J.-L. Durand – F. Lissarrague, *Héros cru ou hôte cuit: histoire quasi cannibale d'Héraklès*, in: F. Lissarrague – F. Thelamon (Hrsg.), *Image et céramique grecque*, Rouen 1983, S. 154.

22. Opferszene

Neapel. Rotfiguriger Krater, um 470 v. Chr. (Zeichnung F. Lissarrague)

Die Szene ist nach einem symmetrischen Modell aufgebaut; sie spielt sich um den Altar herum ab, und zwar zu jenem Zeitpunkt des Opfers, da das Fleisch zum Verzehr angeboten wird. Im Mittelpunkt des Bildes sieht man auf dem Altar, in dessen Flamme die Fleischstücke – es handelt sich um die *splanchna* – gebraten werden, Blutspuren. Sie sind die einzigen feststellbaren Anzeichen für eine vorangehende Tötung des Opfertieres. Auf der linken Seite gießt ein bärtiger Mann eine Trankspende aus einer Schale über das Fleisch, das der junge Mann auf der rechten Seite zum Rösten über das Feuer hält. Die Fleischstücke werden, aufgespießt auf die Spitzen von Spießen – *oboloi* –, über die Flammen gehalten. Ein Spieß derselben Art steht senkrecht und mit dem Griff nach unten daneben. Im Hintergrund sieht man auf der rechten Seite eine Herme von vorne. Links trägt ein anderer junger Mann auf der Schulter den dreieckigen Opferkorb, der die Körner enthält. Das Bild zeigt deutlich, in welcher Verbindung die Spieße mit dem Verzehr des Fleisches stehen.
Kommentar von J.-L. Durand – F. Lissarrague a. a. O.

3. Die Formen der bildlichen Vorstellung   225

Tieres. Der Altar trägt manchmal Spuren des Blutes als Hinweis auf jenen wichtigen Augenblick des Rituals, in dem man nach dem Abstechen des Tieres das Blut auf den Altar fließen läßt. Danach folgt der Vorgang der Zerlegung, wenn die Anteile der Menschen und die der Götter voneinander getrennt werden. Die Innereien werden gebraten. Die Fleischstücke werden im Kessel gekocht und/oder auf gewaltige Spieße gesteckt und über dem Feuer gebraten. Die Abbildung eines Geräts oder mehrerer Gegenstände, die dem Ritual dienen, genügt, um das Opfer anzuzeigen: Altar oder Wasserbecken, Gefäße, die das Blut des Tieres auffangen sollen, ein dreieckiger Korb, der die Gerstenkörner und das Opfermesser enthält, oder ein Tisch zum Zerlegen des Tieres.

Selten kommen Bilder vor, auf denen mehrere Sequenzen des Rituals dargestellt werden (die Abfolge der Opferhandlungen auf der Hydria der Villa Giulia ist eine Ausnahme). Die Darstellung des einen oder anderen Augenblicks genügt, um das gesamte Ritual vor Augen zu führen. Während die Texte immer wieder an jene letzte Phase des Rituals erinnern, die der gemeinsame Verzehr des Fleisches darstellt, zeigt das Bild diesen Moment nicht in seinem direkten Bezug zur Tötung und Zerlegung, auch wenn die Darstellungen des Banketts selbst unzählige Male vorkommen. Schließlich kann man in zahlreichen Opferszenen, die von der Norm abweichen, auch die ganze Breite der Möglichkeiten finden. Die Opferszenen des Herakles etwa lassen die Aufteilung des Opfertieres aus und streichen die Gewalttätigkeit der Handlung besonders heraus, machen aus dem Heroen fast einen Kannibalen.

Die bildlichen Darstellungen des Rituals sind mit anderen Worten eine Fundgrube für das Verständnis der Handlungen und Vorstellungen im Umkreis des Kults, sofern man bereit ist, diese Bilder nicht allein als Illustrationen zu Texten zu betrachten, deren Inhalte sie nur wiederholen, sondern als Dokumente, die ihrer eigenen Logik folgen und neue Elemente für das Studium der griechischen Religion beisteuern.

Dieser kurze Überblick zu den Fragen, die die Betrachtung der Darstellung des Göttlichen bei den Griechen aufwirft, läßt ahnen, wie stark alle Systeme der Vorstellungen, des Pantheons, der Mythen und der Bilder einander entsprechen. Wenn in der Zusammensetzung eines Pantheons oder der Schaffung der Mythen eine Logik am Werke ist, dann findet man dieselbe Logik auch bei dem Entstehen der Bilder des Göttlichen wieder, die die Stadt bevölkern. Darüber hinaus sind die Systeme der bildlichen Darstellung ihrerseits untrennbar mit den

Ritualen verbunden, die sie spiegeln. So erscheint es beispielsweise ganz und gar verfehlt, eine Statue zu untersuchen und dabei von der Verwendung abzusehen, für die sie bestimmt ist. Das, was wir nacheinander in diesem Buch beschrieben haben, und zwar zunächst die Kulthandlungen und dann die Systeme der Vorstellung des Göttlichen, muß als Einheit gesehen werden.

Zum Schluß

Mit allen unseren Ausführungen in diesem Buch wollten wir zeigen, daß die Religion der Griechen «anders» ist, daß sie ihre eigenen Kategorien und Bezugspunkte hat und daß man sie mit Blick auf die Wertvorstellungen der Polis verstehen muß, in deren Rahmen ihre Strukturen sich entwickelt haben. Auch haben wir daran erinnert, daß die Glaubensvorstellungen der Griechen, wie das in jeder Kultur der Fall ist, eine Funktion der psychologischen Kategorien sind, die ihre Wahrnehmung der Welt bestimmen. Folglich können falsche Auffassungen bei der Untersuchung der religiösen Vorstellungen der Griechen ihren Ursprung in einem irrigen Verständnis dieser Kategorien und in deren Vermischung mit den unseren haben. Die Tendenz, beim Nachdenken über die griechische Religion gewisse Aspekte hervorzuheben, die eine größere «Frömmigkeit» anzuzeigen scheinen, und das nur, weil sie den künftigen Werten des Christentums näherstehen, hat häufig dazu geführt, daß man die Haltungen von Sekten wie Pythagoräern und Orphikern für die Vorankündigungen einer anderen Vorstellung des Göttlichen angesehen hat. Unter ebendiesem Blickwinkel werden die Mysterienkulte und die Initiationsriten häufig im Sinne einer Heilsreligion interpretiert, und man präsentiert sie dann als die Vorbereitung einer Jenseitsvorstellung, deren glaubensmäßige Voraussetzungen, wie wir gesehen haben, nicht in den Rahmen der Religion der Polis gehören. Uns schien es für das Verständnis der griechischen Religion wesentlicher zu sein, die beschriebenen Praktiken mit anderen, gleichzeitigen Verhaltensweisen in Zusammenhang zu bringen, auf die sie zu antworten scheinen und die mit ihnen ein zusammenhängendes Ganzes bilden.

Das Schicksal des Begriffs *psyche,* der ganz einfach mit dem Wort «Seele» übersetzt wird, zeigt sehr schön die bedenklichen Verkürzungen, zu denen allzu hastige und anachronistische Gleichsetzungen führen können. Bestünde nicht die Gefahr, daß es wie eine billige Provokation erschiene, würden wir am liebsten sagen, daß die Griechen keine Seele gehabt haben, zumindest nicht bis zur Zeit Platons. Für die Griechen der archaischen und klassischen Epoche ist die *psyche* das «Doppel» des Toten, das Gespenst, das zwischen der Welt der Lebenden und der Welt der Toten umherirrt, solange dem Leichnam nicht die vorgeschriebenen Begräbnisriten zuteil geworden sind; sie ist eine Macht des Jenseits, d. h. der Totenwelt, die beispielsweise sichtbar werden kann, indem sie in die rohe Bildgestalt eines sogenannten *kolossos* schlüpft, von der uns mehrere Quellen zeigen, daß sie ein Stellvertreter für den Toten sein kann. Diese Kategorie des «Doppels» zeugt von einer gedanklichen Vorstellung, die sich von der unseren unterscheidet. Sie ist für die Griechen eine äußerliche Realität und zugleich unfaßbar. Als indes der Begriff der Seele in der Zeit zwischen dem 6. und dem 5. Jahrhundert zuerst in dem geistigen Umfeld der pythagoräischen Sekten auftaucht und dann von der Philosophie übernommen wird, ist er an die Vorstellung des *daimon* gebunden. Für Platon und für die Stoiker bezeichnet dieser Begriff etwas im Menschen, das seiner sterblichen Natur fremd ist und dem Göttlichen zugehört. Die *psyche* verbindet sich mit dieser neuen Vorstellung, und statt des Gespenstes und Doppels der toten Menschen wird sie bei Platon «zu einer Macht, die dem Herzen des lebenden Menschen innewohnt ... und die zugleich objektive Wirklichkeit und gelebte Erfahrung im Innersten des einzelnen bedeutet» (J.-P. Vernant, *La personne dans la religion*, in: ders., *Mythe et pensée chez les Grecs*). Damit kennzeichnet sie die Geburt der psychologischen Vorstellung der «Person» in der griechischen Kultur. Es fehlt nun nur noch der Übergang von der *psyche* als Gespenst und Doppel des Körpers zum Körper als Gespenst und Doppel der Seele, um einer Richtung der Neuinterpretation den Weg zu ebnen, die einer «Religion der Philosophen» den Vorzug gibt vor den religiösen Vorstellungen, die den griechischen Poleis gemeinsam sind.

Doch verschwinden letztere nicht etwa mit dem Ende der Unabhängigkeit der griechischen Städte, und der Aufstieg des hellenistischen Königtums bedeutet keineswegs das Ende des religiösen Systems, das sich im Laufe der Jahrhunderte der klassischen Zeit entwickelt hat. Viele Zeugnisse belegen ganz im Gegenteil die Fortdauer der offiziellen Kulte, an denen Könige und Städte sich beteiligen. Den Göttern werden weiterhin Statuen und Tempel gestiftet, wie die gefundenen Weihinschriften belegen, und die Tempel werden weiterhin unterhalten und wiederhergerichtet, neue Feste werden begründet, und die Schatzkammern der Heiligtümer werden immer reicher. Private Gaben und Weihungen bezeugen ebenfalls in großem Ausmaß persönliche Frömmigkeit. Allerdings hatten sich innerhalb der Städte seit langer Zeit Stimmen Gehör verschafft, die den Anthropomorphismus der Götter

Zum Schluß 229

und ihre allzu menschlichen Fehler kritisierten. Doch wenn auch
diesbezügliche Spekulationen der Philosophen anscheinend nicht gegen
die Gesetze der Städte verstoßen haben, bleiben sie doch weitgehend
am Rande des täglichen Lebens und zeigen keine Wirkung auf die
allgemeinen Glaubensvorstellungen. Aber gleichwohl zieht die neue
Weltoffenheit der Städte auch Veränderungen im religiösen Verhalten
nach sich. Ein Zeichen dafür ist unter anderen, daß die östlichen Kulte
sich vervielfachen und einem Bedürfnis der Menschen entgegenzu-
kommen scheinen, das die traditionellen Feiern allein nicht mehr
befriedigen.

Das System der Religion als Ganzes funktioniert weiter – und
funktioniert noch lange weiter; so wird Delphi bis zum Ende des
4. Jahrhunderts n. Chr. als Orakelstätte befragt, und Olympia heißt bis
zum Verbot durch Theodosius im Jahre 393 n. Chr. Athleten und
neugierige Zuschauer willkommen. Aber der Geist dieser Veranstaltungen ist ein anderer geworden. Die kollektive Dimension der Religion und ihre die bürgerliche Gemeinschaft sichernde Funktion gehen
verloren. Der individuelle Verkehr mit dem Gott scheint zu überwie-
gen, während die rein formale Wiederholung der Riten, deren Sinn
nicht mehr verstanden wird, die religiöse Tätigkeit leblos werden läßt
und der Rückgriff auf Magie und Wahrsagerei aufblüht.

Gegen diese Tendenz wenden sich die Äußerungen jener, die sich der
Vergangenheit zuwenden, um dort Bezugspunkte und Vorbilder zu
finden, und eine Frömmigkeit fordern, die einem rekonstruierten Bild
des Menschen früherer Zeiten entspricht. Am Ende dieser Tradition
und angesichts eines erstarkenden Christentums demonstrieren Menschen durch ihr Verhalten und ihre Schriften noch immer die Geschlossenheit eines religiösen Modells, das für sie einem Wertesystem entspricht, welches untrennbar mit ihrer Welt verbunden ist, einer Welt,
in der sie sich wiedererkennen, die aber nunmehr bedroht ist: Pausanias, unermüdlicher Besucher der Kultplätze der Vergangenheit und
zudem eingeweiht in den Kult der Demeter, Plutarch, Priester des
Apollon, und auch Porphyrios, der eine Abhandlung *Gegen die Christen* schreibt, um die Religion der Polis zu verteidigen. Den Sorgen
dieser Intellektuellen entspricht das Zeugnis der Texte, die auf Stein
eingemeißelt oder den Papyri anvertraut sind, entsprechen die Votivga-
ben und die Erzählungen, die alle eine noch lebendige Volksfrömmig-
keit belegen, die bestehenbleibt, solange die Polis die Wechselfälle des
nunmehr sie umgebenden Römischen Reichs überlebt.

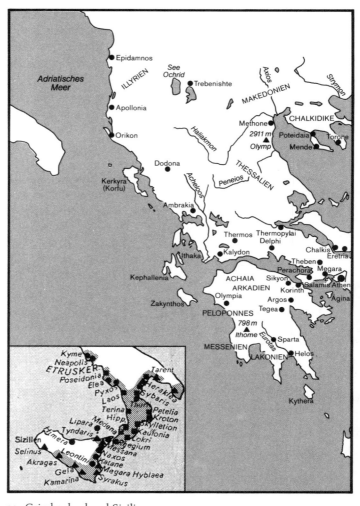

23. Griechenland und Sizilien

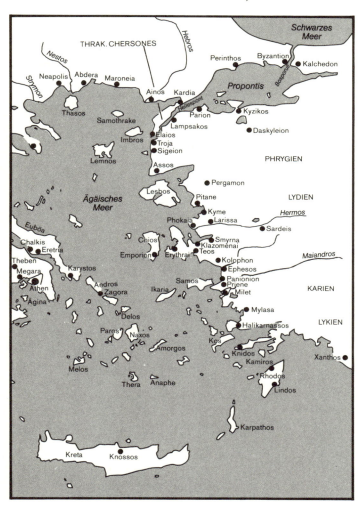

Anhang

Bibliographie

Quellen

Die auf den Seiten 19–21 genannten literarischen Quellen findet man in verschiedenen Übersetzungen und häufig in Taschenbuchausgaben (vgl. die Liste der benutzten Übersetzungen). Bei manchen Autoren allerdings ist man noch heute auf die für die Zeit vorbildlichen Übersetzungen des Metzler-Verlags aus der ersten Hälfte des 19. Jahrhunderts angewiesen. In einigen Fällen liegen die zweisprachigen Ausgaben der Tusculum-Reihe vor, aber es fehlt für den deutschsprachigen Raum eine systematisch aufgebaute Reihe zweisprachiger Ausgaben antiker Literatur, wie sie im angelsächsischen Bereich mit der Loeb Classical Library vorliegt oder in Frankreich mit der Collection Budé angestrebt wird.

Die inschriftlichen Texte findet man in folgenden Publikationen:
– in den Bänden der von der Akademie der Wissenschaften in Berlin herausgegebenen Reihe der Inscriptiones Graecae (IG) sowie ergänzend in der Zeitschrift Supplementum Epigraphicum Graecum (SEG)
– in der von W. Dittenberger herausgegebenen Sammlung der Sylloge Inscriptionum Graecarum, 3. Aufl., 4 Bde., 1915–24 (Syll.)
Kultgesetze sind speziell publiziert bei:
Hans Prott – L. Ziehen, Leges Graecorum sacrae e titulis collectae, Leipzig 1896–1906 (LGS)
F. Sokolowski, Lois sacrées de l'Asie Mineure, Paris 1955 (LSAM)
– Lois sacrées des cités grecques. Supplément, Paris 1962 (LSS)
– Lois sacrées des cités grecques, Paris 1969 (LSG)
J. Pouilloux, Choix d'inscriptions grecques, Paris 1960
Institut Fernand Courby, Nouveau choix d'inscriptions grecques, Paris 1971
Deutsche Übersetzungen einschlägiger Inschriften bei:
M. P. Nilsson, Die Religion der Griechen, Tübingen 1927
K. Brodersen – W. Günther – H. H. Schmitt, Historische griechische Inschriften in Übersetzung Bd. 1. Die archaische und klassische Zeit, Darmstadt 1992

Verzeichnis der benutzten Übersetzungen

Aischylos, *Tragödien und Fragmente*, herausgegeben u. übersetzt v. O. Werner, München (Heimeran) 1959

Aristophanes, *Sämtliche Komödien*, übertragen v. L. Seeger, Zürich-Stuttgart (Artemis) 1968

Euripides, *Sämtliche Tragödien in zwei Bänden*, nach der Übersetzung v. J. J. Donner bearbeitet v. R. Kannicht, Stuttgart (Kröner) 1958

Herodot, *Historien*, griechisch-deutsch herausgegeben v. J. Feix, 2 Bde., München (Heimeran) 1963

Herodot, *Geschichten und Geschichte*, übersetzt v. W. Marg, bearbeitet v. Gisela Strasburger, 2 Bde., Zürich-München (Artemis) 1983

236 Anhang

Hesiod, *Sämtliche Gedichte. Theogonie, Erga, Frauenkataloge,* übersetzt v. W.
Marg, Zürich-Stuttgart (Artemis) 1970
Homer, *Ilias,* neue Übertragung v. W. Schadewaldt, Frankfurt (Insel) 1975
Homer, *Die Odyssee,* deutsch v. W. Schadewaldt, Hamburg (Rowohlt) 1958
Homerische Hymnen, griechisch und deutsch herausgegeben v. A. Weiher, 2.
Aufl., München (Heimeran) 1961
*Des Flavius Josephus kleinere Schriften (Selbstbiographie – Gegen Apion – Über die
Makkabäer),* übersetzt v. Dr. H. Clementz, Halle (Otto Hendel) o. J.
Pausanias, *Reisen in Griechenland,* Übersetzung v. E. Meyer, 3 Bde., Zürich-
München (Artemis) 1989
Pindar, übersetzt u. erläutert v. F. Dornseiff, Leipzig (Insel) 1921
Pindar, *Siegeslieder,* deutsche Übertragungen zusammengestellt v. U. Hölscher,
Frankfurt (Fischer) 1962 (Exempla Classica Bd. 52)
Platon, *Sämtliche Werke,* herausgegeben von W. F. Otto – E. Grassi – G. Plamböck,
6 Bde., Hamburg (Rowohlt) 1957–1959
Theophrast, *Charaktere,* griechisch und deutsch v. W. Plankl, 4. Aufl., Wien
(Verlag der Ringbuchhandlung A. Sexl) 1947
Thukydides, *Geschichte des Peloponnesischen Kriegs,* übertragen v. Th. Braun, 2
Bde., Leipzig (Insel) 1917
Thukydides, *Geschichte des Peloponnesischen Krieges,* herausgegeben und übertra-
gen v. G. P. Landmann, Zürich-Stuttgart (Artemis) 1960 (NDr München [dtv]
1973)
Xenophon, *Der Zug der Zehntausend. Cyri Anabasis,* griechisch-deutsch herausge-
geben v. W. Müri, München (Sammlung Tusculum bei Artemis) 1990

Lexika
Daremberg – Saglio – Pottier, Dictionnaire des Antiquités grecques et romaines,
Paris 1877–1919 (Daremberg – Saglio)
Pauly – Wissowa – Kroll, Realencyclopaedie der classischen Altertumswissenschaft,
1894 ff. (RE)
Der Kleine Pauly, 5 Bde., 1975 (DKlP) (mit Literaturangaben)
W. H. Roscher, Ausführliches Lexicon der griechischen und römischen Mythologie,
Leipzig 1884–1937. Supplement 1921 ff.
Lexicon Iconographicum Mythologiae Classicae (LIMC), Zürich, seit 1981

Außerdem zu konsultieren sind allgemeinere Werke über die griechische Kultur und
die griechische Kunst wie beispielsweise die Bände der Reihe «Universum der
Kunst»: J. Charbonneaux – R. Martin – F. Villard, Das archaische Griechenland,
2. Aufl., München 1985
– Das klassische Griechenland, 2. Aufl., München 1984
– Das hellenistische Griechenland, 2. Aufl., München 1988

Allgemeine Untersuchungen
U. Bianchi, La religione greca, in: Castellani G. (Hrsg.), Storia delle religioni, Bd. 2,
Turin 1962
W. Burkert, Griechische Religion der archaischen und klassischen Epoche, Stuttgart
1977
I. Chirassi-Colombo, La religione in Grecia, Rom 1983

Bibliographie

E. des Places, La religion grecque. Dieux, cultes, rites et sentiments religieux dans la Grèce antique, Paris 1969. Ein Buch, das der Untersuchung der Entwicklung des religiösen Empfindens breiten Raum gibt.

E. R. Dodds, Die Griechen und das Irrationale, Darmstadt 1970. Dies ist keine Geschichte der Religion, sondern eine Untersuchung darüber, wie die Griechen selbst das Irrationale interpretiert haben.

P. E. Easterling – J.-V. Muir (Hrsg.), Greek Religion and Society. Cambridge 1985. Die einzelnen Kapitel sind von den besten Kennern der griechischen Religion des angelsächsischen Raums verfaßt und bilden zusammengenommen eine handliche Einführung.

L. R. Farnell, The Cults of the Greek States, 5 Bde., Oxford 1896–1907. Ein Buch zum Nachschlagen.

A.-J. Festeguière, La religion grecque, in: M. Gorce – R. Mortier (Hrsg.), Histoire générale des religions, Bd. 2, Paris 1944. Ein Ansatz der Betrachtung der griechischen Religion, den man zur Kenntnis nehmen sollte.

L. Gernet – A. Boulanger, Le génie grec dans la religion, Paris 1932. Behandelt die klassische und hellenistische Zeit. Es gibt zahlreiche Neuauflagen (die von 1970 enthält eine sehr nützliche ergänzende Bibliographie); ein nach wie vor grundlegendes Werk.

L. Gernet, Anthropologie de la Grèce ancienne, Paris 1968. Mehrere Kapitel betreffen unmittelbar das Thema der griechischen Religion.

P. Lévêque, Bêtes, dieux et hommes, Paris 1985

M. P. Nilsson, Geschichte der griechischen Religion, 3. Aufl., Bd. 1, München 1967; Bd. 2, München 1974. Das klassische Handbuch.

J. Rudhardt, Notions fondamentales de la pensée religieuse et actes constitutifs du culte dans la Grèce classique, Genf 1958. Ein Buch, auf das wir immer wieder zurückgegriffen haben.

L. Séchan – P. Lévêque, Les grandes divinités de la Grèce, Paris 1966 (NDr Paris 1990). Von der Untersuchung der verschiedenen Gottheiten ausgehend, werden die hauptsächlichen Aspekte der griechischen Religion sehr klar dargestellt.

J.-P. Vernant, Mythe et pensée chez les Grecs, Paris 1965 (2. erweiterte Aufl. 1971; 3. erweiterte Aufl. 1985)

J.-P. Vernant, Mythe et société en Grèce ancienne, Paris 1974

Ergänzende Lektüre zu den einzelnen Kapiteln

Die in der Liste der allgemeinen Werke genannten Untersuchungen werden in der Regel im folgenden nicht nochmals genannt.

Einführung

Zur Bedeutung der Religion in der Polis:

J. Rudhardt, Du mythe, de la religion grecque et de la compréhension d'autrui, Cah. V. Pareto, Revue européenne des sciences sociales 19, 1981, nr. 58

J.-P. Vernant, Religions, histoires, raisons, Paris 1979

P. Veyne, Les Grecs ont-ils cru à leurs mythes?, Paris 1983

Zum Begriff des Heiligen:

E. Benveniste, Le vocabulaire des institutions indo-européennes, Bd. 2, Paris 1969, S. 198–207

238   *Anhang*

Zum Begriff der Reinheit:
L. Moulinier, Le pur et l'impur dans la pensée et la sensibilité des Grecs jusqu'à la
   fin du IVe siècle avant J.-C., Paris 1952; dazu die Rezension von J.-P. Vernant in
   Mythe et société, S. 121–140.
R. Parker, Miasma: Pollution and Purification in Early Greek Religion. Oxford 1983
Zur Frömmigkeit:
J. Scheid, Religion et piété à Rome, Paris 1985; besonders dazu das 1. Kapitel: Piété
   et impiété.

Die Riten, die Handelnden und die Orte
Die Rituale
Zum Opfer: Einen sehr nützlichen Ausgangspunkt bietet J. Svenbro, Bibliographie
   du sacrifice grec, in: M. Detienne – J.-P. Vernant (Hrsg.), La cuisine du sacrifice
   en pays grec, Paris 1979
Neben dem letztgenannten Werk siehe außerdem:
O. Reverdin, J. Rudhardt (Hrsg.), Le sacrifice dans l'Antiquité. Huit exposés suivis
   de discussions, in: Entretiens sur l'Antiquité classique, Fondation Hardt, Bd. 27,
   Genf 1980
J.-L. Durand, Sacrifice et labour en Grèce ancienne, Paris 1986
C. Grottanelli – N. Parise (Hrsg.), Sacrificio e società nel mondo antico, Rom 1988
Unter den älteren Werken sind zu nennen:
S. Eitrem, Opferritus und Voropfer der Griechen und Römer, Kristiania 1915 (NDr
   Hildesheim 1977)
P. Stengel, Opferbräuche der Griechen, Leipzig 1910 (NDr Darmstadt 1972)
Zum Gebet:
H.-S. Versnel (Hrsg.), Faith, Hope, and Worship, Leiden 1981
Zu den Trägern religiöser Funktionen:
J. Martha, Les sacerdoces athéniens, Paris 1882
R. S. J. Garland, Religious Authority in Archaic and Classical Athens, in: Annual of
   the British School at Athens 79, 1984, S. 75–123
Zu den Kultplätzen:
H. Berve – G. Gruben, Griechische Tempel und Heiligtümer, München 1961
G. Gruben, Die Tempel der Griechen, München 1966
Zur Entwicklung der Heiligtümer bei Entstehen der Poleis:
F. de Polignac, La naissance de la cité grecque. Cultes, espace et société. VIIIe–VIIe
   siècle avant J.-C., Paris 1984

Religion und bürgerliches Leben
Die Übergangsriten, die Jungen und ihr Eintritt in die Welt der Erwachsenen:
A. Brelich, Paides e Parthenoi, Rom 1969
L. Bruit Zaidman, Die Töchter der Pandora, in: G. Duby – M. Perrot (Hrsg.),
   Geschichte der Frauen, Bd. 1 Antike, hrsg. v. P. Schmitt Pantel, Frankfurt 1993
P. Brûlé, La Fille d'Athènes, Paris 1987
Cl. Calame, Les chœurs de jeunes filles en Grèce archaïque, Rom 1977
H. Jeanmaire, Couroi et Courètes. Essai sur l'éducation spartiate et les rites
   d'adolescence dans l'Antiquité hellénique, Lille-Paris 1939
P. Vidal-Naquet, Der schwarze Jäger, Frankfurt 1989

Bibliographie

Zum Tod:

R. Gerland, The Greek Way of Death, Ithaca 1985

G. Gnoli – J.-P. Vernant (Hrsg.), La Mort, les morts dans les sociétés anciennes, Cambridge-Paris 1982

D. C. Kurtz – J. Boardman, Thanatos. Tod und Jenseits bei den Griechen, Mainz 1985

J.-P. Vernant, La Mort dans les yeux, Paris 1986

J.-P. Vernant, L'Individu, la mort, l'amour, Paris 1989

Die verschiedenen Ebenen des religiösen Lebens:

M. P. Nilsson, Greek Folk Religion, Philadelphia 1987

J. D. Mikalson, Athenian Popular Religion, Chapel Hill-London 1983

D. Roussel, Tribu et Cité, Paris 1976

Speziell zu den Demen:

G. Daux, La grande démarchie: un nouveau calendrier sacrificiel d'Attique (Erchia), in: Bulletin de Correspondance Hellénique 87, 1963, S. 603–634

G. Daux, Le calendrier de Thorikos au musée J. P. Getty, L'Antiquité Classique 1983, S. 150–174

St. Dow, Six Athenian Sacrificial Calendars, Bulletin de Correspondance Hellénique 92, 1968, S. 10–186

D. Whitehead, The Demes of Attica 508/7–ca. 250 B.C. A Political and Social Study, Princeton 1986

Zu den Kultvereinen:

W. S. Ferguson – A. D. Nock, The Attic Orgeones and the Cult of Heroes, Harvard Theological Review 37, 1944, S. 61–73

M. L. Freyburger-Galland – J. C. Tautil, Les sectes religieuses en Grèce et à Rome dans l'antiquité païenne, Paris 1986

F. Poland, Geschichte des griechischen Vereinswesens, Leipzig 1909

E. Ziebarth, Das griechische Vereinswesen, Leipzig 1896

Religion und politisches Leben:

M. P. Nilsson, Cults, Myths, Oracles, and Politics in Ancient Greece, Lund 1951

Zur Gründung von Städten:

I. Malkin, Religion and Colonization in Ancient Greece, Leiden 1987

Zum Krieg:

R. Lonis, Guerre et religion en Grèce à l'époque classique, Paris 1979

Zur Agora in Athen:

J. M. Camp, The Athenian Agora, New York 1986

Zur Akropolis in Athen:

R. J. Hopper, The Acropolis, London 1971

Zum Ablauf der Feste: das Beispiel Athen

L. Deubner, Attische Feste, Berlin 1932 (2. Aufl. 1956)

H. W. Parke, Festivals of the Athenians, London 1977

Zu den Theateraufführungen:

H. C. Baldry, The Greek Tragic Theatre, London 1971

J.-C. Carrière, Le carnaval et la politique. Une introduction à la comédie grecque, suivie d'un choix de fragments, Paris 1979

J.-P. Vernant – P. Vidal-Naquet, Mythe et tragédie en Grèce ancienne, Paris 1972

J.-P. Vernant – P. Vidal-Naquet, Mythe et tragédie deux, Paris 1986

240   *Anhang*

Die panhellenischen Kulte
M. Delcourt, Les grands sanctuaires de la Grèce, Paris 1947
R. V. Schoder, Das antike Griechenland aus der Luft, 2. Aufl., Bergisch Gladbach
    1975
Zu Olympia und den Olympischen Spielen:
W. Doerpfeld, Alt-Olympia, Berlin 1935
L. Drees, Olympia: Gods, Artists, Athletes, London 1968
M. I. Finley – H. Pleket, The Olympic Games: The First Thousand Years, New York
    1976
Zu Delphi und der Weissagung des Orakels:
M. Delcourt, L'oracle de Delphes, Paris 1955
H. W. Parke – D. E. W. Wormell, The Delphic Oracle, 2 Bde., Oxford 1956
G. Rougemont, Corpus des inscriptions de Delphes, Paris 1977
G. Roux, Delphes. Son oracle et ses dieux, Paris 1976
G. Sissa, Le Corps virginal, Paris 1987 (über die Pythia)
J.-P. Vernant (Hrsg.), Divination et rationalité, Paris 1974
Zu Epidauros:
G. Roux, L'Architecture de l'Argolide aux IVe et IIIe siècles avant J.C., Paris 1961
A. Taffin, Comment on rêvait dans les temples d'Esculape, Bulletin de l'Association
    G. Budé 1960, S. 325–366
Zu Eleusis:
P. Foucart, Les mystères d'Eleusis, Paris 1914
M. Giebel, Das Geheimnis der Mysterien: Antike Kulte in Griechenland, Rom und
    Ägypten, Zürich-München 1990 (NDr München 1993)
K. Clinton, The Sacred Officials of the Eleusinian Mysteries, Philadelphia 1974

Mythen und Mythologie
Zum Verständnis der Mythologie:
P. Ellinger, Vingt ans de recherches sur les mythes dans le domaine de l'Antiquité
    grecque, Revue des Études Anciennes 1984, S. 7–30 gibt einen vollständigen
    Überblick über Forschungen zu den Mythen mit einer ausführlichen Bibliogra-
    phie, auf die hier verwiesen wird.
Es sollen nur einige Titel genannt werden:
G. Dumézil, Mythe et Epopée, Bd. 1, Paris 1968; Bd. 2, Paris 1971; Bd. 3, Paris 1973
Cl. Lévi-Strauss, Strukturale Anthropologie, Bd. 1, Frankfurt 1978; Bd. 2, Frankfurt
    1977
Cl. Lévi-Strauss, Mythologica, Bd. 1–4, 2, Frankfurt 1976–1980
M. Detienne, L'invention de la mythologie, Paris 1981
J.-P. Vernant, Mythe et pensée chez les Grecs und Mythe et société (bereits unter
    den allgemeinen Untersuchungen zitiert)
F. Vian, La guerre des géants. Le mythe avant l'époque hellénistique, Paris 1952
Theogonie und Kosmogonie:
A. Ballabriga, Le soleil et le tartare. L'image mythique du monde en Grèce
    archaïque, Paris 1986
F. M. Cornford, Principium Sapientiae. The Origins of Greek Philosophical
    Thought, Cambridge 1952
U. Hölscher, Anfängliches Fragen, Göttingen 1968
C. Ramnoux, La nuit et les enfants de la nuit dans la tradition grecque, Paris 1959

J.-P. Vernant, Die Entstehung des griechischen Denkens, Frankfurt 1982

M. West, Hesiod, Theogonie, Oxford 1966 (Text und Kommentar)

Zur Orphischen Kosmogonie:

M. Detienne, Dionysos orphique et le bouilli rôti, in: ders., Dionysos mis à mort, Paris 1977

Polytheistische Religion

Die göttlichen Mächte:

W. F. Otto, Die Götter Griechenlands, 4. Aufl., Frankfurt 1956

Ch. R. Long, The Twelve Gods of Greece and Rome, Leiden 1987

N. Loraux, Was ist eine Göttin?, in: G. Duby – M. Perrot (Hrsg.), Geschichte der Frauen, Bd. 1, Antike, hrsg. v. P. Schmitt Pantel, Frankfurt 1993

Zu den Heroen:

A. Brelich, Gli eroi greci, Rom 1958

A. D. Nock, The Cult of the Heroes, in: Essays on Religion and the Ancient World, Bd. 2, Oxford 1972

N. Loraux, Les enfants d'Athéna, Paris 1981.

F. Vian, Les origines de Thèbes, Cadmos et les Spartes, Paris 1963

Annäherungen an das Pantheon:

G. Dumézil, La Religion romaine archaïque, Paris 1966

M. Detienne – J.-P. Vernant, Les ruses d'intelligence, la mètis des Grecs, Paris 1974

Zur Hochzeit:

M. Detienne, Les jardins d'Adonis. La mythologie des aromates en Grèce, Paris 1972 (2. Aufl. 1989)

Cl. Leduc, Heirat im antiken Griechenland, in: G. Duby – M. Perrot (Hrsg.), Geschichte der Frauen, Bd. 1, Antike, hrsg. v. P. Schmitt Pantel, Frankfurt 1993

Zu den Aufgaben der Technik:

M. Delcourt, Héphaistos, ou La légende du magicien, Paris 1957 (NDr 1982)

F. Frontisi-Ducroux, Dédale. Mythologie de l'artisan en Grèce ancienne, Paris 1975

Zu Apollon:

G. Dumézil, Apollon sonore et autres essais, Paris 1982. Außerdem s. die Bibliographie zu Delphi.

Zu Hermes:

L. Kahn, Hermès passe, ou Les ambiguïtés de la communication, Paris 1978

Zu Dionysos:

H. Jeanmaire, Dionysos. Histoire du culte de Bacchus, 2. Aufl., Paris 1970

W. F. Otto, Dionysos. Mythos und Kultus, 3. Aufl., Frankfurt 1960

M. Detienne, Dionysos mis à mort, Paris 1977

M. Detienne, Dionysos à ciel ouvert, Paris 1986

Die Formen der Darstellung

Allgemeine Fragen:

J.-P. Vernant, Figuration de l'invisible et catégorie psychologique du double, in: Mythe et pensée chez les Grecs, Paris 1965

J.-P. Vernant, Naissance d'images, in: Religions, histoires, raisons, Paris 1979

Einzeluntersuchungen:

Hommes, dieux et héros de la Grèce, Ausstellungskatalog, Musée départemental des Antiquités, Rouen 1982

242   *Anhang*

E. Lissarrague – F. Thelamon (Hrsg.), Image et céramique grecque. Actes du colloque de Rouen, Nov. 1982, Rouen 1983

Cl. Bérard – J.-P. Vernant (Hrsg.), Die Bilderwelt der Griechen. Schlüssel zu einer «fremden» Kultur, Mainz 1985

Cl. Bérard – C. Bron – A. Pomari (Hrsg.), Images et société en Grèce ancienne. L'iconographie comme méthode d'analyse, Lausanne 1987

J.-L. Durand, Sacrifice et labour en Grèce ancienne, Paris 1986 (zur Abbildung der Rituale)

F. Lissarrague, Un flot d'images. Pour une esthétique du banquet grec, Paris 1987 (zu Dionysos)

Schlußbemerkung

Zur hellenistischen Epoche:
Aus der umfangreichen Bibliographie soll eine gute zusammenfassende Darstellung genannt werden:

Z. Stewart, La religione, in: R. Bianchi-Bandinelli (Hrsg.), Storia e civiltà dei Greci Bd. 8, La società ellenistica, Mailand 1977, S. 503–616

Verzeichnis der Bildquellen

Abb. 1–5 aus: Claude Vial, Lexique d'Antiquités grecques, Armand Colin, Paris 1972.

Abb. 6 aus: d'Angelo Bottini und Emmanuele Greco, Tomba a camera dal territorio pestano: alcune considerazioni sulla posizione della donna, in: Dialoghi di Archeologia, VIII/2, 1974–1975.

Abb. 7, 9 aus: J. M. Camp, The Athenian Agora, Thames and Hudson, London 1986.

Abb. 8 aus: J. Charbonneaux, R. Martin, F. Villard, Grèce Hellénistique, Gallimard, Paris 1970, S. 360, Tafel 414 (Dt.: Griechenland III: Das klassische Griechenland 480–330 v. Chr., 2. Aufl. 1984).

Abb. 10, 12 aus: R. Ginouvès, L'Art grec, PUF, Paris 1964.

Abb. 11 aus: Histoire générale des Civilisations, Band I, PUF, Paris 1961.

Abb. 13 aus: K. Papaioannou, L'Art grec, Éd. Mazenod, 1972.

Abb. 14 aus: Extrait du Thesaurus, Encyclopaedia universalis.

Abb. 15 Armand Colin, Paris.

Abb. 16 nach: G. Fougères, Mantinée, Tafel X.

Abb. 17, 19–22 Francois Lissarrague.

Abb. 18 Francois Lissarrague, nach Franke, La Monnaie grecque, trad. Flammarion, Paris 1966.

Abb. 23 aus dem Band Oswyn Murray, Das frühe Griechenland, S. 368f., © Deutscher Taschenbuch Verlag, München; kleine Karte (Ausschnitt) aus dem Lexikon der Antike, Augsburg 1990, S. 304; mit freundlicher Genehmigung des Bibliographischen Instituts & F. A. Brockhaus AG.

Kleines Lexikon der Götter, Heroen und Mythologischen Gestalten

Adonis: Sohn der Myrrha, die in den Busch der Myrrhe verwandelt wird, weil sie in inzestuöser Beziehung mit ihrem Vater steht. Adonis erregt das Verlangen der Göttinnen Persephone und Aphrodite, bevor er sehr jung als Opfer eines wilden Ebers stirbt. Er wird während des Festes der *Adonien* gefeiert (S. 16, 147).

Aither: Abkömmling des Chaos. Aither ist der ewig erleuchtete Himmel, der keine Nacht kennt und unter dem die Götter leben. Sein Widerpart ist Erebos.

Aktaion: Heros, Sohn des Aristaios und der Autonoe. Als Jäger will er sich mit Artemis messen. Sie verwandelt ihn daraufhin in einen Hirsch und läßt ihn von ihren Hunden zerreißen.

Amphitrite: Göttin, Tochter des Okeanos oder des Nereus, Gemahlin des Poseidon, mit dem sie einen Palast auf dem Grunde der Fluten bewohnt (S. 99)

Aphrodite: Aus dem Schaum geboren, der entsteht, als die Blutstropfen ins Meer fallen, nachdem Kronos seinem Vater Uranos das Geschlecht abgeschnitten hat. Göttin des Liebesverlangens (S. 72, 104, 153, 155, 169, 179, 186, 190, 193, 209, 213).

Apollon: Gott, Sohn der Leto und des Zeus, Bruder der Artemis (S. 15, 38, 39, 45, 49, 56, 58, 59, 70, 81, 82, 92, 93, 103–105, 114, 119, 121, 126, 127, 177, 186, 189, 194–200, 222).

Ares: Sohn der Hera, Gott des Krieges oder, genauer gesagt, des wütenden Kampfes (S. 163, 186, 193).

Argonauten: Name der Griechen, die auf dem Schiff Argo gemeinsam mit Iason ausziehen, um das Goldene Vlies aus Kolchis zu erobern.

Artemis: Göttin, Tochter der Leto und des Zeus, Schwester des Apollon. Ihre Attribute sind der Bogen und die Pfeile. Sie beschützt die ungezähmte Welt und besonders alles Heranwachsende (S. 11, 22, 38, 49, 57, 67, 68, 70, 72, 94, 103–105, 127, 186, 190, 211, 219).

Asklepios: Heros oder Gott, Sohn der Semele und des Apollon, berühmt für seine Fähigkeiten als Heiler (S. 16, 49, 53, 65, 88, 103, 127–130, 198, 209).

Athena: Göttin, Tochter der Metis und des Zeus, Stadtgöttin Athens (S. 32, 56, 59, 70, 86, 91, 94, 98, 99, 102–105, 107, 110, 156, 168, 169, 179, 186, 191, 194, 209, 213, 219, 221).

Atriden: Die Nachkommen des Atreus, zu denen auch Agamemnon gehört.

Bellerophon: Heros, Sohn des Poseidon; er bezähmt den Pegasos, jagt die Chimaira, kämpft gegen die Amazonen.

Boreas: Urgottheit, eisiger Wind vom Urgrund der Welt.

Chaos: Urgott, bodenloser und unförmiger Schlund (S. 152, 153).

Chimaira: Ungeheuer, das zugleich Ziege, Löwe und Schlange ist; sie wird von Bellerophon bezwungen.

Chiron: Ein Kentaur (s. u.).

Daidalos: Sohn des Metion («der Mann mit *metis*»). Daidalos ist ein Heros der Erfindungsgabe, der zum Meister der *techne* geworden ist (S. 193).

244   *Anhang*

Daktylen: Schmiedegötter; zehn an der Zahl (S. 192).

Danaiden: Die fünfzig Töchter des Königs Danaos, die die Heirat mit den Söhnen des Aigyptos verweigern. Mit Ausnahme zweier unter ihnen ermorden
sie ihre Männer, werden danach ihrerseits erschlagen und sind dazu verurteilt, im Tartaros Wasser in ein Gefäß ohne Boden zu schöpfen. Sie imitieren
damit die *loutrophoria*, jenen wichtigen Ritus bei der Hochzeit, der darin besteht,
am Brunnen das Wasser für das Bad der zukünftigen Ehefrau zu holen – ein
Ritus, den sie auf Erden nicht vollzogen haben, weil sie ja die Heirat verweiger-
ten.

Demeter: Göttin des bestellten Landes. Sie läßt das Getreide, aber auch die
legitimen Kinder wachsen. Ihre Tochter Kore (aus einer Verbindung mit Zeus
geboren) wird ihr geraubt; auf der Suche nach Kore stiftet Demeter die Mysterien von Eleusis (S. 38, 45, 67, 102–104, 125, 134, 136, 138, 156, 186, 191, 209,
211, 213, 219).

Deukalion: Nach der Sintflut läßt er das Geschlecht der Menschen wiedererstehen,
indem er Steine auf die Erde wirft.

Dionysos: Sohn einer Sterblichen, der Semele, und des Zeus. Gleichwohl ist
Dionysos ein Gott und wird als solcher von den Göttern auf dem Olymp
willkommen geheißen. Hervorstechendes Merkmal dieses Gottes ist, daß er
dasjenige im Innern eines jeden Menschen oder auch innerhalb der Stadt
repräsentiert, was etwas Eigenartiges und Fremdes an sich hat (S. 40, 76, 103,
108, 110, 137, 157, 177, 178, 186, 189, 194, 200, 201).

Dioskouroi: Zwillingssöhne der Leda und des Zeus. Kastor ist sterblich, Pollux
unsterblich, aber ihr Schicksal vermischt sich miteinander; sie sind Beschützer
der jungen Leute und Garanten der königlichen Macht (S. 81, 209).

Eileithyia: Göttin, deren Hauptaufgabe es ist, die Niederkunft zu erleichtern (S. 67,
196, 197).

Epimetheus: Sohn des Iapetos und Bruder des Prometheus. Er empfängt ein
schadenbringendes Geschenk von den Göttern: Pandora, die erste Frau (S. 170,
193).

Erebos: Eine göttliche Urmacht, die aus dem Chaos geboren wird und die völlige
und ewige Dunkelheit repräsentiert. Gegensatz des Aither (S. 152, 153).

Erechtheus oder Erechthonios: Heros, der aus der mit dem Sperma des Hephaistos
befruchteten Erde Attikas geboren wird. Ein Autochthoner, Erdgeborener
(S. 183).

Erinyen: Rachegöttinnen, die aus den Blutstropfen des abgetrennten Geschlechts
des Uranos geboren werden, die auf Gaia, die Erde, fallen (S. 43, 79, 153, 155).

Eros: Mit Chaos und Gaia eine der drei Urgottheiten bei Hesiod. Er ist das Prinzip
der Vereinigung, das die Fortpflanzung aller Lebewesen ermöglicht. In der
Orphischen Theogonie ist er ebenfalls von großer Bedeutung. Die Griechen
machen aus ihm auch den Sohn der Aphrodite oder verschiedener anderer
Götter; er begleitet die Göttin in der Gestalt eines Jünglings, der mit einem
Bogen und Pfeilen ausgerüstet ist (S. 104, 152, 153, 155, 157).

Europa: Eine junge Frau, die von Zeus in der Gestalt eines Stieres entführt wird. Er
bringt sie nach Kreta, und sie gebiert ihm dort drei Söhne: Minos, Sarpedon und
Rhadamanthys.

Eurydike: Eine Dryade oder Baumnymphe, zu der Orpheus in Liebe entbrennt und
die er bis in die Unterwelt verfolgt.

Lexikon 245

Gaia: Die Urgottheit «Erde»; sie bringt eine Reihe von göttlichen Mächten hervor, die das Universum bilden (S. 103, 152, 153, 156, 183).

Ganymed: Jüngling, der von Zeus entführt wird, damit er ihm im Olymp als Mundschenk diene.

Gorgonen: Sie sind Töchter des Phorkys und der Keto, Meeresgottheiten, drei an der Zahl: Stheno, Euryale und Medusa. Sie lassen jeden, der sie anblickt, zu Stein werden.

Hades: Gott, Herrscher über die Unterwelt, der im «nebligen Dunkel» haust. Gemahl der Persephone-Kore (S. 79, 134, 156, 164, 186).

Harpyien: Von dem Meeresgott Thaumas gezeugte Wesen, die die Lebenden entführen, um sie in die Unterwelt zu geleiten.

Hekate: Tochter der Asteria; ihre Gewalt erstreckt sich sowohl auf das Land wie auf das Meer und den Himmel. Sie nimmt in der Götterwelt einen besonderen Platz für sich ein (S. 81).

Hephaistos: Gott, Sohn der Hera, die ihn allein gezeugt hat (S. 61, 166, 168, 169, 183, 186, 193).

Hera: Tochter des Kronos, Schwester und Gattin des Zeus, Wahrerin und Schützerin der Ehe (S. 61, 70, 72, 91, 104, 118, 156, 186, 189, 193, 197, 203, 205, 209).

Herakles: Sohn des Zeus und einer Sterblichen, der Alkmene, Gemahlin des Amphytrion. Herakles ist für die Griechen der beispielhafte Heros: ein Mensch, der nach Vollbringung der verschiedensten Taten stirbt, unsterblich wird und wohl überall in der griechischen Welt kultische Ehren empfängt. Die zwölf Prüfungen, die er auf Geheiß seines Vetters Eurystheus bestehen muß, sind folgende: die Tötung des nemeischen Löwen und der lernäischen Hydra, die Bezwingung des erymanthischen Ebers, die Rückführung der Hirschkuh mit den goldenen Hörnern, das Erlegen der menschenfressenden Vögel vom stymphalischen See, die Reinigung der Ställe des Augias, die Gefangennahme des Stiers auf Kreta, die Tötung des Königs Diomedes von Thrakien, die Erbeutung des Gürtels der Hippolyte, Königin der Amazonen, die Tötung des dreileibigen Geryon, der Raub der Äpfel der Hesperiden und die Bändigung des Kerberos, des Wächters des Hades. Eine Überlieferung schreibt ihm die Begründung der Wettkämpfe von Olympia zu (S. 116f.) (S. 104, 117, 175, 176, 182, 184, 225).

Hermes: Gott, Sohn des Zeus und der Nymphe Maia, zugleich Vermittler und listenreicher Gott des offenen Raumes, des Übergangs und des Austauschs (S. 76, 79, 81, 97, 99, 104, 169, 186, 188, 191, 193, 194, 197, 199).

Hesperiden: Die drei Töchter der Nacht: Hesperia «die Abendliche», Aigle «die Leuchtende» und Erytheia «die Errötende». Sie bewachen am Ende der Welt den Baum mit den goldenen Äpfeln, die die Unsterblichkeit verleihen.

Hestia: Göttin, Tochter des Kronos und der Rhea. Sie hat ihren Platz im Mittelpunkt des Hauses und der Stadt, und zwar jeweils am Herd, der ihren Namen trägt und die Fortdauer der Gemeinschaft garantiert (S. 67, 81, 91, 156, 186, 188).

Hippodamia: Tochter des Oinomaos, des Königs von Pisa, und Gemahlin des Pelops (S. 116, 117).

Hippolytos: Heros, Sohn des Theseus und einer Amazone; er weiht sich Artemis und flieht die Welt der Aphrodite (S. 18).

Hunderthänder (Hekatoncheires): Söhne der Gaia und des Uranos, drei an der Zahl:

Kottos, Briareus und Gyges. Sie sind unbesiegbare Kämpfer und helfen Zeus in seinem Kampf gegen die Titanen (S. 152).

Hyakinthos: Junger Mann, der von Apollon geliebt wird; letzterer tötet ihn aus Unachtsamkeit, als er einen Diskus wirft. Er wird bei den Hyakinthien in Sparta gefeiert (S. 33, 195).

Hyperboreer: Mythisches Volk, das die Götter und insbesondere Apollon bei sich willkommen heißen (S. 200).

Hypnos: Der Schlaf, Bruder des Thanatos.

Iason: Heros, Abkömmling des Königs Aiolos; er erhält von Pelias, dem König von Iolkos, den Auftrag, das Goldene Vlies zu erobern, und vollendet diese Tat mit Hilfe der Argonauten. Sein Schicksal ist mit dem der Medeia verbunden, der Tochter des König Aietes, und dem der Kreusa, Tochter des Königs von Korinth (S. 182).

Ikaros: Sohn des Daidalos, der im Meer ertrinkt, weil er abstürzt, als er mit Hilfe der von seinem Vater angefertigten Flügel durch die Lüfte fliegt und sich dabei zu sehr der Sonne nähert.

Io: Priesterin der Hera und Prinzessin von Argos, von Zeus geliebt; sie wird in eine weiße Kuh verwandelt, und Hera verfolgt sie mit ihrem Haß bis nach Ägypten.

Iris: Tochter der Meergottheit Thaumas, Schwester der Harpyien; sie ist die Götterbotin, deren Aufgabe es ist, die Verbindung zwischen der Welt der Menschen und der der Götter aufrechtzuerhalten (S. 99).

Kabiren: Meeresgewalten, Söhne des Hephaistos; sie sind Schmiede (S. 192).

Kadmos: Gründungsheros von Theben (S. 182, 185, 203, 204).

Kalypso: Tochter des Atlas; sie ist eine Nymphe und hält Odysseus auf seiner Rückkehr von Troja nach Ithaka einige Jahre bei sich zurück.

Kekrops: Mythischer König von Athen (S. 99, 124).

Kentauren: Doppelwesen mit halb menschen-, halb pferdegestaltigem Körper, die am Rande der bewohnten Welt leben. Sie sind wilde Wesen und zugleich Erfinder, die den griechischen Helden im Verlaufe ihrer Abenteuer begegnen. Der Kentaur Chiron ist der Lehrer des Asklepios, des Iason und des Achilleus; er ist ein Vorbild moralischen Verhaltens (S. 99).

Kerberos: Der Hund des Hades, ein Ungeheuer, das das Totenreich bewacht.

Kirke: Zauberin in der Odyssee, Tochter der Hekate.

Kore: Tochter der Demeter und des Zeus. Unter dem Namen Persephone geht sie mit Hades die Ehe ein und herrscht mit diesem über die Unterwelt (S. 79, 134, 136, 138, 209, 213).

Korybanten oder Koureten: Diese drei erziehen Zeus in seiner Kinderzeit auf Kreta und haben alle Züge von Zivilisationsheroen (S. 205).

Kronos: Sohn des Uranos, Vater des Zeus; entmannt seinen Vater und frißt seine Kinder, um sich selbst ein ähnliches Schicksal der Entmachtung zu ersparen, wird aber dennoch Zeus überwunden (S. 102, 152, 153, 154, 156, 163).

Kyklopen: Söhne der Gaia und des Uranos, drei an der Zahl: Brontes (der Donnerer), Steropes (der Blitzende) und Arges (der Glänzende). Sie haben ein Auge in der Mitte der Stirn, verfügen über gewaltige Kräfte und verstehen sich auf die Schmiedekunst: Sie schaffen den Blitz und schenken ihn Zeus, um ihm in seinem Kampf gegen die Titanen zu helfen (S. 152, 154).

Kyrene: Junges Mädchen, das sich der Jagd hingibt und sich zu heiraten scheut. Von Apollon geliebt, wird sie die Göttin Libyens.

Lexikon 247

Leto: Tochter des Koios und der Phoibe, Mutter des Apollon und der Artemis (S. 196, 209).

Medusa: Eine der drei Gorgonen. Perseus enthauptet sie.

Metis: Göttin, Gemahlin des Zeus, der sie, die schwanger ist und die Geburt der Athena erwartet, verschlingt, um zu verhindern, daß er von einem von ihr geborenen Sohn vom Thron verdrängt wird. Sie ist die Verkörperung der Klugheit (S. 156).

Mnemosyne: Die Erinnerung, eine Titanin, Mutter der Musen (S. 154).

Moiren: Die «Schicksalsgöttinnen», drei Schwestern, Töchter des Zeus und der Themis, die den jedem einzelnen bestimmten Anteil festlegen, sowohl, was ihm an Ehren zuteil werden, als auch wie lange er leben soll (S. 189).

Musen: Töchter der Mnemosyne und des Zeus, neun an der Zahl: Kalliope obliegt die epische Dichtung, Klio die Geschichte, Melpomene die Tragödie, Thalia die Komödie, Erato die lyrische Dichtung, Polyhymnia die Rhetorik, Euterpe die Musik, Terpsichore der Tanz und Urania die Astronomie (S. 43, 180, 200, 209).

Myrrha: Mutter des Adonis.

Myrtilos: Wagenlenker des Oinomaos; ihm verdankt Pelops seinen Sieg.

Naiaden: Wassernymphen.

Narkissos: Ein schöner Jüngling, der das Liebeswerben von jungen Männern wie von Mädchen (so von der Nymphe Echo) zurückweist. Aphrodite lockt ihn mit seinem eigenen Gesicht in eine Falle: Narkissos ertrinkt in einem Brunnen, hoffnungslos verliebt in sein eigenes Abbild, das sich im Wasser spiegelt.

Nemesis: Urgottheit; in der *Theogonie* des Hesiod ist sie die Zuweiserin des rechten Anteils und gehört zu den Töchtern der Nacht.

Nyx: Die Nacht; Urgottheit, aus Chaos geboren (S. 152, 153).

Nymphen: Die Oreiaden sind Bergnymphen; die Naiaden und die Hydriaden sind Wassernymphen; die Dryaden gehören in die Sphäre der Bäume, die Kreniden an die Quellen, die Epimeliden beschützen die Herden (S. 43, 153, 155, 180, 189, 197).

Ödipus: König von Theben. Ohne es zu wissen, tötet er seinen Vater und heiratet seine Mutter Iokaste, die ihm Kinder schenkt. Seine Geschichte gehört in den Zyklus der Legende von den Ursprüngen Thebens; sie ist vor allem durch die Tragödien des Sophokles bekannt (*Oidipus Tyrannos* und *Oidipus auf Kolonos*).

Oinomaos: König von Pisa (Stadt in der Nähe von Olympia), Vater der Hippodameia. Er fordert die Bewerber um die Hand seiner Tochter zum Wagenrennen heraus, gewinnt dabei stets und tötet sie, bis eines Tages Pelops den Sieg in dieser Erprobung davonträgt (S. 116, 117).

Okeanos: Einer der Titanen, Sohn des Uranos und der Gaia. Mit Thetys zeugt er die Flüsse und Quellen, die lebensnotwendigen Wasserläufe (S. 152, 154).

Orion: Heros, Jäger und Gefährte der Artemis, der in ein Sternbild verwandelt wird, weil er es wagt, sich mit der Göttin in der Jagd messen zu wollen, oder weil er ihr Gewalt antun wollte.

Orpheus: Heros und Sohn einer Muse, der jeden verführt, der ihm zuhört, darunter sogar den Hund Kerberos, als er auf der Suche nach seiner Frau Eurydike in die Unterwelt gelangt. Er steht in Verbindung mit den Taten der Argonauten; die sogenannten Orphischen Sekten berufen sich auf ihn (S. 157, 177).

Pan: Sohn des Hermes und einer Nymphe; diese Gottheit (er ist ein Gott oder Halbgott) hat ein Aussehen, das halb menschlich und halb ziegengestaltig ist. Er herrscht über die Berge und beschützt vor allem die Welt der Hirten.

248 Anhang

Pandora: Die erste Frau, die von den Göttern geschaffen und Epimetheus zur Ehefrau gegeben wird. Sie ist eine Schöpfung des Zeus, und der vergilt, indem er den Menschen dieses «schöne Übel» schickt, damit den Diebstahl des Feuers durch Prometheus (S. 98, 99, 162, 170, 192).

Peitho: Die «Überredung»; sie begleitet Aphrodite, aber sie hat auch eine dunklere Seite, und zwar als Göttin, die in den Tod geleitet (S. 70, 191).

Pelops: Sohn des Tantalos; er ist der Heros Olympias und Gründer der Wettspiele. Er hält um die Hand der Hippodameia an, und nachdem er im Wagenrennen gegen Oinomaos gewonnen und diesen getötet hat, wird er ihr Gemahl und König von Pisa (S. 116, 117).

Perseus: Heros, Sohn des Zeus und der Danae, einer Tochter des Königs von Argos; er soll das Haupt der Gorgo heimbringen und vollbringt, um dieses Ziel zu erreichen, zahlreiche Heldentaten (S. 182).

Phaeton: Sohn des Sonnengottes Helios; ihm gelingt es nicht, den Sonnenwagen richtig zu lenken, er wird von Zeus mit dem Blitz erschlagen.

Ploutos: Sohn der Demeter; der Gott, der den Reichtum bringt.

Pontos: Die Meeresflut, eine Urgottheit (S. 152, 153).

Poseidon: Gott, Sohn des Kronos und der Rhea; bei der Verteilung der Herrschaftsbereiche erhält er das Meer zugesprochen. Als «Erderschütterer» ist er auch für alle beunruhigenden tektonischen Erscheinungen verantwortlich (S. 59, 82, 91, 98, 99, 104, 114, 156, 183, 184, 185, 186, 197, 211, 212, 219, 221).

Priapos: Sohn der Aphrodite; Kennzeichen dieses Gottes ist ein übergroßer Phallus; er schützt die Felder vor Dieben und hat eine apotropäische Funktion.

Prometheus: Sohn des Iapetos und Bruder des Epimetheus. Dieser Heros ist der Erfinder des Opfers; des weiteren stiehlt er den Göttern das Feuer. Er ist damit zugleich Wohltäter der Sterblichen als auch derjenige, der die unwiderrufliche Trennung zwischen der Welt der Menschen und jener der Götter herbeigeführt hat (S. 156, 165–171, 193).

Rheia oder Rhea: Urgottheit aus dem Kreise der Titanen, die mit Kronos ein Paar bildet; Mutter des Zeus (S. 154, 156, 189, 205, 211).

Sirenen: Wesen, die halb Frauen und halb Vögel sind; sie bezaubern die Lebenden durch ihren Gesang und führen sie in den Tod.

Sisyphos: Listenreicher Heros, dem es gelingt, Thanatos, den Tod, zu fesseln. Er wird von den Göttern dazu verurteilt, immer aufs neue einen gewaltigen Felsbrocken bis zum Gipfel eines Berges hinaufzurollen, von wo dieser alsbald wieder herabrollt.

Sopatros: Der erste Mensch, der einen Pflugochsen getötet hat; er ist daher der Begründer des blutigen Opfers in der Polis (S. 172–174).

Styx: Urgottheit, Fluß der Unterwelt (S. 79, 134).

Tantalos: Er will die Götter auf die Probe stellen und lädt sie zu einem Fest ein, bei dem er das Fleisch seines Sohnes Pelops aufträgt. Er wird daraufhin von den Göttern dazu verurteilt, auf ewig Hunger und Durst zu leiden – und das am Ufer eines Flusses und unter einem mit Früchten behangenen Baum, die sich ihm entziehen, sobald er die Hand ausstreckt.

Tartaros: Unermeßlicher Raum und Ort der äußersten Verwirrung, aus dem man nicht entrinnen kann. Die Titanen werden nach ihrer Niederlage dorthin verbannt (S. 79, 80, 156).

Telchinen: Gottheiten der Metallverarbeitung (S. 192).

Lexikon 249

Thanatos: «Der Tod», Urgottheit, Sohn der Nacht und Bruder des Hypnos und der Träume (S. 79).

Themis: Urgottheit aus dem Kreise der Titanen; sie verkörpert das, was festgesetzt ist. Sie ist eine Orakelgottheit (S. 20, 154, 196).

Theseus: Heros, Sohn des Aigeus, des Königs von Athen (oder des Poseidon) und der Aithra, Tochter des Königs von Troizen. Er vollbringt zahlreiche Taten (darunter die Tötung des Minotauros im kretischen Labyrinth), bevor er seinerseits König von Athen wird (S. 103, 104, 182, 183–185).

Thetis: Göttin, Tochter des Nereus, Gemahlin eines Sterblichen, des Peleus, und Mutter des Achilleus (S. 192, 222).

Titanen: Die zwölf Titanen männlichen und weiblichen Geschlechts sind die folgenden Abkömmlinge der Gaia und des Uranos: Okeanos und Thetys, Hyperion und Theia, Koios und Phoibe, Iapetos, Krios, Themis, Mnemosyne, Kronos und Rheia. Sie kämpfen gegen Zeus und die neue Generation der Götter, werden besiegt, von Zeus mit dem Blitz geschlagen und schließlich im Tartaros in Fesseln gelegt (S. 152, 156, 171, 177).

Uranos: Urgottheit (der Himmel), von Gaia geboren. Die Vereinigung der beiden bringt die Titanen, die Hunderthänder und die Kyklopen hervor. Von Kronos entmannt, nimmt Uranos seinen Platz an der oberen Grenze der Welt ein (S. 152, 153, 156).

Zeus: Sohn des Kronos und der Rheia; er wird König der Götter und Herr des Olymp, nachdem er seine Kraft im Sieg über die vorangehenden Generationen der Götter (die Titanen) unter Beweis gestellt hat und die Macht mit den anderen Kroniden geteilt hat. Gemahl der Hera (S. 20, 45, 49, 70, 80, 82, 86, 87, 91, 93, 99, 103, 104, 114, 118, 119, 121, 124, 156, 163, 166–170, 177, 180, 186, 189, 197, 209, 212, 219, 222).

Glossar

Abaton: Heiliger Ort, zu dem der Zutritt verboten ist, sofern nicht ganz besondere Umstände es erlauben (S. 129, 212).

Adyton: Geheimer Ort, zu dem nur die im Dienste des Gottes Stehenden Zugang haben. Ort in Delphi, an dem sich die Pythia aufhält (S. 59, 60, 126).

Akropolis: Stadtburg (S. 94, 95–98).

Agon: Wettkampf. Häufig mit «Spiele» übersetzt, wie beispielsweise die «Olympischen Spiele» (S. 114–119).

Agora: Öffentlicher Platz (Marktplatz, Versammlungsplatz) und Ort zahlreicher Kulte (S. 16, 37, 55, 57, 94, 102, 106, 118, 212, 217).

Agrios: Wild (im Gegensatz zu «zivilisiert») (S. 67).

Ambrosia: Den Göttern vorbehaltene Nahrung der Unsterblichen (S. 179).

Amphiktyonie: Vereinigung von benachbarten Städten und Völkern, die gemeinsam ein Heiligtum verwalten. Vgl. dazu Delphi (S. 113).

Anarrhysis: Name des 2. Tages des Festes der Apatourien (S. 68).

Aparchai: Vorbereitende Weihgaben des Opfers, Erstlingsopfer (S. 30).

Apotrophäisch: Ein apotrophäischer Ritus soll denjenigen, der ihn vollzieht, vor jedem schlechten Einfluß schützen (S. 198).

Archegetes: Gründer. Heroen und Götter tragen diesen Beinamen (S. 122, 199).

Architrav: Bauteil, der auf den Kapitellen der Säulen ruht (S.60).

Archon: «Der, der befiehlt», sei es der verantwortliche Leiter eines Vereins oder der Beamte einer Stadt (S. 34, 77, 78, 86, 107).

Archon Basileus: In Athen der Beamte, der für die von den Vorfahren ererbten Kulte verantwortlich ist. Er führt den Vorsitz bei den Mysterien von Eleusis und bei den Lenäen (S. 49, 93, 106, 131, 132, 136).

Archon Eponymos: Beamter, mit dessen Namen das Jahr bezeichnet wird (S. 49, 110).

Arrhephoren: Zwei junge Athenerinnen, die bei einem Fest der Arrhephorien in Athen ein Ritual zu Ehren der Athena vollziehen (S. 69, 70).

Asebeia: Religiöser Frevel (S. 16).

Asylon, Asylie: An einem Ort, der asylon ist, kann kein Zugriff erfolgen. Die Heiligtümer haben oft das Privileg der Asylie: Die Vermögensgüter sind oft geschützt, die Personen, die dort Zuflucht suchen, genießen Immunität (S. 55).

Athlothetes: Beamter, der damit beauftragt ist, einen Wettkampf vorzubereiten und den Siegern ihren Preis zuzuteilen. (Ohne eigens behandelt zu werden, gehört der Athlothetes inhaltlich zu dem auf den Seiten 114–119 dargestellten Bereich.)

Bakchen: Anhänger des Gottes Dionysos. Ihr Name ist von dem Epitheton des Gottes abgeleitet, der Bakchos genannt wird (S. 21, 178, 203–206).

Basileus: König. In Athen wird der Archon Basileus so genannt (S. 102).

Basilinna: Königin, in Athen die Frau des Archon Basileus (S. 76, 202).

Bomos: Altar (S. 36, 38, 57).

Glossar 251

Boule: So wird in Athen jener Rat bezeichnet, der 500 Mitglieder umfaßt (S. 48, 51, 104, 111, 131, 132).

Boutypos: «Der Rinderschlächter»; Bezeichnung für einen der am blutigen Opfer Beteiligten (S. 34, 147).

Caduceus: Stab, um den sich zwei Schlangen winden; ein Attribut des Hermes (vgl. zu Hermes S. 199–200).

Cella: Zentraler Raum im Inneren des Tempels, in dem sich die Statue der Gottheit befindet (S. 60, 98, 99).

Chora: Bestelltes Land (S. 211, 213).

Chorege, Choregie: Der Chorege ist derjenige, der in Athen mit der Aufstellung und Einübung des Chors während der Vorbereitung für die Theaterfestspiele zu Ehren des Dionysos beauftragt ist. Choregie heißt die *Liturgie*, an die die Funktion gebunden ist (S. 108, 110, 111).

Chresmologe: Er überliefert die heiligen Texte und legt sie aus (S. 54, 121).

Chtonisch: Abgeleitet von *chthon*, Erde, bezeichnet Gottheiten und Handlungen, die mit der Unterwelt in Verbindung stehen (S. 15, 38, 182).

Daduche: «Fackelträger»; einer der Priester, der bei den Mysterien von Eleusis tätig wird (S. 136, 137).

Daimon: Geist. Weder ein Gott, noch ein Heros, sondern ein übernatürliches Wesen mit wechselnder Gestalt (S. 179, 181, 228).

Demos: Das Volk. Bezeichnung für die Gesamtheit der Bürger (S. 48, 78).

Demos, Demen: Gebietsmäßige Unterteilungen in Attika, die unseren «Gemeinde-bezirken» entsprechen (S. 81–84, 86, 89, 107, 109, 137, 181, 184).

Dendromantie: Weissagung durch die Bäume, die im Zeusheiligtum von Dodona praktiziert wird. (Ohne eigens behandelt zu werden, gehört sie inhaltlich zu dem auf den Seiten 119–127 dargestellten Bereich.)

Diasparagmos: Eine Art des Opfers, die im dionysischen Kult üblich ist und darin besteht, ein Tier bei lebendigem Leibe mit den nackten Händen in Stücke zu reißen (S. 40, 178).

Dithyrambos: Ritual zu Ehren des Dionysos; es wird von einem Chor gefeiert, den ein Mann durch Zeichen zum Tanz anleitet, und ist von einem Opfer begleitet. Es handelt sich um eine der vier dramatischen Disziplinen bei den Griechen, die neben der Tragödie, der Komödie und dem Satyrspiel steht (S. 200).

Dokimasie: Untersuchung, die die Stadt vor dem Antritt eines jeden Amtes anstellt, um z. B. zu überprüfen, ob der Kandidat das Bürgerrecht besitzt (S. 93).

Dorpia: Name des 1. Tages des Festes der Apatourien (S. 68, 87).

Drachme: Münze. In Athen entspricht 1 Drachme 6 Obolen (S. 82, 86, 87, 90, 107).

Eiresione: Ein während des Festes der Pyanepsien in Athen vollzogenes Ritual. Jünglinge tragen einen mit Früchten behangenen und mit Wollfäden umwundenen Olivenzweig umher und singen dabei: «Ein Maß Honig, ein Maß Öl, ein Becher reinen Weins, um trunken zu Bett zu gehen» (S. 199).

Ekphora: Der Leichenzug, mit dem ein Verstorbener von seinem ehemaligen Wohnhause zum Begräbnisplatz begleitet wird (S. 73).

Enagismata: Gaben von Nahrung, die an einem Grab geweiht und niedergelegt werden (S. 43).

Entera: Gedärme, die zum Verdauungsapparat des Opfertieres gehören und beim Opfer beiseite gelegt werden, damit man sie später zur Herstellung von Würsten verwenden kann (S. 35).

252   Anhang

Epikleros: Besonderer Status eines jungen Mädchens in Athen, das bei Fehlen eines
    direkten männlichen Erben durch Heirat den väterlichen *kleros* (Grundbesitz) an
    einen seiner männlichen Verwandten weitervermitteln kann (S. 71).
Epimelet: Jemand, «der sich um etwas kümmert». Es handelt sich um einen
    allgemeinen Begriff, der indes in Eleusis diejenigen bezeichnet, die dem Archon
    Basileus bei der Organisation des Festes zur Hand gehen (S. 48, 90, 136).
Epinikien: Gedichte, die den Sieg eines Teilnehmers an den Wettkämpfen feiern
    (S. 114, 118).
Epiphanie: Erscheinung eines Gottes. Vgl. etwa die Begegnung des Anchises mit
    Aphrodite (S. 213).
Epistates: Vorsteher. Speziell hießen so die Verwalter der Heiligen Güter und die
    Beamten, die mit der finanziellen Kontrolle des Kultwesens beauftragt sind
    (S. 48, 131).
Epoptie: Abschließende Zeremonie der Mysterien von Eleusis, die darin besteht,
    daß die *hiera*, die heiligen Gegenstände, gezeigt werden (S. 138).
Eranos: Gemeinsames Mahl, bei dem jeder seinen Beitrag leistet; bezeichnet auch
    einen Kultverein, dessen Mitglieder sich untereinander beistehen (S. 88).
Ergastine: Junges Mädchen, das den Peplos webt (S. 106).
Eschara: Flacher Altar oder kreuzweise angelegter Graben, über dem man besonders
    die Opfer durchführt, die chthonischen Göttern dargebracht werden (S. 38).
Eusebia, eusebes: Frömmigkeit, fromm (S. 17, 19).
Exeget: Ausleger der heiligen Texte (S. 17, 54).
Gamelia: Opfer und Festmahl, zu dem ein athenischer Bürger die Mitglieder seiner
    Phratrie einlädt, um seine Heirat bekanntzugeben (S. 68, 72).
Gamos: Hochzeit (S. 70, 102).
Genos: Kultischer Zusammenschluß, der häufig auf verwandtschaftlicher Basis
    beruht (S. 50, 82, 87, 88, 122, 135, 136).
Hekatombe: Opfer von hundert Tieren (S. 39, 48, 109, 195).
Hellanodikes: Kampfrichter in Olympia (S. 117, 118).
Heorte: Religiöses Fest (S. 102).
Herme: Steinpfeiler mit einer Büste und einem Phallos (S. 16, 216, 217).
Heroon: Heiliger Grabbezirk, der einem Heros geweiht ist (S. 181, 211, 213).
Hestia: Der Herd, sowohl des Hauses wie der Stadt, in dem das ewige Feuer brennt.
    Der Gemeindeherd der Stadt wird als *hestia koine* bezeichnet und ist ein Ort, wo
    Rituale abgehalten werden (S. 67, 91).
Hestiasis: Eine Liturgie, die darin besteht, bei bestimmten Festen der Stadt ein
    öffentliches Mahl zu stiften (S. 94, 109).
Hiera: Heilige Gegenstände (S. 13, 135, 137, 138).
Hierodule: Einem Gott geweihte Sklavin. Umfangreiches Hierodulenpersonal, wie
    in Vorderasien üblich, ist der griechischen Religion fremd; vgl. hingegen die
    Angaben über Priesterinnen und Priester (S. 50–54).
Hierogamie: Heilige Hochzeit, Heirat zwischen zwei Göttern (S. 202).
Hieromnemon: Mit der Aufsicht über die Kulte betrauter Beamter. Mitglied des
    Rates der Amphiktyonie von Delphi (siehe Amphiktyonie).
Hieron: Heiligtum (S. 55, 116).
Hierophantes: «Derjenige, der die heiligen Gegenstände zeigt»; wichtigster Priester
    des Kultes in Eleusis (S. 131, 135–139).
Hieropoios: Derjenige, der die heiligen Angelegenheiten zu versehen hat. In Athen

Glossar 253

bilden die Hieropoioi ein Kollegium von zehn Mitgliedern. In manchen Städten verwalten die Hieropoioi das Heiligtum, wie in Delos das des Apollon (S. 48, 107).

Hieros: Heilig (S. 14, 92, 202).

Holokaust: Eine Opfer- oder Weihgabe (ein Tier oder pflanzliche Nahrungsmittel) wird gänzlich vom Feuer verzehrt (S. 38).

Hoplit: Schwerbewaffneter Soldat zu Fuß (S. 42, 106, 190).

Horkos: Eid (S. 93, 100).

Horos: Grenzstein (S.55).

Hybris: Maßlosigkeit (S. 161, 162).

Ichor: Flüssigkeit, die in den Adern der Götter fließt (S. 179).

Inkubation: Form der Weissagung; Schlafen an heiligen Orten, um im Traum Rat zu erhalten (S. 126, 129, 130).

Isonomie: Gleichheit vor dem Gesetz (S. 35).

Kanephore: Korbträgerin. Junges Mädchen, das an den Ritualen zu Ehren der Athena und Artemis in Athen teilnimmt (S. 69, 70, 106, 107).

Kantharos: Trinkbecher, Attribut des Dionysos (sich nach oben ausweitender Becher mit hohem Fuß und vertikalen Schlaufenhenkeln) (S. 202, 220).

Katharmos: Ritus oder Mittel der Reinwaschung (S. 15).

Katharsis: Reinwaschung, Sühne. Apollon ist der Gott der Reinwaschung und Sühne und trägt den Beinamen *Katharsios* (S. 14).

Kiste: Opferkorb (S. 138).

Kleromantie: Weissagung durch Los (S. 121, 126).

Koinon: Das was gemeinschaftlich ist. Bezeichnung der Kultvereine (S. 43, 88, 89).

Komos: Lärmender Zug, der sich am Ende des Banketts formiert, und spezieller der dionysische Festzug (S. 108, 119, 201, 202).

Kore: Junges Mädchen. Bezeichnung für die Statuen, die junge Frauen darstellen (S. 74, 216).

Kosmogonie: Erzählung von der Erschaffung der Welt, des *kosmos* (S. 152, 157, 160).

Koureion: Opfer, das die Weihung begleitet, mit der die jungen Männer ihr Haar einer Gottheit (häufig Artemis) zu dem Zeitpunkt darbringen, wenn sie die Welt der Kindheit verlassen und in das Dasein des Erwachsenen eintreten (S. 68, 86, 87).

Koureotis: Dritter Tag des Festes der Apatourien, an dem das Opfer des *koureion* dargebracht wird (S. 68).

Kouros: Jüngling, junger Mann. Man nennt so die Statuen, die junge Männer darstellen (s. 74, 216).

Krepis: dreistufiges Fundament eines Tempels (S. 60).

Krokotos: Safranfarbenes Gewand, das die jungen Mädchen tragen, die zu Ehren der Artemis im Heiligtum von Brauron in Attika die Rolle der «Bärinnen» übernehmen (vgl. S. 69–70).

Kykeon: Mischtrank, der von den Eingeweihten während der Feier der Mysterien von Eleusis getrunken wird (S. 138).

Libation: Trankopfer (S. 41–43, 46).

Liturgie: Übernahme einer Aufgabe von öffentlichem Interesse durch einen einzelnen, der ihre geordnete Erfüllung und ihre Finanzierung übernimmt. Man vergleiche die Beispiele der zwei athenischen Liturgien der *Choregie* und der *Hestiasis* (S. 18, 48, 49, 84, 94, 109, 110).

254   *Anhang*

Mageiros: Der beim Opfer mit der Tötung des Tieres und der Zerteilung des Fleisches Beauftragte (S. 31, 34, 37).

Mainade: Frau, die die Rituale zu Ehren des Dionysos vollzieht. Das Wort betont die *mania*, die sie ergreift (S. 178, 200, 202, 203–207, 221).

Mania: Der Wahn, der sich des von den Göttern Besessenen bemächtigt, insbesondere im dionysischen Kult (S. 177).

Mantik: Weissagekunst (S. 121).

Meion: Opfer, das während der Apatourien dargebracht wird und dessen Funktion uns heute nicht mehr so recht verständlich ist (S. 68, 86, 87).

Meria: Schenkelknochen der Opfertiere, die für die Götter verbrannt werden (S. 35, 37).

Metoike: Fremder, der in der Polis einen besonderen Status besitzt (S. 50).

Metis: Listenreiche Klugheit. Eine wichtige Eigenschaft, die man in zahlreichen griechischen Erzählungen findet (und über die nicht allein die Götter verfügen) (S. 147, 165, 193, 194).

Miasma: Befleckung (S. 14, 67).

Mystagogos: Anführer der Mysten (S. 136).

Mysten: So werden Kandidaten für die Einführung in die Mysterien und die bereits in sie Eingeweihten bezeichnet (in Eleusis) (S. 15, 136, 137, 139).

Mysterien: Kulte, die eine Einführung in ihre Geheimnisse, eine Initiation erfordern (S. 10, 16, 49, 84, 93, 95, 103, 131–140, 202, 213).

Naos: Tempel. Gelegentlich genauere Bezeichnung für den geschlossenen Raum, der sich im Inneren des Tempels befindet (und auch *Cella* genannt wird) (S. 59, 60).

Nektar: Getränk der Götter (S. 179).

Neokoros: Mit der Instandhaltung des Tempels beauftragte Person (S. 51).

Neopoies: Für den Tempelbau zuständige Obrigkeit. (Ohne eigens behandelt zu werden, gehört sie inhaltlich zu dem auf den Seiten 55–57 dargestellten Bereich.)

Nomos: Das Gesetz, aber auch *nomos*: Heiliges Recht (S. 86, 92).

Obolos: Kupfermünze (1 Drachme sind 6 Oboloi) (S. 86, 90).

Oinochoe: Krug mit einem Henkel, der bei Libationen verwendet wird (S. 42).

Oikos: Haus, Haushalt, häusliche Einheit (S. 13, 70, 71, 80, 81, 89, 191).

Oinos: Wein (siehe die Ausführung zum Trankopfer, S. 41–43).

Omophagie: Tatsache, daß man rohe Nahrung zu sich nimmt, insbesondere rohes Fleisch. Sie ist charakteristisch für das dionysische Ritual (S. 40, 178, 202).

Omphalos: Rohbehauener Stein, der sich im *adyton* des Tempels des Apollon in Delphi befindet und für die Griechen den Nabel der Welt darstellt (S. 126).

Oneiromantie: Weissagung mit Hilfe von Träumen (vgl. besonders den Traumschlaf an heiligen Stätten S. 126).

Opisthodom: Raum an der Rückseite des Tempels (S. 60).

Oreibasia: Durchstreifen der Berge, dem sich die Anhänger des Dionysos hingeben (S. 178, 205).

Orgeon: Kultverein (S. 88, 90, 104).

Orgia: Das Wort bedeutet «das, was vollendet ist». Spezieller bezeichnet es die Riten des Kultes des Dionysos (S. 202).

Orphismus: Lehren im Umkreis um die mythische Persönlichkeit des Orpheus (S. 19, 39, 186).

Oschophoroi: Zwei Jünglinge, die bei dem Fest der Oschophorien zu Ehren der

Athena an der Spitze der Prozession schreiten. Sie sind mit einem Frauengewand bekleidet und tragen eine mit Trauben behangene Weinrebe (S. 201).

Paian: Bezeichnung des feierlichen, mehrstimmigen Gesangs, der besonders Apollon gewidmet wird, sowie für Kampf- und Siegeslieder. Der Paian kann auch je nach den Umständen ein Trauer- oder Freudengesang sein und unterscheidet sich demnach von dem Trauergesang des *threnos* (S. 47, 101, 130, 200).

Panegyris: (Volks-)Versammlung, Fest (S. 113, 195).

Pelanos: Kuchen, den man dem Gott weiht (S. 38). In Delphi ist der *pelanos* zu einer Gebühr geworden, die man in barer Münze zahlt und die das Anrecht gibt, im Heiligtum zu opfern.

Peplos: Gewand aus schwerem Tuch, (häufig aus Wolle), das mit zwei Spangen an den Schultern zusammengesteckt ist und in Falten herabfällt. Die Athener weihen bei den Panathenäen der Athena einen bestickten *peplos* (S. 104, 106, 195, 201, 207, 216).

Peribolos: Umfassungsmauer (oder jene andere Umfassung) eines Heiligtums (S. 55, 138).

Phiale: Gefäß für das Trankopfer in Form einer Schale ohne Fuß und ohne Henkel (S. 42).

Phratriarch: Persönlichkeit, die an der Spitze der Phratrie steht und der insbesondere die Leitung der Kulte obliegt (S. 86, 87).

Phratrie: Zusammenschluß von Personen, die sich als «Brüder» betrachten und gemeinsame Kulte ausüben. Als Zusammenschluß spielt die Phratrie im religiösen Leben in Athen und anderswo eine wichtige Rolle (68, 69, 72, 86, 88, 179).

Polemarch: Beamter mit hauptsächlich militärischen Funktionen. In Athen hat er für bestimmte Opfer zu sorgen (S. 49, 78, 94).

Pompe: Prozession (S. 105–108, 201).

Prohedrie: Ehrung, die in einem reservierten Platz in den ersten Reihen bei allen von einer Stadt veranstalteten Wettkämpfen besteht (S. 111, 136).

Pronaos: Vorderer Teil eines Tempels, Vorhalle (S. 60).

Prothesis: Aufbahrung des Leichnams im Hause des Toten während der Trauerfeierlichkeiten (S. 73).

Prytane: Bezeichnung von Beamten in zahlreichen Städten (S. 34, 35, 107, 132).

Prytaneion: Versammlungsort der Prytanen. Häufig auch der Ort des gemeinschaftlichen Herdes der Stadt (S. 91, 92, 95, 118).

Psychopompos: Führer der Seelen der Toten. Gelegentlich auf den Gott Hermes angewendet (S. 76).

Pyanopsion: Suppe aus verschiedenen Gemüsen, die Apollon während der Pyanepsien dargebracht wird (S. 39).

Pyromantie: Weissagung mit Hilfe des Feuers (vgl. Auslegung von Himmelserscheinungen, Beobachtung des Vogelfluges etc. S. 121).

Pyrrhiche: Tanz in Waffen (S. 110).

Pythia: Priesterin des Apollon in Delphi, deren Aufgabe es ist, die Orakelsprüche zu verkünden (S. 123, 125, 126, 200).

Rhapsode: Mann, der Gedichte verfaßt und vorträgt (S. 109).

Satyrn: Menschenähnliche Wesen unter den Begleitern des Dionysos, die an ihren Faunenohren, ihren Pferdeschwänzen sowie an ihrer Lüsternheit zu erkennen sind (S. 221).

Seher: Ausleger der Orakel und Weissagungen (S. 54, 119–127).

256   Anhang

Sekos: Innere Mauer eines Tempels, an der oben ein Fries entlanglaufen kann wie beim Panthenon in Athen (S. 60, 98, 106).

Sitesis: Das in Athen verliehene lebenslange Recht auf Speisung im Prytaneion (S. 92, 95, 118).

Splanchna: Die aus Lungen, Herz, Leber, Milz und Nieren bestehenden Innereien, die beim Opfer eine besondere Behandlung erfahren (S. 35, 37, 177).

Sponde: Trankopfer. Eine Handlung, die darin besteht, daß man ein wenig Flüssigkeit auf einen Altar oder auf den Boden gießt und dabei ein Gebet spricht (S. 42).

Spondophoros: Ein Mann, der in Olympia den Auftrag erhält, in den anderen Städten freies Geleit zu verkünden (S. 113).

Stylobat: Die oberste Stufe der Fundamente eines Tempels, auf der die Säulen ruhen (S. 60).

Symposion: Zusammenkunft zum Genuß des Weines unter der Führung und im Zeichen des Dionysos. Im allgemeinen der zweite Abschnitt des Banketts nach dem Abschluß des Essens (S. 42).

Talent: Gewichts- und Währungseinheit im Wert von 6000 Drachmen (vgl. kleinere Einheiten: Minen, S. 107, Drachmen und Obolen, S. 90).

Techne: Kunst, Kunstfertigkeit, Technik (S. 193, 200).

Temenos: Heiliger Bezirk, Heiligtum. Das Wort gibt die Vorstellung von einem Bezirk wieder, der abgeteilt oder abgegrenzt worden ist (S. 55, 57).

Thambos: Staunen, das die Menschen angesichts jeder Erscheinung des Göttlichen ergreift (vgl. S. 211).

Thargelos: Aus den ersten Körnern der Ernte gebackenes Brot, das dem Apollon während des Festes der Thargelien dargebracht wird (S. 38).

Theogonie: Erzählung vom Ursprung der Götter (S. 20, 39, 143–145, 152–157, 165, 167–169, 192, 193).

Theoria: Festgesandtschaft in sakralen Angelegenheiten (S. 49, 92, 117).

Theoroi: Gesandte in sakralen Angelegenheiten; sie haben beispielsweise die Aufgabe, den Beginn eines Festes in ihrer Stadt in anderen Städten zu verkünden (S. 49, 113, 117, 123).

Thiasos: Gruppe von Personen, die sich zur Feier eines besonderen Kultes versammeln. Diese Bezeichnung wird auch den Kultvereinen des Dionysos beigelegt (S. 88, 202, 203).

Tholos: Rundes Gebäude, das verschiedene Funktionen haben kann, darunter die des Tempels (S. 60, 61, 130).

Threnos: Trauergesang (S. 73).

Thyein, thysia: Grundbedeutung des Verbums ist «für die Götter verbrennen», dann «den Göttern darbringen». Es dient sowohl zur Bezeichnung der Opferhandlung wie des nachfolgenden Mahles (S. 33–38).

Thyrsos: Stab mit einem Knauf aus Efeulaub am oberen Ende, der vor allem von den Anhängern des Dionysos getragen wird (S. 202, 204, 205, 206, 219, 220).

Trapeza: Tisch, der zur Niederlegung der Opfergaben und auch zur Zerteilung des Opfertieres dient (S. 37).

Trapezomata: Die auf dem Tisch niedergelegten Weihgaben an die Götter (S. 39).

Xenia: Gastfreundschaft (S. 80).

Xoanon: Eine Art von Statuen, die Kulthandlungen dienen können (S. 106, 138, 215, 217).